现代汽车概论

崔胜民 | 主编

人民邮电出版社
北京

图书在版编目（CIP）数据

现代汽车概论 / 崔胜民主编. -- 北京 : 人民邮电出版社, 2020.1（2023.8重印）
新能源汽车技术“十三五”系列规划教材
ISBN 978-7-115-51903-0

Ⅰ. ①现… Ⅱ. ①崔… Ⅲ. ①汽车－概论－教材
Ⅳ. ①U46

中国版本图书馆CIP数据核字(2019)第245566号

内 容 提 要

本书主要介绍了车辆和汽车的定义与分类、汽车常见标识、汽车基本参数、节能汽车发展规划，以及汽车基本结构认知、汽车新技术认知、国内外主要汽车企业与品牌、汽车人才类型和岗位。每章开始都给出教学目标、教学要求和导入案例，便于学生学习和教师授课。每章末尾配有练习题和实训题，练习题便于学生复习和巩固主要学习内容，增强学习效果；实训题可以扩展课程内容，培养学生独立解决问题的能力和创新能力，拓宽学生的视野。

本书内容新颖，条理清晰，图文并茂，通俗易懂，实用性强，可以作为应用型本科院校和职业院校的汽车类专业教材，还可以作为汽车培训企业参考教材。

◆ 主　　编　崔胜民
责任编辑　刘晓东
责任印制　马振武
◆ 人民邮电出版社出版发行　　北京市丰台区成寿寺路 11 号
邮编　100164　　电子邮件　315@ptpress.com.cn
网址　http://www.ptpress.com.cn
北京九州迅驰传媒文化有限公司印刷
◆ 开本：787×1092　1/16
印张：14　　　　2020 年 1 月第 1 版
字数：352 千字　　　　2023 年 8 月北京第 2 次印刷

定价：46.00 元

读者服务热线：(010) 81055256　印装质量热线：(010) 81055316
反盗版热线：(010) 81055315
广告经营许可证：京东市监广登字 20170147 号

前言

面对石油短缺、环境污染、气候变暖等全球汽车产业面临的共同问题，现代汽车开始向电动化、智能化、网联化方向发展，新技术在汽车上的应用越来越广泛。现代汽车与传统汽车的教学内容差异较大，本书的编写尝试打破传统汽车的学科知识体系，完全按照现代汽车与人才培养要求来构建本课程的知识体系，反映现代汽车的最新技术。

本书的主要内容包括车辆的定义与分类、汽车的定义与分类、汽车常见标识、汽车基本参数、节能汽车发展规划，以及汽车基本结构认知、汽车新技术认知、国内外主要汽车企业与品牌、汽车人才类型与岗位。其中汽车基本结构认知包括其驱动形式、总体结构、发动机、底盘、车身、电器；汽车新技术认知包括发动机新技术、底盘新技术、车身新技术、电子控制技术、排放后处理技术，这些新技术代表了现代汽车的前沿技术。了解这些前沿新技术，可以激发学生的学习热情，培养学生的创新思维能力。通过本书的学习将使学生具备现代汽车知识和直接从事现代汽车制造和售后服务的基本技能，帮助学生了解国内外汽车工业现状和汽车人才要求。

本书既强调基础，又力求体现新知识、新技术。在编写上采用简约的文字表述和大量图片展示，使全书图文并茂，直观明了。每章前面都设有教学目标、教学要求和导入案例，便于教学；每章末尾都有练习题和实训题，便于学生复习和拓展训练。

本课程的教学时数为 48 学时，各章的参考教学课时数见以下的课时分配表。

章	课程内容	课时分配	
		讲授	实践训练
第 1 章	汽车基础知识	6	2
第 2 章	汽车基本结构认知	12	2
第 3 章	汽车新技术认知	12	2
第 4 章	国内外主要汽车企业与品牌	4	2
第 5 章	汽车人才类型和岗位	4	2
课时总计		38	10

由于编者水平有限，书中难免存在不妥之处，恳切希望广大读者批评指正。

编　者

2019 年 8 月

目录

第 1 章　汽车基础知识……1

1.1　车辆的定义与分类……2

1.1.1　车辆的定义……2

1.1.2　轮式车辆……2

1.1.3　履带式车辆……6

1.1.4　轨道式车辆……8

1.1.5　新型车辆……10

1.2　汽车的定义与分类……12

1.2.1　汽车的定义……12

1.2.2　汽车按国标分类……12

1.2.3　汽车按燃料分类……22

1.2.4　汽车按轴距分类……27

1.3　汽车常见标识……30

1.3.1　汽车铭牌标识……30

1.3.2　车辆识别代码……30

1.3.3　汽车仪表盘常见图标……33

1.3.4　轮胎规格标识……34

1.3.5　汽车常见英文缩写……35

1.4　汽车基本参数……37

1.4.1　汽车车身尺寸参数……37

1.4.2　汽车通过性参数……38

1.4.3　汽车质量参数……40

1.4.4　汽车性能参数……40

1.4.5　发动机参数……46

1.5　节能汽车发展规划……49

1.5.1 节能汽车发展总体思路……49
1.5.2 节能汽车节能途径……49
1.5.3 节能汽车发展目标……50
练习与实训……50

第 2 章 汽车基本结构认知……53

2.1 汽车驱动形式……54
2.1.1 二轮驱动……54
2.1.2 四轮驱动……56
2.2 汽车总体结构……58
2.3 汽车发动机……60
2.3.1 发动机基本组成……60
2.3.2 发动机结构形式……67
2.3.3 发动机工作原理……69
2.4 汽车底盘……70
2.4.1 传动系统……71
2.4.2 行驶系统……79
2.4.3 转向系统……90
2.4.4 制动系统……92
2.5 汽车车身……95
2.5.1 汽车车身类型……95
2.5.2 汽车车身材料……97
2.6 汽车电器……99
2.6.1 汽车电源系统……99
2.6.2 汽车用电设备……100
练习与实训……102

第 3 章 汽车新技术认知……105

3.1 发动机新技术……106
3.1.1 汽油机燃油喷射技术……106
3.1.2 柴油机燃油喷射技术……109
3.1.3 发动机燃烧技术……110

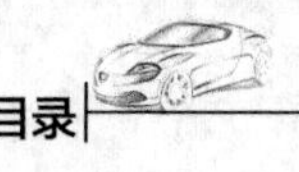

3.1.4 发动机增压技术 …… 111
3.1.5 发动机可变气门技术 …… 116
3.1.6 发动机可变压缩比技术 …… 118
3.1.7 发动机可变气缸技术 …… 119
3.1.8 发动机自动启停技术 …… 120
3.1.9 发动机新技术应用实例 …… 121
3.2 汽车底盘新技术 …… 125
3.2.1 传动系统技术 …… 125
3.2.2 行驶系统技术 …… 130
3.2.3 转向系统技术 …… 133
3.2.4 制动系统技术 …… 135
3.3 汽车车身新技术 …… 138
3.4 汽车电子电控技术 …… 144
3.4.1 汽车防抱死制动系统 …… 144
3.4.2 汽车电子制动力分配系统 …… 145
3.4.3 汽车驱动防滑系统 …… 146
3.4.4 汽车电子稳定控制系统 …… 147
3.4.5 汽车自适应巡航控制系统 …… 149
3.4.6 轮胎气压监测系统 …… 151
3.5 汽车排放后处理技术 …… 152
3.5.1 汽油车排放后处理技术 …… 152
3.5.2 柴油车排放后处理技术 …… 154
练习与实训 …… 161
第 4 章 国内外主要汽车企业与品牌 …… 164
4.1 美国汽车工业 …… 165
4.1.1 美国汽车工业特点 …… 165
4.1.2 美国主要汽车企业与品牌 …… 165
4.2 德国汽车工业 …… 167
4.2.1 德国汽车工业特点 …… 167
4.2.2 德国主要汽车企业与品牌 …… 168

4.3 日本汽车工业……169

4.3.1 日本汽车工业特点……169

4.3.2 日本主要汽车企业与品牌……169

4.4 中国汽车工业……170

4.4.1 中国汽车工业特点……170

4.4.2 中国主要汽车企业与品牌……173

4.5 其他国家主要汽车企业与品牌……177

4.5.1 韩国主要汽车企业与品牌……177

4.5.2 法国主要汽车企业与品牌……177

4.5.3 英国主要汽车企业与品牌……178

4.5.4 意大利主要汽车企业与品牌……179

练习与实训……179

第5章 汽车人才类型和岗位……182

5.1 汽车人才培养与需求类型……183

5.1.1 汽车人才培养类型……183

5.1.2 汽车人才需求类型……184

5.2 汽车产品设计岗位……185

5.2.1 汽车产品开发流程……185

5.2.2 汽车设计工程师……193

5.2.3 汽车分析工程师……194

5.2.4 汽车测试工程师……197

5.3 汽车产品生产岗位……197

5.3.1 汽车产品生产流程……197

5.3.2 汽车工艺工程师……200

5.3.3 汽车质量工程师……201

5.4 汽车产品销售岗位……201

5.4.1 汽车销售工程师……201

5.4.2 汽车技术支持工程师……202

5.4.3 汽车销售顾问……202

5.5 汽车服务岗位……203

5.5.1 汽车维修服务流程 …… 203
5.5.2 汽车维修工 …… 206
5.5.3 二手车评估流程 …… 207
5.5.4 二手车评估师 …… 209
练习与实训 …… 209
附录 中英文对照表 …… 212
参考文献 …… 214

第 1 章 汽车基础知识

【教学目标】

通过本章的学习，学生能够掌握车辆和汽车的定义以及分类方法，能够识别汽车常见标识，掌握汽车基本参数，了解节能汽车的发展规划。

【教学要求】

知识要点	能力要求
车辆的定义与分类	了解车辆的定义和分类方法，通过图片或实物能知道车辆类型
汽车的定义与分类	掌握汽车的定义，了解汽车与车辆的关系，熟知汽车分类方法，通过图片或实物能知道汽车类型
汽车常见标识识别	能够看懂汽车标牌、识别代码、仪表盘常见图标、轮胎规格标识和常见英文缩写含义
汽车基本参数	掌握汽车车身尺寸参数、通过性参数、质量参数、性能参数和发动机参数都有哪些，含义是什么
节能汽车发展规划	了解节能汽车发展总体思路、节能途径和发展目标

【导入案例】

在现实生活中，我们会看到各种各样的车辆。图 1-1 所示是一些汽车，这些汽车属于什么类型，汽车有哪些常见标识和基本参数？所有这些问题，通过本章的学习，读者都可以获得答案。

图 1-1　各种汽车图片

1.1 车辆的定义与分类

1.1.1 车辆的定义

车辆是“车”与车的单位“辆”的组合。车是指在陆地上行驶的交通或运载工具；辆是量词的一种。

车辆是指在陆地上行驶的各种交通运输工具或作业工具的总称，它包括轮式车辆、履带式车辆、轨道式车辆和各种新型车辆等，如图 1-2 所示。

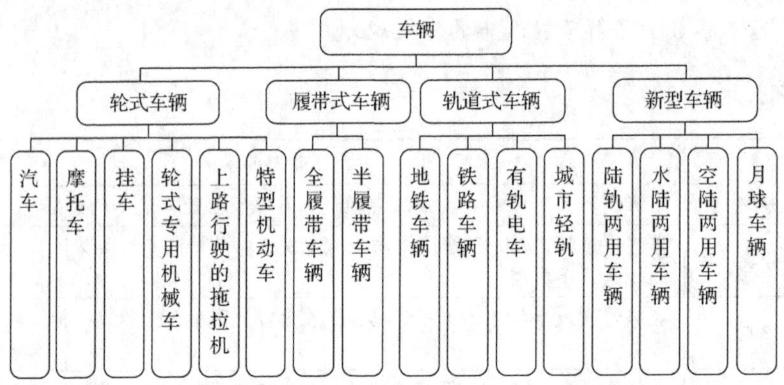

图 1-2　车辆分类

1.1.2 轮式车辆

轮式车辆与地面的接触装置是轮胎，动力传动装置传来的转矩通过驱动轮与地面的相互作用转变为驱动力，实现车辆行驶。轮式车辆除汽车外，还包括摩托车、挂车、轮式专用机械车、上路行驶的拖拉机和特型机动车等。汽车将在 1.2 节详细论述。

1. **摩托车**

摩托车分为两轮摩托车和三轮摩托车，它们分别是由动力驱动的、具有两个或三个车轮的道路车辆，如图 1-3 所示。

（a）两轮摩托车

（b）三轮摩托车

图 1-3　摩托车

以下车辆不属于摩托车。

（1）整车整备质量超过 400kg 的三轮车辆。

（2）最大设计车速、整车整备质量、外廓尺寸等指标符合有关国家标准的残疾人机动轮椅车。

（3）电驱动的、最大设计车速不大于 20km/h 且整车整备质量符合相关国家标准的两轮车辆。

2. 挂车

挂车是由汽车或拖拉机牵引才能正常使用的一种无动力的道路车辆，用于载运货物或其他特殊用途。

挂车分为全挂车和半挂车。

（1）全挂车。全挂车至少有两根轴，而且一轴可转向，通过角向移动的牵引杆与牵引车连接，牵引杆可垂直移动，连接到底盘上，不承受垂直力，如图 1-4 所示。

图 1-4　全挂车

（2）半挂车。半挂车是指除全挂车以外的挂车，半挂车的车轴位于车辆质心（当车辆均匀受载时）后面，并且装有可将垂直力和/或水平力传递到牵引车的联结装置，如图 1-5 所示。

图 1-5　半挂车

3. 轮式专用机械车

轮式专用机械车是指具有特殊结构和专门功能、装有橡胶车轮、可以自行行驶、最大设计车速大于 20km/h 的轮式工程机械，如轮式装载机、轮式挖掘机、轮式平地机、轮式推土机等。

（1）轮式装载机。轮式装载机是一种广泛用于公路、建筑、水电、港口、矿山等建设工程的土石方施工机械，它主要用于铲装土壤、砂石、石灰、煤炭等散状物料，也可对矿石、硬土等做轻度铲挖作业，如图 1-6 所示。

图 1-6　轮式装载机

（2）轮式挖掘机。轮式挖掘机是用铲斗挖掘高于或低于承机面的物料，并装入运输车辆或卸至堆料场的土方机械，如图 1-7 所示。

图 1-7　轮式挖掘机

（3）轮式平地机。轮式平地机是土方工程中用于整形和平整作业的主要机械，广泛用于公路、机场等大面积的地面平整作业，如图 1-8 所示。

图 1-8　轮式平地机

（4）轮式推土机。轮式推土机是一种能够进行挖掘、运输和排弃岩土的土方工程机械，如图 1-9 所示。

图 1-9 轮式推土机

4. 上路行驶的拖拉机

上路行驶的拖拉机包括最大设计车速小于等于 20km/h 的手扶拖拉机和最大设计车速小于等于 40km/h、牵引挂车方可从事道路运输的轮式拖拉机。

（1）手扶拖拉机。手扶拖拉机是指由驾驶员扶着扶手把操纵的单轴拖拉机，如图 1-10 所示。手扶拖拉机车速不大于 20km/h。

图 1-10 手扶拖拉机

（2）轮式拖拉机。轮式拖拉机是指通过车轮行走的两轴或多轴的拖拉机，如图 1-11 所示。轮式拖拉机车速不大于 40km/h。

图 1-11 轮式拖拉机

5. **特型机动车**

特型机动车是指轴荷及总质量超限的工程用专项作业车和超长、超宽、超高的运输大型不可解体物品的机动车，如图 1-12 所示。

图 1-12　特型机动车

1.1.3　履带式车辆

履带式车辆分为全履带车辆和半履带车辆。

1. **全履带车辆**

全履带车辆与地面的接触装置是两条平行旋转的闭合履带，车辆利用履带行驶装置支撑车体的重量，将传动装置传来的转矩通过履带与地面的相互作用转变为牵引力，实现车辆运动，提高车辆的通行能力。因为履带可以作为车辆的自携道路，便于车辆通过承载能力较差的地面，并且较大的牵引力，使履带车辆具有较强的越野通过性，能够在轮式车辆不能通过使用的无路、深雪及沼泽地带行驶，是一种较为万能的行驶工具。因此，全履带车辆被广泛应用在军用车辆以及民用工程机械领域，如履带坦克、履带推土机、履带起重机和履带拖拉机等。

（1）履带坦克。履带坦克是指装有履带行走装置且具有直射火力、越野能力和装甲防护力的履带式装甲战斗车辆，如图 1-13 所示。

图 1-13　履带坦克

（2）履带推土机。履带推土机是指装有履带行走装置且能够进行挖掘、运输和排弃岩土的土方工程机械，如图 1-14 所示。

图 1-14　履带推土机

（3）履带起重机。履带起重机是将起重作业部分装在履带底盘上，行走依靠履带装置的流动式起重机，可以进行物料起重、运输、装卸和安装等作业，如图 1-15 所示。

图 1-15　履带起重机

（4）履带拖拉机。履带拖拉机是指装有履带行走装置的拖拉机，如图 1-16 所示。

图 1-16　履带拖拉机

2. **半履带车辆**

半履带车辆泛指车辆与地面接触、负责传动的部分并非全部使用履带，也可以说是混合传动形态的车辆，最常见的半履带车辆是履带和车轮并存，前方采用车轮，后方则是履带推进，如图 1-17 所示。半履带车辆弥补履带与车轮两种传动系统的缺点，履带车辆的越野能力较好，但是承载重量受到限制，同时履带寿命较短，生产成本较高。轮式车辆能够搭载的重量较高，车轮寿命较长，但是高承载重量时所能通过的地形非常有限，并且在恶劣条件下的行走能力远不如履带式车辆。

图 1-17　半履带车辆

1.1.4　轨道式车辆

轨道式车辆是指安装带轮缘车轮的、在由钢轨构成的轨距恒定的轨道上运行的车，主要包括地铁车辆、城市轻轨、有轨电车以及铁路车辆等，其中城市轨道车辆通常以电能为动力。

1. **地铁车辆**

地铁车辆是指以在城市地下运行为主的轨道交通车辆，如图 1-18 所示。

图 1-18　地铁车辆

2. **城市轻轨**

轻轨是城市轨道建设的一种重要形式，也是当今世界上发展最为迅猛的轨道交通形式。轻轨的机车重量和载客量要比一般列车小，所使用的铁轨质量轻，如图 1-19 所示。城市轻轨具有运量大、速度快、污染小、能耗少、准点运行、安全性高等优点。

图 1-19　城市轻轨

3. 有轨电车

有轨电车是采用电力驱动并在轨道上行驶的轻型轨道交通车辆，是一种公共交通工具，如图 1-20 所示。

图 1-20　有轨电车

4. 铁路车辆

铁路车辆是铁路运输部门用以运输旅客和货物的运载工具，如图 1-21 所示。

图 1-21　铁路车辆

1.1.5 新型车辆

新型车辆主要有陆轨两用车辆、水陆两用车辆、空陆两用车辆和月球车辆等。

1. **陆轨两用车辆**

陆轨两用车辆是指在公路和轨道上都能行驶的新型车辆，陆轨行驶系统安装了在铁轨上使用的铁制轮子和在公路上使用的橡胶轮子，如图 1-22 所示。

图 1-22 陆轨两用车辆

2. **水陆两用车辆**

水陆两用车辆是结合了车与船的双重性能，既可像汽车一样在陆地上行驶穿梭，又可像船一样在水上泛水浮渡的特种车辆，如图 1-23 所示。由于其具备卓越的水陆通行性能，可在行进中渡越江河湖海而不受桥或船的限制，因而在交通运输上，具有特殊的历史意义，多用于军事、抢险救灾、探测等专业领域，也可以用于旅游。

图 1-23 水陆两用车辆

3. **空陆两用车辆**

空陆两用车辆又称飞行汽车，它是结合了车与飞机的双重性能，既可像汽车一样在陆地上行驶穿梭，又可像飞机一样在空中飞行的特种车辆，如图 1-24 所示。

4. **月球车辆**

月球车辆是指在月球表面行驶并对月球考察和收集分析样品的专用车辆，分为无人驾驶月球车和有人驾驶月球车。

图 1-24 空陆两用车辆

（1）无人驾驶月球车。无人驾驶月球车是由轮式底盘和仪器舱组成的，用太阳能电池和蓄电池联合供电，其行驶是靠地面遥控指令，如图 1-25 所示。它的设计难度更大，因为上面有很多仪器，要保证在无人的状态下行驶，仪器能正常工作。

图 1-25 无人驾驶月球车

（2）有人驾驶月球车。有人驾驶月球车的每个轮子各由一台发动机驱动，靠蓄电池提供动力，轮胎在-100℃低温下仍可保持弹性，宇航员操纵手柄驾驶月球车，可向前、向后、转弯和爬坡，主要用于扩大宇航员的活动范围和减少宇航员的体力消耗，可随时存放宇航员采集的岩石和土壤标本，如图 1-26 所示。

图 1-26 有人驾驶月球车

1.2 汽车的定义与分类

1.2.1 汽车的定义

汽车是轮式车辆的一种，它是由动力驱动、具有 4 个或 4 个以上车轮、不依靠轨道或架线而在陆地行驶的车辆。汽车动力来源于汽油机或者柴油机，也可以来源于驱动电机，还可以来源于其他燃料，如天然气、液化石油气等。

汽车具有以下用途。

（1）载运人员或货物。

（2）牵引载运货物的车辆或特殊用途的车辆。

（3）专项作业。

1.2.2 汽车按国标分类

国标 GB/T3730.1—2001《汽车和挂车类型的术语和定义》将汽车分为乘用车和商用车。

1. 乘用车

乘用车是在其设计和技术特性上主要用于载运乘客及其随身行李等的汽车，包括驾驶员座位在内最多不超过 9 个座位。乘用车又有多种，其类型如图 1-27 所示。

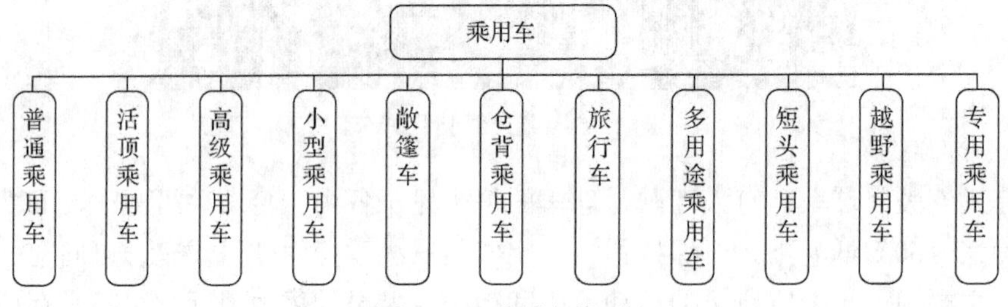

图 1-27 乘用车类型

（1）普通乘用车。普通乘用车具有以下特征：封闭式车身；固定式硬顶；4 个或 4 个以上座位；2 个或 4 个侧门，可有一后开启门，如图 1-28 所示。绝大部分轿车都属于普通乘用车。

图 1-28 普通乘用车

（2）活顶乘用车。活顶乘用车具有以下特征：具有固定侧围框架的可开启式车顶；车顶至少有封闭和开启或拆除两个位置；4 个或 4 个以上座位，至少两排；2 个或 4 个侧门，如图 1-29 所示。

图 1-29　活顶乘用车

（3）高级乘用车。高级乘用车具有以下特征：封闭式车身，前后座之间可以设有隔板；固定式硬顶；4 个或 4 个以上座位；4 个或 6 个侧门，也可有一个后开启门；6 个或 6 个以上侧窗，如图 1-30 所示。

图 1-30　高级乘用车

（4）小型乘用车。小型乘用车具有以下特征：封闭式车身，通常后部空间较小；固定式硬顶；2 个或 2 个以上座位，至少一排；2 个侧门，也可有一个后开启门；2 个或 2 个以上侧窗，如图 1-31 所示。

图 1-31　小型乘用车

（5）敞篷车。敞篷车具有以下特征：可开启式车身；车顶至少有两个位置，第一个位置遮覆车身，第二个位置车顶卷收或可拆除；2 个或 2 个以上座位，至少一排；2 个或 4 个侧门；2 个或 2 个以上侧窗，如图 1-32 所示，它与活顶乘用车的主要区别是顶不能拆。

图 1-32　敞篷车

（6）仓背乘用车。仓背乘用车具有以下特征：封闭式车身；固定式硬顶；4 个或 4 个以上座位，至少两排；2 个或 4 个侧门，车身后部有一仓门，一般为两厢车，如图 1-33 所示。

图 1-33　仓背乘用车

（7）旅行车。旅行车具有以下特征：封闭式车身，车尾处可提供较大的内部空间；固定式硬顶；4 个或 4 个以上座位，至少两排，座椅的一排或多排可拆除，或装有向前翻倒的座椅靠背，以提供装载平台；2 个或 4 个侧门，并有一后开启门；4 个或 4 个以上侧窗，如图 1-34 所示。

图 1-34　旅行车

（8）多用途乘用车。多用途乘用车是指上述 7 种车辆以外的，只有单一车室载运乘客及其行李或物品的乘用车。它是集轿车、旅行车和商务车于一身的车型，拥有良好的舒适性、较强的实用性和灵活的空间，如图 1-35 所示。

图 1-35　多用途乘用车

（9）短头乘用车。短头乘用车一半以上的发动机长度位于车辆前风窗玻璃最前点以后，并且转向盘的中心位于车辆总长的前 1/4 部分内，如图 1-36 所示。

图 1-36　短头乘用车

（10）越野乘用车。越野乘用车是指所有车轮可以同时驱动、允许在非道路上行驶的一种乘用车，如图 1-37 所示。

图 1-37　越野车

（11）专用乘用车。专用乘用车是指运载乘员或物品并完成特定功能的乘用车，它具备完成特定功能所需的特殊车身和/或装备，如旅居车、救护车、防弹车、殡仪车等。

① 旅居车。旅居车又称房车，车内设有桌椅、睡具、炊具、储藏、卫生设施及必要的照明和空气调节等设施，是旅游和野外工作人员宿营的专用汽车，如图 1-38 所示。

图 1-38　旅居车

② 救护车。救护车是指救助病人的车辆，如图 1-39 所示。

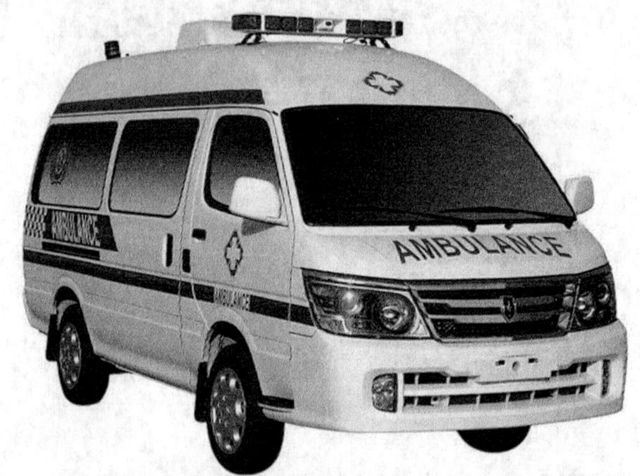

图 1-39　救护车

③ 防弹车。防弹车是指采用了防弹、防爆技术，装有烟幕发生装置和中央泄压调气装置，以便使汽车在遇到地面爆炸后仍然可以以最快的速度逃离危险现场、安全行驶出危险区的汽车，如图 1-40 所示。

图 1-40　防弹车

④ 殡仪车。殡仪车是指运送遗体的专用车辆，如图 1-41 所示。

图 1-41　殡仪车

2. **商用车**

商用车是指在设计和技术特性上用于运送人员及其随身行李和货物的汽车，并且可以牵引挂车。商用车的类型如图 1-42 所示。

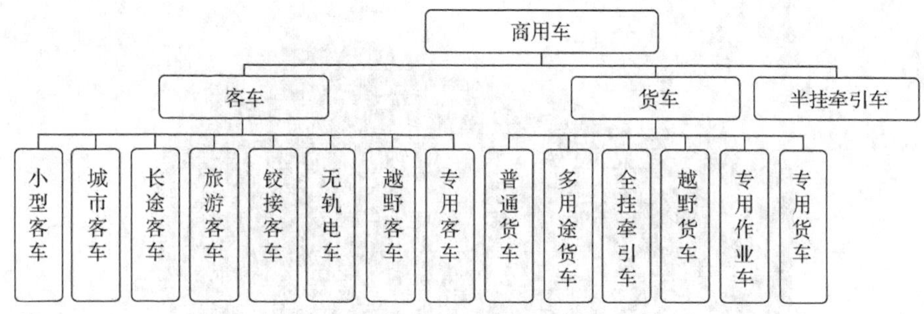

图 1-42　商用车类型

（1）客车。客车是指在设计和技术特性上用于载运乘客及其随身行李的商用车辆，包括驾驶员座位在内座位数不超过 9 座。客车包括小型客车、城市客车、长途客车、旅游客车、铰接客车、无轨电车、越野客车、专用客车等。

① 小型客车。小型客车是指用于载运乘客，除驾驶员座位外，座位数不超过 16 座的客车，如图 1-43 所示。

图 1-43　小型客车

② 城市客车。城市客车是一种为城市内运输而设计和装备的客车，这种车辆设有座椅及乘客站立的位置，并有足够的空间供频繁停站时乘客上下走动用，如图 1-44 所示。

图 1-44　城市客车

③ 长途客车。长途客车是一种为城间运输而设计和装备的客车，这种车辆没有专供乘客站立的位置，但在其通道内可载运短途站立的乘客，如图 1-45 所示。

图 1-45　长途客车

④ 旅游客车。旅游客车是一种为旅游而设计和装备的客车，这种车辆的布置要确保乘客的舒适，不载运站立的乘客，如图 1-46 所示。

图 1-46　旅游客车

⑤ 铰接客车。铰接客车是一种由两节车厢铰接组成的客车，在这种车辆上，两节车厢是相通的，乘客可通过铰接部分在两节车厢之间自由走动，如图 1-47 所示。

图 1-47　铰接客车

⑥ 无轨电车。无轨电车是一种经架线由电力驱动的客车，如图 1-48 所示。

图 1-48　无轨电车

⑦ 越野客车。越野客车是指所有车轮同时驱动、允许在非道路上行驶的一种车辆，如图 1-49 所示。

图 1-49　越野客车

⑧ 专用客车。专用客车在设计和技术特性上只适用于需要特殊布置安排后才能载运人员的车辆。校车属于专用客车，校车统一采用醒目的颜色（如黄色）标识，并可配备警灯和警报器；校车的安全性能要高于普通车辆（如防撞性能），还应安装 GPS，用于实时监控车辆运行的路线、速度，并设定限速器，严禁超速；上下车门安装摄像头，实时监控上下车人员，并配安全锤等，如图 1-50 所示。

图 1-50　专用客车

（2）货车。货车是一种主要为载运货物而设计和装备的商用车辆，它包括普通货车、多用途货车、全挂牵引车、越野货车、专用作业车和专用货车等。

① 普通货车。普通货车是一种在敞开（平板式）或封闭（厢式）载货空间内载运货物的货车，如图 1-51 所示。

图 1-51　普通货车

② 多用途货车。多用途货车在设计和结构上主要用于载运货物，但在驾驶员座椅后带有固定或折叠式座椅，可运载 3 人以上乘客的货车，如图 1-52 所示。

图 1-52　多用途货车

③ 全挂牵引车。全挂牵引车是一种牵引杆式挂车的货车，它本身可在附属的载货平台上运载货物，如图 1-53 所示。

图 1-53　全挂牵引车

④ 越野货车。越野货车是指所有车轮同时驱动、允许在非道路上行驶的一种车辆，如图 1-54 所示。

图 1-54　越野货车

⑤ 专业作业车。专业作业车是在设计和技术特性上用于特殊工作的货车，如消防车（见图 1-55）、救险车、垃圾车、应急车、清扫车、扫雪车等。

图 1-55　消防车

⑥ 专用货车。专用货车是在设计和技术特性上用于运输特殊物品的货车，如罐式车、乘用车运输车（见图 1-56）、集装箱运输车等。

图 1-56　乘用车运输车

（3）半挂牵引车。半挂牵引车是装备有特殊装置，用于牵引半挂车的商用车辆，如图 1-57 所示。

图 1-57　半挂牵引车

1.2.3　汽车按燃料分类

按燃料分类，汽车可以分为汽油汽车、柴油汽车、天然气汽车、液化石油气汽车、甲醇燃料汽车、乙醇燃料汽车、二甲醚燃料汽车、氢能汽车和太阳能汽车等。

1. 汽油汽车

汽油汽车是指以汽油为燃料的汽车，是目前保有量占比第一的汽车，约占 87%。国内轿车基本是汽油汽车，汽油以 92 号和 95 号为主。

2. 柴油汽车

柴油汽车是指以柴油为燃料的汽车，是目前保有量占比第二的汽车，约占 9%。国内商用车多数是柴油车，柴油有 0 号、-10 号、-20 号、-35 号等。

3. 天然气汽车

天然气汽车是指以天然气作为燃料的汽车。天然气汽车与普通燃油汽车相比，在结构上主要增加了燃气供给系统，如图 1-58 所示。

图 1-58　天然气汽车

按照所使用的天然气燃料状态的不同，天然气汽车可以分为压缩天然气汽车（Compressed Natural Gas Vehicles，CNGV）和液化天然气汽车（Liquefied Natural Gas Vehicles，LNGV）。

（1）压缩天然气汽车。压缩天然气（Compressed Natural Gas，CNG）是指压缩到 20.7MPa～24.8MPa 的天然气，储存在车载高压气瓶中。压缩天然气汽车如图 1-59 所示，它是以压缩天然气作为燃料的车辆，对在用车来讲，将定型汽油车改装，在保留原车供油系统的情况下，增加一套专用压缩天然气装置，形成压缩天然气汽车。

图 1-59　压缩天然气汽车

（2）液化天然气汽车。液化天然气（Liquefied Natural Gas，LNG）是指常压下，温度为−162℃的液体天然气，储存于车载绝热气瓶中。液化天然气汽车如图 1-60 所示，它是以低温液态天然气为燃料的新一代天然气汽车，其突出优点是 LNG 能量密度大（约为 CNG 的 3 倍），汽车续驶里程长，可达 400km 以上，相对汽车使用柴油、汽油具有显著的经济效益。

按照燃料使用状况的不同，天然气汽车可分为专用燃料天然气汽车、两用燃料天然气汽车和双燃料天然气汽车。

（1）专用燃料天然气汽车。专用燃料天然气汽车只使用天然气作为燃料，使用的是专用天然气发动机，一般应用于卡车，如图 1-61 所示。

图 1-60　液化天然气汽车

图 1-61　专用燃料天然气汽车

（2）两用燃料天然气汽车。两用燃料天然气汽车是具有两套相互独立的燃料供给系统，一套供给天然气，另一套供给其他燃料，两套燃料供给系统可分别但不可同时向燃烧室供给燃料的汽车。

五菱荣光 S 汽油/CNG 两用燃料车如图 1-62 所示，它是在原有的汽油燃料供给系统之外，增加了一套 CNG 燃料供给系统，用户按动切换按键就可以在汽油和 CNG 两种燃料间切换。

图 1-62　五菱荣光 S 汽油/CNG 两用燃料车

（3）双燃料天然气汽车。双燃料天然气汽车如图 1-63 所示，它是具有两套燃料供给系统，一套供给天然气，另一套供给其他燃料，两套燃料供给系统按预定的配比向燃烧室供给燃料，在缸内混合燃烧的汽车，如汽油-压缩天然气双燃料汽车、柴油-压缩天然气双燃料汽车等。

图 1-63　双燃料天然气汽车

4. 液化石油气汽车

液化石油气汽车是指以液化石油气为燃料的汽车。液化石油气汽车和天然气汽车结构类似，也是增加了一套液化石油气供给系统，如图 1-64 所示。

图 1-64　液化石油气汽车

5. 甲醇燃料汽车

甲醇燃料汽车是以甲醇燃料作为能源驱动的汽车，如图 1-65 所示。甲醇作为燃料在汽车上的应用主要有掺烧和纯甲醇替代两种。掺烧是指将甲醇以不同的比例（如 M10、M15、M30 等）掺入汽油中，作为发动机的燃料，一般称为甲醇汽油；纯甲醇替代是指将高比例甲醇（如 M85、M100）直接用作汽车燃料。

图 1-65　甲醇燃料汽车

6. 乙醇燃料汽车

乙醇燃料汽车是指利用乙醇燃料作为能源驱动的汽车，如图 1-66 所示。乙醇作为燃料在汽车上的应用目前主要以掺烧为主。掺烧是指将乙醇以不同的比例掺入汽油中，作为发动机的燃料，这种燃料一般称为乙醇汽油。

图 1-66　乙醇燃料汽车

7. 二甲醚燃料汽车

二甲醚汽车是指以二甲醚为能源的汽车，如图 1-67 所示。二甲醚作为环保、清洁、安全的新型替代能源，已经得到国际社会的公认。二甲醚是汽车发动机，特别是柴油发动机燃料的理想替代品。

图 1-67　二甲醚城市客车

8. 氢能汽车

氢能汽车是指以氢为主要能量的汽车，它可以分为氢燃料汽车和氢燃料电池汽车。

（1）氢燃料汽车。氢燃料汽车是指氢发动机直接用氢为燃料燃烧，产生动力的车辆。氢燃料燃烧产物只有 H_2O 和 NO_x，不会产生颗粒、积碳等，从而大大减少了发动机的磨损，减轻了润滑油被污染的程度，可以认为氢是发动机最清洁的燃料，氢燃料汽车不污染环境，是一种对环境友好的绿色交通工具。

宝马氢动力 7 系轿车装备了一台特别设计的 6.0 升 V12 发动机，既能使用汽油，也能使用液氢，如图 1-68 所示。

（2）氢燃料电池汽车。氢燃料电池汽车利用氢燃料电池发出的动力驱动电动机，带动汽车行驶，因此，它是一种电动汽车，如图 1-69 所示。

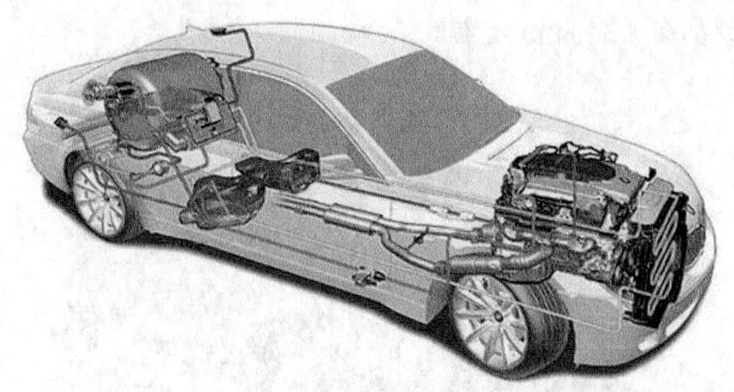

图 1-68　宝马氢动力 7 系轿车

图 1-69　氢燃料电池汽车

9. **太阳能汽车**

太阳能汽车是利用太阳能电池将太阳能转换为电能，并利用该电能作为能源驱动行驶的汽车，它是电动汽车的一种，如图 1-70 所示。

图 1-70　太阳能汽车

1.2.4　汽车按轴距分类

轿车一般按轴距分类，根据轴距的大小，轿车可以分为微型车、小型车、紧凑型车、中型车、中大型车、豪华车等。

1. **微型车**

微型车是指轴距在 2 400mm 以下的车型，如奇瑞 QQ、长安奔奔、吉利熊猫等，如图 1-71

所示，这些车的轴距都在 2 340mm 左右。

图 1-71　微型车

2. 小型车

小型车是指轴距在 2 400～2 550mm 的车型，如本田飞度、丰田威驰、福特嘉年华等，如图 1-72 所示。

图 1-72　小型车

3. 紧凑型车

紧凑型车是指轴距在 2 550～2 700mm 的车型，如大众速腾、丰田卡罗拉、福特福克斯、本田思域等，如图 1-73 所示。

图 1-73　紧凑型车

4. 中型车

中型车是指轴距在 2 700～2 850mm 的车型，如本田雅阁、丰田凯美瑞、大众迈腾、马自达 6 等，如图 1-74 所示。

图 1-74　中型车

5. 中大型车

中大型车是指轴距在 2 850～3 000mm 的车型，如奥迪 A6、宝马 5 系、奔驰 E 级、沃尔沃 S80 等，如图 1-75 所示。但个别车型轴距达到了 3 000mm 以上，例如，宝马 5 系的轴距为 3 028mm。

图 1-75　中大型车

6. 豪华车

豪华车是指轴距在 3 000mm 以上的车型，如奔驰 S 级、宝马 7 系，奥迪 A8 等，如图 1-76 所示。

图 1-76　豪华车

另外，汽车还有很多其他分类方式。例如，轿车按车厢分类，可以分为二厢车和三厢车。通常把轿车的发动机室、驾驶室、行李箱分别称为轿车的“厢”，如果这三个厢是相互独立的，就称为三厢车；如果驾驶室和行李箱是结合在一起的，则称为两厢车，如图 1-77 所示。

图 1-77　两厢车型和三厢车型

1.3　汽车常见标识

1.3.1　汽车铭牌标识

汽车铭牌是标明车辆基本特征的标牌，其主要内容包括车辆型号、发动机型号、发动机排量、发动机功率、车辆识别代号、总质量、载重量或载客人数、出厂编号、制造日期、制造国及厂名等，车辆铭牌一般位于车辆前部易于观察到地方，如 B 柱下方。图 1-78 所示为一汽大众汽车有限公司的汽车铭牌。该铭牌标明了制造国及厂名、商标、型号、车辆标识代号、制造日期、最大允许总质量、乘坐人数、发动机型号、发动机最大净功率、发动机排量。

图 1-78　一汽大众汽车有限公司的汽车铭牌

1.3.2　车辆识别代码

车辆识别代码（Vehicle Identification Number，VIN）是汽车的身份证号，它是根据国家车辆管理标准确定，包含了车辆的生产厂家、年代、车型、车身类型代码、发动机型号代码及组装地点等信息。在行驶证的“车架号”一栏一般都打印 VIN。

车辆识别代码在汽车上的位置如图 1-79 所示。VIN 除了能够在行驶证上看到外，在前挡风玻璃的左下侧、发动机上、驾驶员侧 B 柱下端的铭牌上和车辆底盘上都可以看到 VIN。

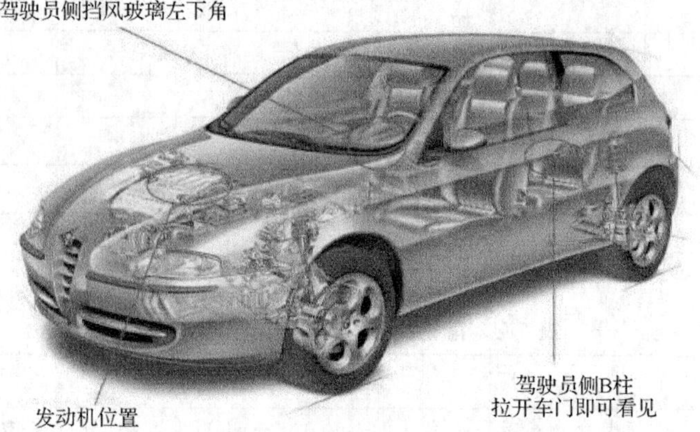

图 1-79　车辆识别代码在汽车上的位置

车辆识别代码由 3 部分组成，第 1 部分是世界制造厂识别代号（World Manufacturer Identifier，WMI）；第 2 部分是车辆说明部分（Vehicle Descriptive Section，VDS）；第 3 部分是车辆指示部分（Vehicle Indicator Section，VIS），如图 1-80 所示。世界制造厂识别代号必须经过申请、批准和备案后方能使用。车辆说明部分和车辆指示部分由汽车制造商制订，使用时应查询汽车制造商的编码规则。

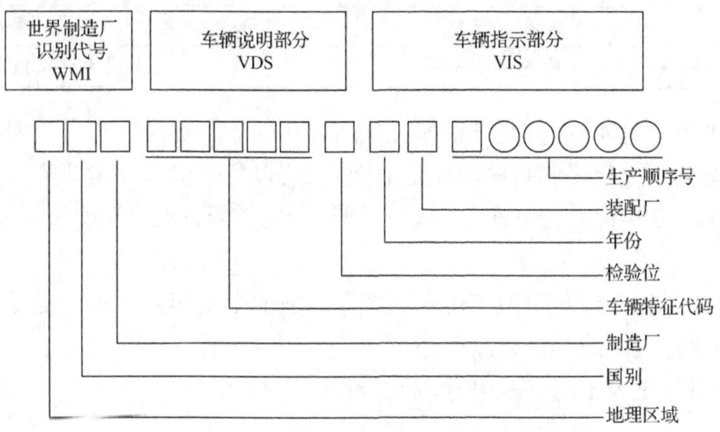

图 1-80　车辆识别代码

VIN 由 17 位字符组成，其含义如下。

（1）第 1～3 位。第 1～3 位是世界制造厂识别代号，表明汽车是由谁生产的，其中第 1 位代表国家或地区。

常见的汽车生产国家或地区代码见表 1-1。

表 1-1　常见国家或地区代码

代码	国家/地区	代码	国家/地区
1	美国	3	墨西哥
2	加拿大	4	美国

续表

代码	国家/地区	代码	国家/地区
6	澳大利亚	K	韩国
9	巴西	L	中国
W	德国	V	法国
J	日本	Y	瑞典
S	英国	Z	意大利

常见的中国汽车制造厂商识别代码见表 1-2。

表 1-2 常见的中国汽车制造厂商识别代码

代码	制造厂商	代码	制造厂商
LSV	上海大众汽车有限公式	LHG	广州本田汽车有限公司
LSG	上海通用汽车有限公式	LVS	长安福特汽车有限公司
LSJ	上海汽车集团股份有限公司	L6T	浙江吉利汽车有限公司
LFV	一汽大众汽车有限公式	LVV	奇瑞汽车股份有限公司
LFM	天津一汽丰田汽车有限公司	LVH	东风本田汽车有限公司
LFP	中国第一汽车集团公司	LBV	华晨宝马汽车有限公司
LDC	中国神龙汽车有限公司	LS5	重庆长安汽车股份有限公司
LBE	北京现代汽车有限公司	LH1	一汽海马汽车有限公司
LE4	北京吉普汽车有限公司	LGX	比亚迪汽车有限公司
LKH	哈飞汽车股份有限公司	LJ1	安徽江淮汽车股份有限公司

（2）第 4～8 位。第 4～8 位是车辆特征代码，包含车辆种类、车身类型、系列、发动机类型等信息，因为其组成代码和排序由制造商决定，所以各个汽车制造商的 VDS 都不尽相同。

（3）第 9 位。第 9 位是指汽车校验位，通过一定的算法防止输入错误，这个是统一规定的。

（4）第 10 位。第 10 位是车型年份，即汽车对应的车型年款，不一定是汽车实际生产的年份，但一般与实际生产的年份之差不超过一年。

年份与代码对应见表 1-3，每 30 年轮回一次。

表 1-3 年份与代码对应表

年份	代码	年份	代码	年份	代码	年份	代码
2001	1	2011	B	2021	M	2031	1
2002	2	2012	C	2022	N	2032	2
2003	3	2013	D	2023	P	2033	3
2004	4	2014	E	2024	R	2034	4
2005	5	2015	F	2025	S	2035	5
2006	6	2016	G	2026	T	2036	6
2007	7	2017	H	2027	V	2037	7
2008	8	2018	J	2028	W	2038	8
2009	9	2019	K	2029	X	2039	9
2010	A	2020	L	2030	Y	2040	A

（5）第 11 位。第 11 位是生产装配厂代码，要是为“0”的话就表示是原厂组装。

（6）第 12～17 位。第 12～17 位是生产序列号，表示车辆的出厂顺序。如果有车辆需要召回的话，就是用的这个序列号。

例如，LSG JA52U1 BH003531 的含义为：LSG 代表上海通用；JA 代表新凯越；5 代表三厢 4 门轿车；2 代表保护系统——手动安全带及驾驶员、前排乘客安全气囊；U 代表发动机类型——汽油发动机、1.6L、直列四缸、双顶置式凸轮轴、多组多点燃油电控喷射；1 代表车辆校验位；B 代表 2011 款；H 代表装配厂——上海金桥南厂；003531 代表生产序列号。

1.3.3　汽车仪表盘常见图标

汽车仪表盘上的图标根据功能分为指示、警示、故障图标。汽车仪表盘常见图标见表 1-4。

表 1-4　汽车仪表盘常见图标

名称	图标	说明
燃油指示灯		该指示灯用来显示汽车内储油量的多少，当钥匙门打开，汽车自检时，该燃油指示灯会短时间点亮，随后熄灭；如启动后该指示灯点亮，则说明车内油量已不足
水温指示灯		该指示灯用来显示发动机内冷却液的温度，钥匙门打开，汽车自检时，会点亮数秒后熄灭；水温指示灯常亮，说明冷却液温度超过规定值，需立刻暂停行驶；水温正常后熄灭
机油指示灯		该指示灯用来显示发动机内机油的压力状况；打开钥匙门，汽车开始自检时，指示灯点亮，启动后熄灭；该指示灯常亮，说明该车发动机机油压力低于规定标准，需要维修
蓄电池指示灯		该指示灯用来显示蓄电池使用状态；打开钥匙门，汽车开始自检时，该指示灯点亮；启动后自动熄灭；如果启动后蓄电池指示灯常亮，说明该蓄电池出现了使用问题，需要更换
手刹指示灯		手刹拉起时，此灯点亮；手刹被放下时，该指示灯自动熄灭；在有的车型上，刹车液不足时此灯会亮
发动机自检灯		发动机工作状态的指示灯，钥匙门打开后点亮，3～4s 后熄灭，发动机正常；不亮或长亮表示发动机故障，需及时检修
ABS 指示灯		钥匙门打开后点亮，3～4s 后熄灭，表示系统正常；不亮或长亮则表示系统故障，此时可以继续低速行驶，但应避免急刹车
安全气囊指示灯		显示安全气囊工作状态的指示灯，钥匙门打开后点亮，3～4s 后熄灭，表示系统正常；不亮或常亮表示系统存在故障

续表

名称	图标	说明
车门状态指示灯		显示车门是否完全关闭的指示灯，车门打开或未能关闭时，该指示灯亮起，提示车主车门未关好；车门关闭后该指示灯熄灭
清洗液指示灯		显示风挡清洗液存量的指示灯，如果清洗液即将耗尽，该指示灯亮，提示车主及时添加清洗液；添加清洗液后，指示灯熄灭
前后雾灯指示灯		该指示灯用来显示前后雾灯的工作状况，前后雾灯接通时，两灯点亮；图中左侧的是前雾灯显示，右侧的是后雾灯显示
转向指示灯		转向灯亮时，相应的转向灯按一定频率闪烁；按下双闪警示灯按键时，两灯同时亮起；转向灯熄灭后，指示灯自动熄灭
远光指示灯		显示大灯是否处于远光状态，通常的情况下，该指示灯为熄灭状态；在远光灯接通和使用远光灯瞬间点亮功能时亮起
示宽指示灯		示宽指示灯用来显示汽车示宽灯的工作状态，平时为熄灭状态；当示宽灯打开时，该指示灯随即点亮
安全带指示灯		显示安全带状态的指示灯，按照车型不同，灯会亮起数秒进行提示，或者直到系好安全带才熄灭；有的车还会有声音提示
内循环指示灯		该指示灯用来显示汽车空调系统的工作状态，平时为熄灭状态；当打开内循环按钮时，汽车关闭外循环，该指示灯自动点亮
胎压报警灯		当汽车的轮胎胎压出现问题时，胎压报警灯便会点亮；此时，最好先停车检查是什么原因导致胎压出现问题，查明原因及时修复，以避免事故隐患
疲劳驾驶警示灯		表示汽车已经长时间行驶，提醒驾驶员要到服务区或者安全地带休息一会，避免疲劳驾驶

1.3.4　轮胎规格标识

轮胎规格标识代表轮胎的身份信息，由数字和字母组成，如图 1-81 所示。它一般由 6 项组成，第 1 项数字是轮胎断面宽度，单位是 mm；第 2 项数字是轮胎扁平比，轮胎扁平比是指轮胎安装在轮辋上的断面高度和断面宽度之比，经圆整后用百分数表示，一般是 5 的倍数；第 3 项字母 R 是子午线轮胎；第 4 项数字是轮辋直径，单位是 in；第 5 项数字是轮胎负荷指数；第 6 项是速度符号。

图 1-81　轮胎规格标识

例如，225/45R18 95V，225 代表轮胎断面宽度是 225mm；45 代表轮胎扁平比是 0.45；R 代表轮胎是子午线轮胎；18 代表轮辋直径是 18in；95 是轮胎负荷指数，代表轮胎最大负荷为 690kg；V 是轮胎速度符号，代表轮胎最大速度为 240km/h。

轮胎负荷指数和最大负荷对照表见表 1-5。

表 1-5　轮胎负荷指数和最大负荷（kg）对照表

60	61	62	63	64	65	66	67	68	69
250	257	265	272	280	290	300	307	315	325
70	71	72	73	74	75	76	77	78	79
335	345	355	365	375	387	400	412	425	437
80	81	82	83	84	85	86	87	88	89
450	462	475	487	500	515	530	545	560	580
90	91	92	93	94	95	96	97	98	99
600	615	630	650	670	690	710	730	750	775
100	101	102	103	104	105	106	107	108	109
800	825	850	875	900	925	950	975	1000	1030
110	111	112	113	114	115	116	117	118	119
1060	1090	1120	1150	1180	1215	1250	1285	1320	1360
120	121	122	123	124	125	126	127	128	129
1400	1450	1500	1550	1600	1650	1700	1750	1800	1850

轮胎速度符号与最高行驶速度对照表见表 1-6。

表 1-6　轮胎速度符号与最高行驶速度（km/h）对照表

E	F	G	J	K	L
70	80	90	100	110	120
M	N	P	Q	R	S
130	140	150	160	170	180
T	U	H	V	W	Y
190	200	210	240	270	300

1.3.5　汽车常见英文缩写

汽车有很多常用英文缩写，初学者如不了解其含义，就会造成很多不便。汽车常见英文缩写的解析，见表 1-7。

表 1-7　汽车常见英文缩写

英文缩写	中文含义	中文解析
SUV	运动型多用途汽车	是以轿车平台为基础，在一定程度上既具有轿车的舒适性，又具有一定越野性的车型
MPV	多用途汽车	从旅行轿车演变而来，它集旅行车宽大乘员空间、轿车的舒适性和厢式货车的功能于一身，一般为两厢式结构，可以坐 7～8 人
ORV	越野车	可在崎岖地面使用的越野车辆，主要特点是非承载式车身、四轮驱动，较高的底盘、较好抓地性的轮胎、较高的排气管和较大的功率
T	涡轮增压	一般在车尾标有 1.8T、2.8T 字样，表明该车的发动机采用了涡轮增压
TSI	涡轮增压+缸内直喷	涡轮增压直喷汽油发动机能够在不增加发动机排量的前提下产生更大转矩，并在较为宽泛的发动机转速范围内，实现并保持最大转矩输出
FSI	缸内直喷	直接将燃油喷入气缸内与进气混合的技术。优点是油耗量低，升功率大，压缩比高达 12
VVT	可变气门正时	根据发动机的运行情况，调整进气（排气）量、气门开合时间、角度，使进入的空气量达到最佳值，提高燃烧效率
DVVT	进排气可变气门正时	在进气、排气时都控制气门，使燃油的效能达到更高
AT	自动变速器	又叫电控液压自动变速器，它是所有变速器中结构最复杂的一种，也是技术最成熟的自动变速器
AMT	机械式自动变速器	它是在传统的手动齿轮式变速器基础上改进而来的，既具有普通自动变速器自动变速的优点，又保留了原手动变速器齿轮传动效率高、成本低、结构简单、易制造的长处
CVT	无级变速器	它的传动比是连续可变的，在所有变速器当中，无级自动变速器的结构原理最简单，平顺性最好
DCT	双离合变速器	它既属于手动变速器，又属于自动变速器，除了拥有手动变速器的灵活性及自动变速器的舒适性外，还能提供无间断的动力输出
EPS	电动助力转向	依靠电机提供辅助转矩的动力转向系统
ABS	制动防抱死系统	它既有普通制动系统的制动功能，又能防止车轮锁死，使汽车在制动状态下仍能转向，保证汽车制动方向的稳定性，防止产生侧滑和跑偏
EDS	电子差速锁	它是 ABS 的一种扩展功能，用于鉴别汽车的轮子是不是失去着地摩擦力，从而控制汽车的加速打滑。但它有速度限制，只有在车速低于 40km/h 时才会启动，主要是防止起步和低速时打滑
EBD	电子制动力分配	不仅可分配汽车前、后轮制动器制动力，而且可根据汽车的行驶工况，实时、合理地将制动力分配给左、右车轮，防止汽车发生跑偏
EBA	紧急制动辅助	监控驾驶员踩刹车踏板的频率和力量，在紧急时刻辅助驾驶员对车辆施加更大的制动力，从而缩短刹车距离，确保车辆安全
ASR	驱动防滑系统	驱动轮打滑时，ASR 通过对比各车轮转速，电子系统判断出驱动轮打滑，通过调节发动机输出转矩和制动器制动力矩，防止汽车驱动轮在加速时出现打滑
TCS	牵引力控制系统	通过调节发动机点火时间、变速器挡位及供油系统来控制驱动轮打滑
TRC	循迹防滑控制	可抑制车辆在湿滑路面起步与加速时驱动轮的空转，当起步或加速时，若驱动轮空转，就会控制驱动轮的刹车油压及发动机的动力输出，确保最佳的起步、加速、直线行进以及转弯的稳定性

续表

英文缩写	中文含义	中文解析
DTC	动态牵引力控制	防止汽车驱动打滑，提高汽车行驶稳定性
ESP	电子稳定程序	它通过对从各传感器传来的车辆行驶状态信息进行分析，然后向ABS、ASR 发出纠偏指令，在提升车辆的操控表现的同时，有效防止汽车达到其动态极限时失控
DAC	下坡行车辅助控制	下坡辅助控制系统可以自动把车速控制在适当水平，工作时停车灯会自动点亮
HAC	坡道起步控制	可以帮助提高驾驶员在坡路驾驶时的安全性
HDC	坡道控制系统	它能主动感测坡道的斜度及路面状况，自动控制抓地力、制动力及速度，以便在前进、后退时完全控制速度、稳定性及安全性
HUD	抬头数字显示	它可以把重要的信息映射在风窗玻璃上的全息半镜上，使驾驶员不必低头，就能看清重要的信息
ECU	电子控制单元	汽车专用微机控制器，也称汽车大脑、车载电脑
OBD	车载自动诊断系统	可以用它来对汽车内传动系统、控制系统各部分工作状态进行自动检查和监测。当汽车出现故障时，装在仪表板上的故障指示灯就会闪亮，以警告车主汽车可能出问题

1.4 汽车基本参数

汽车基本参数主要包括汽车车身尺寸参数、汽车通过性参数、汽车质量参数、汽车性能参数和发动机参数。

1.4.1 汽车车身尺寸参数

汽车车身尺寸参数主要包括车身总长、车宽、车高、轴距、轮距、前悬、后悬等，如图 1-82 所示。

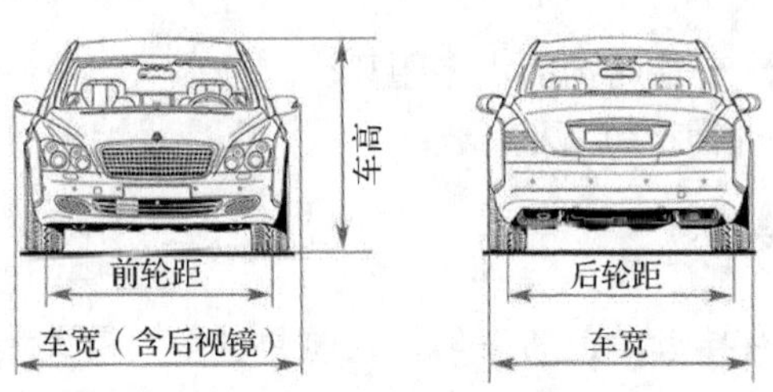

（a）汽车正面和后面

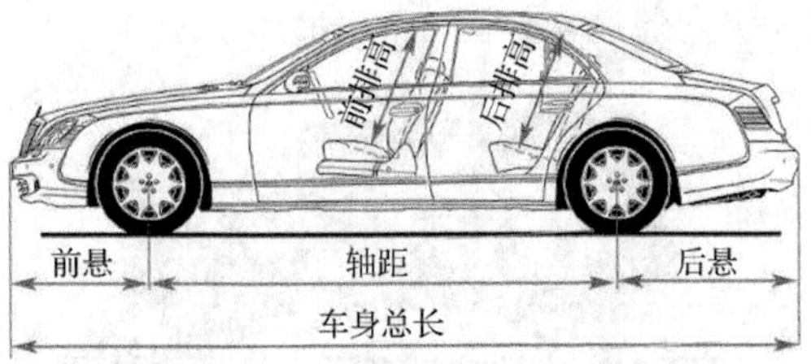

（b）汽车侧面

图 1-82 汽车车身尺寸参数

1. **车身总长**

车身总长是指垂直于汽车纵向对称平面并分别抵靠在汽车前、后最外端突出部位的两垂面之间的距离。简单地说，就是沿着汽车前进的方向，最前端到最后端的距离。

2. **车宽**

车宽是指平行于汽车纵向对称平面并分别抵靠汽车两侧固定突出部位的两平面之间的距离。简单地说，就是汽车最左端到最右端的距离。其中所说的“两侧固定突出部位”并不包括后视镜、侧面标志灯、示位灯、转向指示灯、挠性挡泥板、防滑链以及轮胎与地面接触部分的变形。

3. **车高**

车高是指汽车支承平面与汽车最高突出部位相抵靠的水平面之间的距离。简单地说，就是从地面到汽车最高点的距离。汽车高度通常是指汽车在空载但可运行（加满燃料和冷却液）的情况下的高度。

4. **轴距**

轴距是指通过汽车同一侧相邻两车轮的中点，并垂直于汽车纵向对称平面的二垂线之间的距离。简单地说，就是汽车前轴中心到后轴中心的距离。对于三轴以上的汽车，其轴距用从前到后的相邻两车轮之间的轴距分别表示，总轴距为各轴距之和。

5. **轮距**

轮距是指车轮在地面上留下的轨迹中心线之间的距离，它分为前轮距和后轮距。前轮距是指汽车前面两个车轮中心平面之间的距离；后轮距是指汽车后面两个车轮中心平面之间的距离。前轮距和后轮距可以相同，也可以有所差别。

6. **前悬**

前悬是指前轮中心到汽车最前端的水平距离。

7. **后悬**

后悬是指后轮中心到汽车最后端的水平距离。

因此，车身总长=前悬+轴距+后悬。

1.4.2 汽车通过性参数

汽车通过性参数主要有接近角、离去角、纵向通过角、最大爬坡度、最大侧倾角、最小离地间隙、最大涉水深度等。

汽车接近角、离去角和纵向通过角如图 1-83 所示。

图 1-83 汽车接近角、离去角和纵向通过角

1. **接近角**

接近角是指在汽车满载静止时，汽车前端突出点向前轮所引切线与地面的夹角，即水平面与切于前轮轮胎外缘的平面之间的最大夹角。轿车接近角一般为 20° ～30° 。

2. **离去角**

离去角是指在汽车满载静止时，汽车后端突出点向后轮所引切线与地面的夹角，即水平面与切于后轮轮胎外缘的平面之间的最大夹角。轿车离去角一般为 15° ～22°。

3. **纵向通过角**

纵向通过角是指在汽车满载静止时，在汽车侧视图上分别通过前、后车轮外缘做切线交于车底下部较低部位所形成的最小锐角。

最大爬坡度和最大侧倾角如图 1-84 所示。

图 1-84　最大爬坡度和最大侧倾角

4. **最大爬坡度**

最大爬坡度是指汽车满载时在良好路面上用第一挡克服的最大坡度，它表征汽车的爬坡能力。爬坡度用坡度的角度值（以度数表示）或以坡度起止点的高度差与其水平距离的比值（正切值）的百分数来表示。

5. **最大侧倾角**

最大侧倾角是指车身发生侧倾时，车本身可以承受的车身平面与地面所达到的最大夹角，大于这个角度即发生翻车。

最小离地间隙和最大涉水深度如图 1-85 所示。

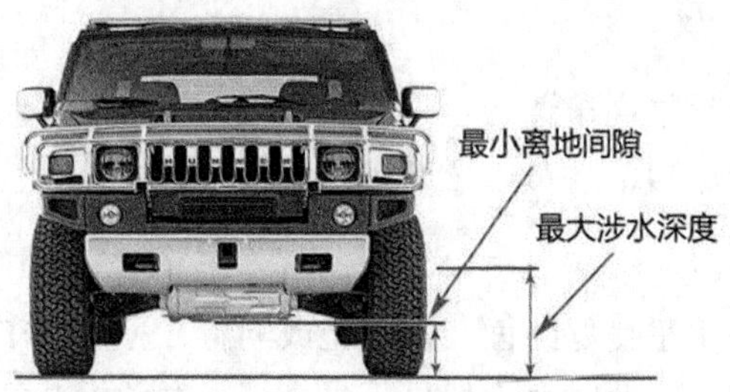

图 1-85　最小离地间隙和最大涉水深度

6. **最小离地间隙**

最小离地间隙是指满载静止时，汽车除车轮之外的最低点与地面之间的距离，用于表征汽车无碰撞地越过石块、树桩等障碍物的能力。轿车一般最小离地间隙为120～200mm。

7. **最大涉水深度**

最大涉水深度是指汽车所能通过的最深水域，也是安全深度。

1.4.3 汽车质量参数

汽车质量参数主要包括整车整备质量、汽车总质量、汽车装载质量、质量系数、轴荷分配等。

1. **整车整备质量**

整车整备质量是指汽车完全装备的质量，包括整车装备完好的空车质量，燃料、润滑油、冷却液、随车工具、备用轮胎及备品等的质量，但不包括货物、驾驶员、乘客及行李的质量。

2. **汽车总质量**

汽车总质量是指汽车装备齐全，并按规定装满乘客（包括驾驶员）、货物时的质量。

轿车、客车和货车的总质量按以下方法确定。

对于轿车，汽车总质量=整备质量+驾驶员及乘员质量+行李质量

对于客车，汽车总质量=整备质量+驾驶员及乘员质量+行李质量+附件质量

对于货车，汽车总质量=整备质量+驾驶员及助手质量+行李质量

3. **汽车装载质量**

汽车装载质量是指汽车满载时所能装载的货物或人员的总质量，即汽车总质量与整车整备质量之差。

4. **质量系数**

质量系数是指汽车装载质量与整车整备质量的比值，它反映了汽车的设计水平和工艺水平，该值越大，说明该汽车的结构和制造工艺越先进。

5. **轴荷分配**

轴荷分配是指汽车空载或满载时的整车质量分配到各个车轴上的百分比。发动机位置和驱动形式对轴荷分配有显著影响。

1.4.4 汽车性能参数

汽车性能参数主要包括最高车速、加速时间、最大爬坡度、制动距离、最小转弯半径、百千米燃料消耗量、综合燃料消耗量、燃料消耗量标识等。

1. **最高车速**

最高车速是指汽车在水平良好路面（混凝土或沥青）上，汽车能达到的最高行驶车速，它表示汽车的极限行驶能力。此时变速器处于最高挡，发动机节气门全开或高压油泵处于最大供油位置。相同类型汽车发动机排量越大，汽车最高车速越高；在配置相同发动机的前提下，手动挡比自动挡汽车最高车速更高；在发动机排量相同的前提下，车身越小，最高车速越高。一般轿车最高车速为130～220km/h，客车最高车速为90～130km/h，货车最高车速为

80～110km/h。

发动机排量在 2.0L～2.5L 的 7 款中型车，它们的最高车速如图 1-86 所示。可以看出，在同级别车型中，汽车最高车速并不一定完全与发动机排量成正比，它还取决于传动系传动比。

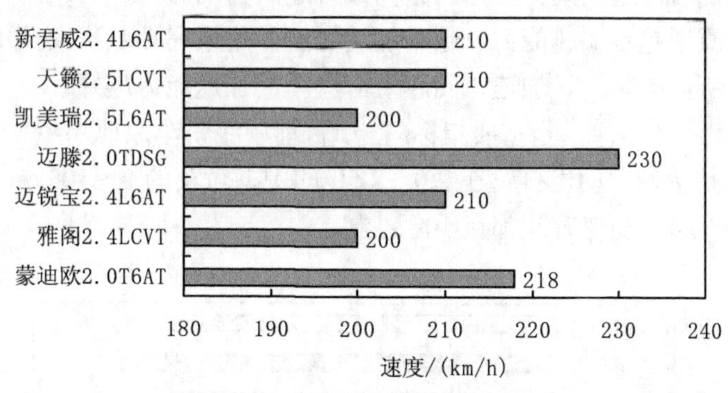

图 1-86　中型轿车的最高车速

发动机排量在 1.6L 的 7 款紧凑型车，它们的最高车速如图 1-87 所示。可以看出，同一级别汽车的最高车速差别不大，但不同级别汽车的最高车速差别较大，这主要与发动机和变速器的配置有关。

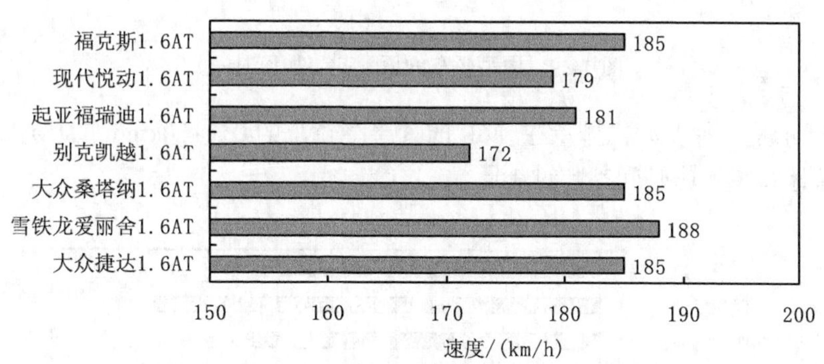

图 1-87　紧凑型轿车的最高车速

最高车速是一些跑车特别是超级跑车所追求的一个重要参数之一，其最高车速的记录也不断被打破，英国工程师研制出一辆超音速汽车（见图 1-88），采用劳斯莱斯喷气发动机作为动力，车速达到 1 610km/h！对于量产的超级跑车，最高车速已突破 400km/h。

图 1-88　超音速汽车

2. 汽车加速时间

加速时间代表汽车的加速能力，它分为原地起步加速时间与超车加速时间。原地起步加速时间是指汽车从静止状态下，由 I 挡起步，并以最大的加速强度（包括选择最恰当的换挡时机）逐步换至高挡后，达到某一预定的距离或车速所需的时间。一般用 0～100km/h 所需的时间来表明汽车原地起步加速能力。超车加速时间是用最高挡或次高挡由某一较低车速全力加速至某一高速所需的时间。加速时间越短，汽车的加速能力越好。

轿车对加速能力十分重视，是重要指标之一。目前中级轿车原地起步加速时间一般在 10s 左右。图 1-89 所示是 7 种发动机排量在 2.0～2.5L 的中型轿车的 0～100km/h 的加速时间，可以看出，它们的原地起步加速时间都在 10s 之内。

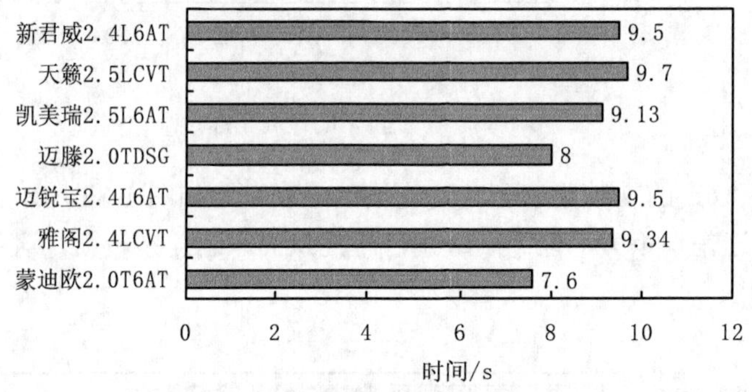

图 1-89　中型轿车的原地起步加速时间

图 1-90 所示是 7 种发动机排量在 1.6L 的紧凑型轿车的 0～100km/h 的加速时间，可以看出，它们的原地起步加速时间都超过 10s。

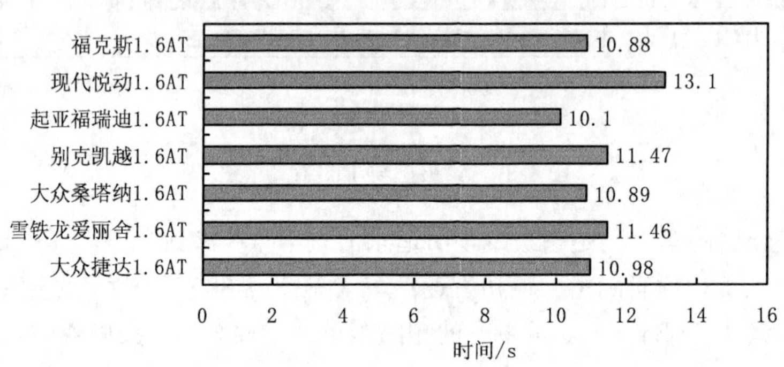

图 1-90　紧凑型轿车的原地起步加速时间

加速时间是跑车追求的重要参数之一，跑车 0～100km/h 的加速时间都在 5s 之内。美国雪佛兰品牌的 Dagger GT 跑车（见图 1-91）的 0～100km/h 加速时间为 1.5s，搭载多燃料双涡轮发动机，最大功率可达 1 491kW，最大转矩可达 2 710N·m，极限速度更是达到了 483km/h。

3. 最大爬坡度

爬坡度是指坡高与坡道直线长度之比的百分数，例如，坡道直线长度距离为 100m、坡高为 40m 的坡度为 40%，其角度为 21.8°。最大爬坡度代表汽车的爬坡能力，它是指汽车满载时在良好路面上等速行驶能爬上的最大坡度。汽车变速器挡位不同，爬坡能力不同，最大爬坡度通常是指汽车变速器最低挡的爬坡能力，它代表了汽车的极限爬坡能力，它应比实际行驶中遇到的道路最大爬坡度超出很多。这是因为应考虑到在坡道上停车后，顺利起步加速、克服松软坡道路面的大阻力等要求的缘故。

图 1-91　雪佛兰品牌的 Dagger GT 跑车

轿车的最高车速高，发动机功率大，经常在较好的路面上行驶，一般不强调它的最大爬坡度；货车在各种路面上行驶，要求它具有足够的爬坡度，一般为 30%，即 16.7°；越野汽车要在各种坏路或无路条件下行驶，对爬坡度要求更高，可达 60%，即 31°。有时也以汽车在一定坡道上必须达到的车速来表示爬坡能力。

最大爬坡度对于 SUV 和越野汽车来说是一个极为重要的参数，这个参数数值的高低，在表征汽车爬坡能力高低的同时，也可以说是界定越野汽车和非越野汽车的一个重要指标。例如，业界通常认为只有最大爬坡度不小于 57.73%（30°）的汽车才称得上是真正的越野汽车。

图 1-92 所示是一些 SUV 和越野汽车的最大爬坡度。可以看出，不同类型的汽车，爬坡度差别较大。

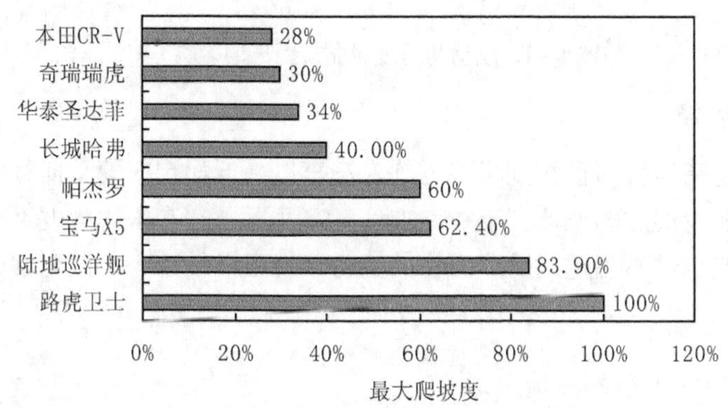

图 1-92　汽车最大爬坡度

4. **制动距离**

制动距离是指在良好路面上，汽车以一定初速度制动到停车的制动距离，是制动性能最基本的评价指标。制动距离与汽车的行驶安全有直接的关系，试验测试的制动距离是指汽车空挡时以一定初速度，从驾驶员踩着制动踏板开始到汽车停止为止所驶过的距离。制动距离与制动踏板力以及路面附着条件有关。

轿车一般用在良好路面条件下，以 100km/h 的初速度制动到停车的最短距离来表示。图

1-93 所示是 8 款汽车 100km/h～0 的制动距离。轿车一般制动距离小于 42m 为优秀，制动距离为 42～45m 为合格，大于 45m 为较差。

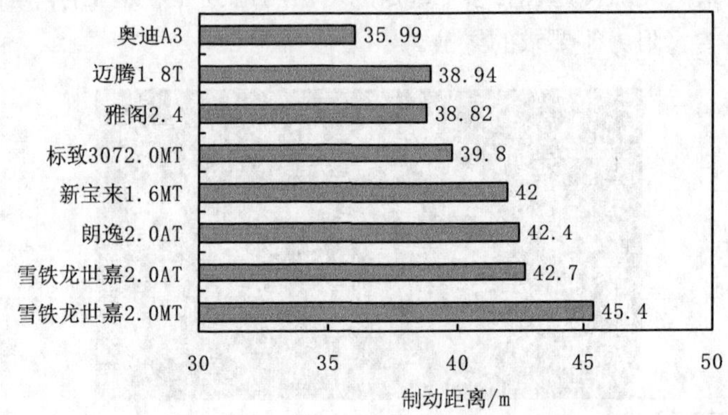

图 1-93　8 款汽车 100km/h～0 的制动距离对比

制动初速度对制动距离有较大影响，图 1-94 所示是某汽车初速度不同时的制动距离，可以看出，初速度越高，制动距离越长。

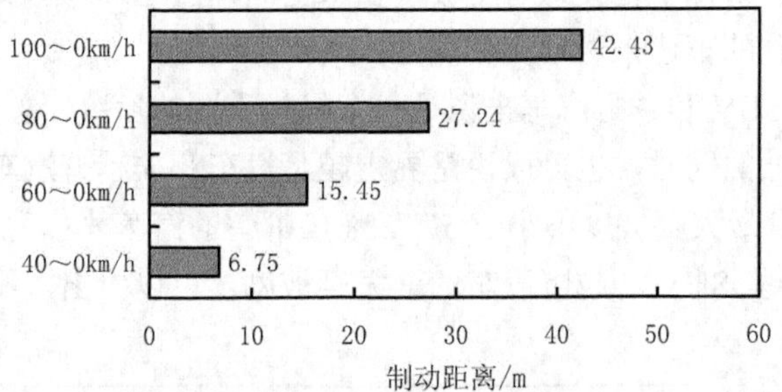

图 1-94　制动初速度对制动距离的影响

5. 最小转弯半径

最小转弯半径是指当转向盘转到极限位置，汽车以最低稳定车速转向行驶时，外侧转向轮的中心在支承平面上滚过的轨迹圆半径，如图 1-95 所示。它在很大程度上表征了汽车能够通过狭窄弯曲地带或绕过不可越过的障碍物的能力。转弯半径越小，汽车的机动性能越好。

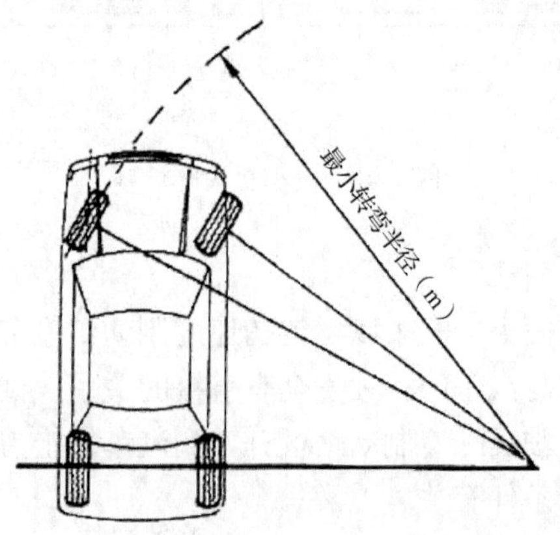

图 1-95　汽车最小转弯半径

6. 等速行驶百千米燃料消耗量

等速行驶百千米燃料消耗量是指汽车在一定载荷下，以最高挡在水平良好路面上等速行驶 100km 的燃料消耗量。试验时，常测出每隔 10km/h 或 20km/h 的速度间隔的等速百千米燃料消耗量，然后在图上连成曲线，这条曲线称为等速百千米燃料消耗量曲线，用它来评价汽车的燃料经济性。

图 1-96 所示是搭载 1.6L 发动机的某国产轿车的等速百千米燃料消耗量曲线，图中实线为测量曲线，虚线是预测曲线。可以看出，当车速为 90km/h 时，燃料消耗量最低，为 6L/100km，说明该轿车的经济车速是 90km/h；当车速为 120km/h 时，燃料消耗量为 7.5L/100km；当车速为 5km/h，即怠速行驶时，燃料消耗量为 21L/100km。

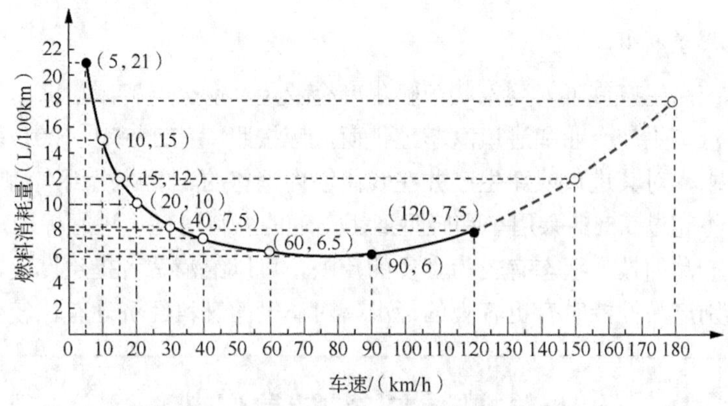

图 1-96　汽车等速行驶百千米燃料消耗量

7. 综合燃料消耗量

综合燃料消耗量是指用一些相应的典型循环试验工况来模拟汽车实际运行状况，并以其等速行驶百千米燃料消耗量来评定其相应行驶工况下的燃料经济性。

图 1-97 所示是 7 种中型轿车的综合燃料消耗量。图 1-98 所示是 7 种紧凑型轿车的综合燃料消耗量。可以看出，紧凑型轿车综合燃料消耗量要比中型轿车综合燃料消耗量少，这与发动机配置有很大关系。另外，像君威、别克凯越等美国车型，燃料消耗量较大，这与它们的整备质量大有关。

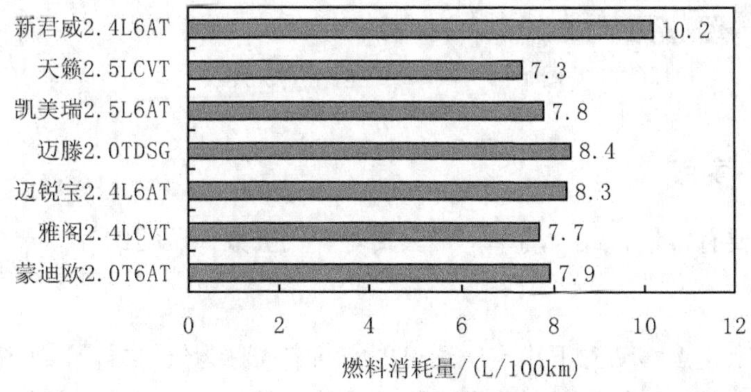

图 1-97　中型轿车的综合燃料消耗量

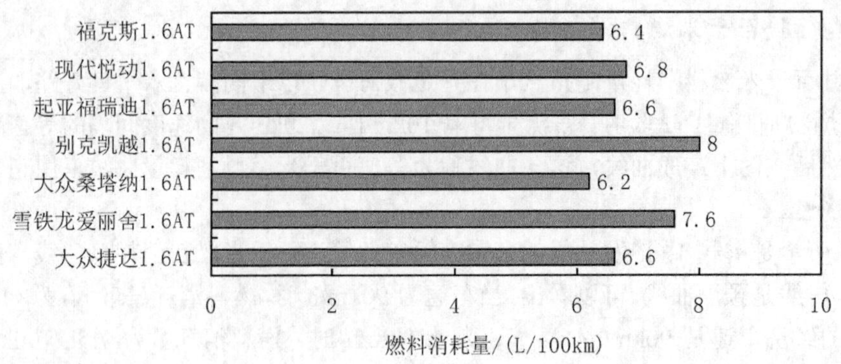

图 1-98　紧凑型轿车的综合燃料消耗量

8. **燃料消耗量标识**

已获得汽车产品生产许可、列入《车辆生产企业及产品公告》或已获得汽车产品进口许可的我国境内的汽车生产企业和进口汽车经销商，应按照 GB22757.1—2017《轻型汽车燃料消耗量标识》要求，对其进口或新生产并在我国境内销售的、能够燃用汽油或柴油燃料的、最大设计总质量不超过 3.5t 的乘用车和轻型商用车辆的燃料消耗量进行标识，如图 1-99 所示。这个《标识》对产品的技术状态有较为真实的反映，可以给消费者提供比较客观、系统的信息，让他们在辨别产品性能时有更客观的标准，对车辆的燃料经济性有比较全面的了解。

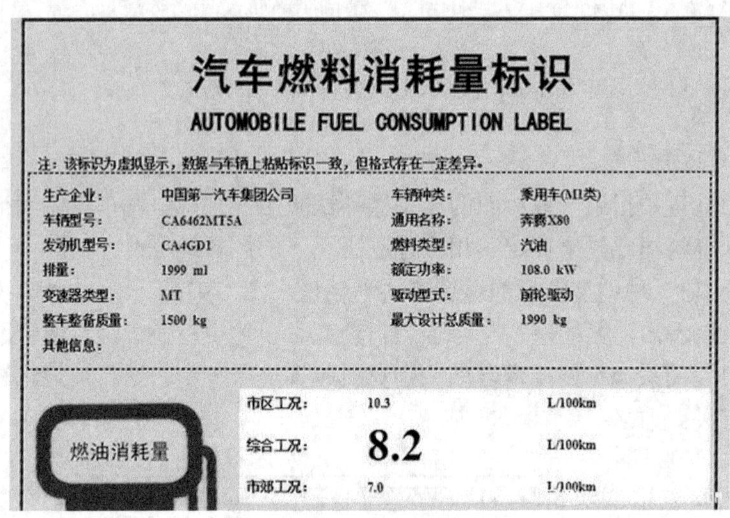
汽车燃料消耗量标识

AUTOMOBILE FUEL CONSUMPTION LABEL

注：该标识为虚拟显示，数据与车辆上粘贴标识一致，但格式存在一定差异。

生产企业：	中国第一汽车集团公司	车辆种类：	乘用车(M1类)
车辆型号：	CA6462MT5A	通用名称：	奔腾X80
发动机型号：	CA4GD1	燃料类型：	汽油
排量：	1999 ml	额定功率：	108.0 kW
变速器类型：	MT	驱动型式：	前轮驱动
整车整备质量：	1500 kg	最大设计总质量：	1990 kg
其他信息：			

燃油消耗量

市区工况：	10.3	L/100km
综合工况：	8.2	L/100km
市郊工况：	7.0	L/100km

图 1-99　汽车燃料消耗量标识

1.4.5　发动机参数

发动机参数主要有排量、最大功率、最大转矩、气缸数、压缩比等。

1. **排量**

活塞从气缸的上止点移动到下止点所通过的空间容积称为气缸排量，如图 1-100 所示。由于汽车发动机都有若干个气缸，所以发动机的排量就是所有气缸排量之和。排量是发动机最重要的参数之一，它直接关系到发动机的很多技术指标。一般来说，排量越大，发动机的功率越大。排量单位是 mL，例如，发动机排量是 1 600mL（1.6L）、2 000mL（2.0L）。

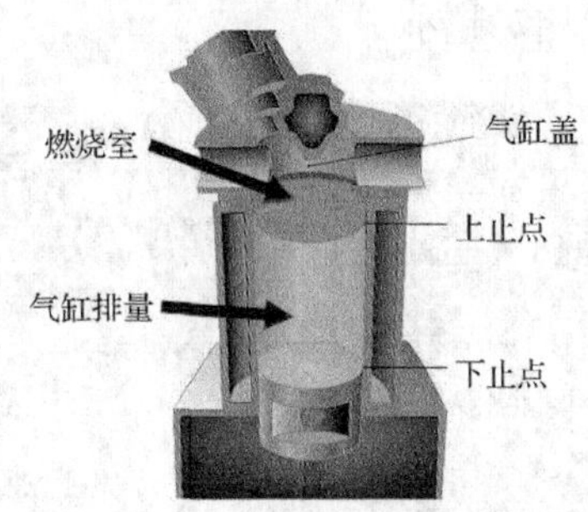

图 1-100　发动机排量

2. **最大功率**

最大功率是指一台发动机所能实现的最大动力输出，单位为 kW。随着发动机转速的增加，发动机的功率也相应提高。到达一定转速后，功率就不会再增加了，而会呈下降趋势，所以最大功率的标注会同时标注相应的发动机转速。

3. **最大转矩**

最大转矩是指发动机从曲轴端输出的最大力矩。转矩是指发动机运转时从曲轴端输出的平均力矩，单位为 N·m，转矩的大小也和发动机转速有直接关系。转矩越大，发动机输出的“劲”越大，曲轴转速的变化也越快，汽车的爬坡能力、加速性也越好，但是转矩随发动机转速的变化而不同，转速太高或太低，转矩都不是最大，只在某个转速区间内才会产生最大转矩，这个区间就是在标出最大转矩时给出的转速或转速区间。

图 1-101 所示为发动机功率/转矩曲线。可以看出发动机最大功率、最大转矩及其对应的转速。

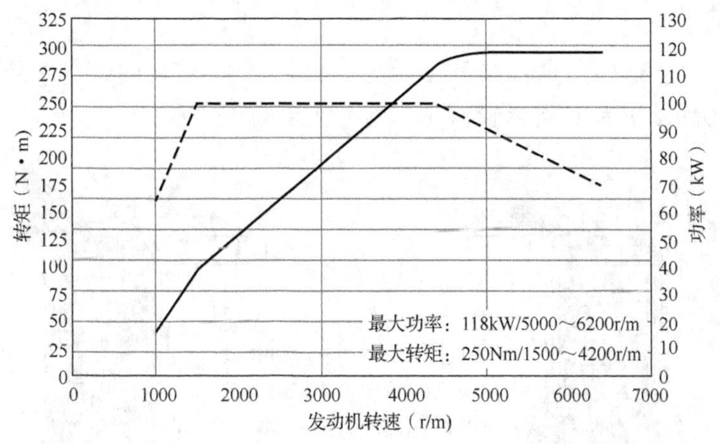

图 1-101　发动机功率/转矩曲线

4. **气缸数**

汽车发动机常用气缸数有 3 缸、4 缸、5 缸、6 缸、8 缸、10 缸、12 缸。普通家用轿车以 3 缸、4 缸、6 缸居多。排量在 1.3L 以下的发动机常用 3 缸，1.5～2.5L 的发动机一般为 4 缸，3L 左右的发动机一般为 6 缸，4L 左右为 8 缸，5.5L 以上发动机用 12 缸。

图 1-102 所示为 3 缸、4 缸、6 缸和 8 缸。在不考虑其他因素的前提下，发动机的气缸数越多，它运转起来产生的震动就相对越小。

（a）3 缸　（b）4 缸　（c）6 缸　（d）8 缸

图 1-102　气缸数

5. 压缩比

活塞在下止点时气缸内的最大容积与活塞在上止点时气缸内的最小容积之比，即为压缩比，如图 1-103 所示。压缩比可以表示混合气体被压缩的程度。

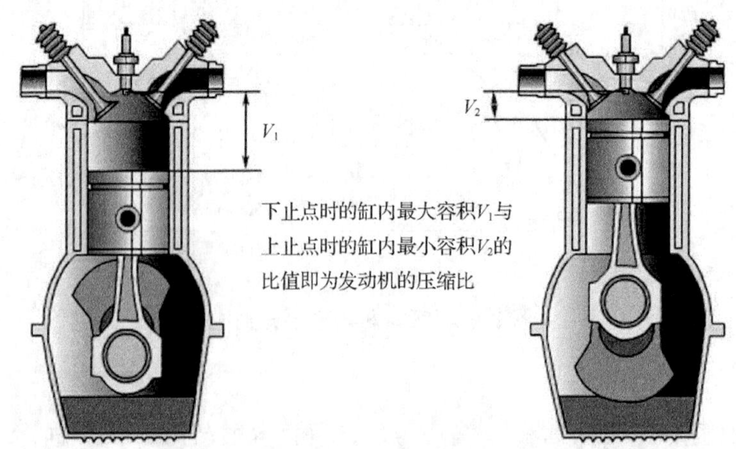

图 1-103　压缩比

压缩比是一个可以基本反映发动机工作效率高低的参数，对于自然进气式发动机来说，在不考虑其他因素的前提下，压缩比的提高，意味着发动机的性能和效率也得到相应地提升。不过压缩比也不能提得过高，因为这会给汽油发动机带来爆震，这种现象会严重影响汽油发动机的工作寿命，所以往往需要使用高标号的汽油来减小爆震发生的可能性。现今的自然吸气式发动机的压缩比通常都在 10.5∶1 左右。

1.5　节能汽车发展规划

节能汽车是指以内燃机为主要动力系统，综合工况燃料消耗量优于下一阶段目标值的汽车，包括燃油汽车、常规混合动力汽车和替代燃料汽车等。

1.5.1　节能汽车发展总体思路

在《节能与新能源汽车技术路线》中，节能汽车发展思路如下。

（1）以混合动力技术为重点，以动力总成优化升级、降摩擦和先进电子电气技术为支撑，全面提升传统燃油汽车节能技术和燃油经济性水平。

（2）以结构节能和技术节能并重，加快紧凑型及以下小型车的推广，显著提高小型车比例。

（3）以发展天然气车辆为主要方向，因地制宜适度发展替代燃料汽车，推动我国汽车燃料的低碳化、多元化，降低对石油的依赖。

1.5.2　节能汽车节能途径

乘用车六大节能途径分别是推动车辆轻量化/小型化、大力发展混合动力、动力总成升级优化、电子电器节能、降低摩擦损失、替代燃料分担，如图 1-104 所示。

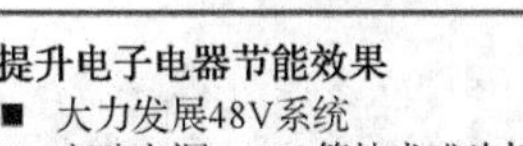

图 1-104　乘用车节能途径

商用车六大节能路径分别是推动动力总成升级优化、逐步发展混合动力、替代燃料分担、持续推进轻量化、空气动力学优化、降低运行能耗，如图 1-105 所示。

动力总成升级优化
- 高压低速高扭、电控优化、小后桥速比实现热效率50%
- 发动机热管理技术、自动变速器等，热效率52%
- 朗肯循环等实现55%热效率目标

替代燃料分担
- 适度推动以天然气为主的替代燃料商用车稳定发展
- 示范运营和试点应用

持续推进轻量化

空气动力学优化
- 前期重点发展**低滚阻**
- 中后期大力开展流线型外观设计和优化

逐步发展混合动力
- 系统构型、关键零部件研究
- 中后期成本下降后，**逐步向重型商用车推广**

降低运行能耗
- 跟踪**车辆队列、提升运输效率**等新型节能技术
- 智能网联技术成熟后逐步应用

图 1-105　商用车节能途径

1.5.3　节能汽车发展目标

节能汽车发展目标包括体系目标、产品目标、技术和产业目标、经济目标、社会目标、综合目标，如图 1-106 所示。

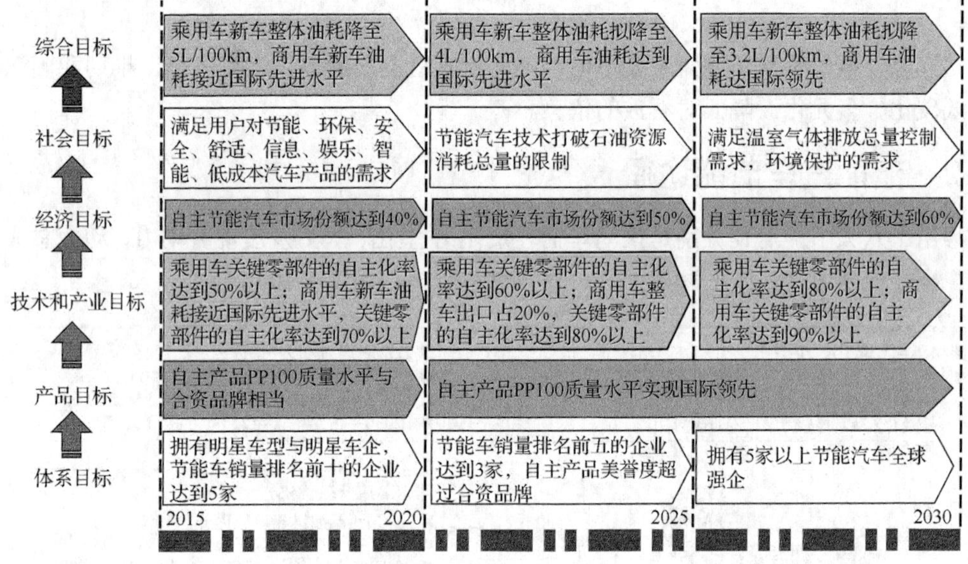

图 1-106　节能汽车发展目标

练习与实训

一、名词解释

1．车辆

2．汽车

3．前悬

4．SUV

5．MPV

二、填空题

1．车辆包括________、________、________和各种新型车辆等。

2．乘用车是指设计和制造上主要用于________及其________等的汽车，包括驾驶员座位在内最多不超过____个座位。

3．轮胎规格标志 195/55R15 85V，195 代表________，55 代表________，R 代表________，15 代表________，85 代表________，V 代表________。

4．对于轿车，汽车总质量=________ +驾驶员及乘员质量 + ________。

5．乘用车六大节能途径分别是推动车辆轻量化/小型化、大力发展________、动力总成升级优化、提升电子电器节能效果、降低________、________分担。

三、选择题

1．不属于轮式专用机械车的是（　　）。

A．轮式装载机　　B．轮式拖拉机　　C．轮式挖掘机　　D．轮式平地机

2．不属于商用车的是（　　）。

A．小型客车　　B．旅游客车　　C．旅居车　　D．普通货车

3．不属于有关发动机英文缩写的是（　　）。

A．IST　　B．FSI　　C．VVT　　D．ESP

4．不属于汽车通过性参数的是（　　）。

A．轴距　　B．离去角　　C．最小离地间隙　　D．纵向通过角

5．不属于商用车节能途径的是（　　）。

A．推动动力总成升级优化　　B．使用自动变速器

C．逐步发展混合动力　　D．持续推进轻量化

四、问答题

1．车辆与汽车是什么关系？

2．汽车识别代码由哪几部分组成？17 位字符分别代表什么含义？

3．发动机主要参数有哪些？

4．汽车性能参数有哪些？

5．节能汽车发展综合目标是什么？

五、实训题

针对一辆具体中高级轿车，完成以下工作。

1．测量该车的尺寸参数。

2．画出仪表盘5个图标，并说明其含义。

3．找出5个英文缩写，并说明含义。

4．写出该车的发动机参数。

5．写出该车的轮胎规格标志，并说明含义。

实训报告

<table>
<tr><td>实训题目</td><td colspan="35">汽车基本参数测量与常见标识识别</td></tr>
<tr><td>学生姓名</td><td colspan="8"></td><td colspan="7">班级</td><td colspan="7"></td><td colspan="7">学号</td><td colspan="6"></td></tr>
<tr><td>实训地点</td><td colspan="8"></td><td colspan="7">学时</td><td colspan="7"></td><td colspan="7">日期</td><td colspan="6"></td></tr>
<tr><td colspan="36">实训结果</td></tr>
<tr><td rowspan="2">尺寸参数</td><td colspan="5">车长（m）</td><td colspan="5">车宽（m）</td><td colspan="5">车高（m）</td><td colspan="5">轴距（m）</td><td colspan="5">轮距（m）</td><td colspan="5">前悬（m）</td><td colspan="5">后悬（m）</td></tr>
<tr><td colspan="5"></td><td colspan="5"></td><td colspan="5"></td><td colspan="5"></td><td colspan="5"></td><td colspan="5"></td><td colspan="5"></td></tr>
<tr><td rowspan="3">仪表盘图标及含义</td><td colspan="7">图标1</td><td colspan="7">图标2</td><td colspan="7">图标3</td><td colspan="7">图标4</td><td colspan="7">图标5</td></tr>
<tr><td colspan="7"></td><td colspan="7"></td><td colspan="7"></td><td colspan="7"></td><td colspan="7"></td></tr>
<tr><td colspan="7"></td><td colspan="7"></td><td colspan="7"></td><td colspan="7"></td><td colspan="7"></td></tr>
<tr><td rowspan="2">英文缩写词</td><td colspan="7"></td><td colspan="7"></td><td colspan="7"></td><td colspan="7"></td><td colspan="7"></td></tr>
<tr><td colspan="7"></td><td colspan="7"></td><td colspan="7"></td><td colspan="7"></td><td colspan="7"></td></tr>
<tr><td rowspan="2">发动机参数</td><td colspan="7"></td><td colspan="7"></td><td colspan="7"></td><td colspan="7"></td><td colspan="7"></td></tr>
<tr><td colspan="7"></td><td colspan="7"></td><td colspan="7"></td><td colspan="7"></td><td colspan="7"></td></tr>
<tr><td>轮胎规格含义</td><td colspan="35"></td></tr>
<tr><td colspan="36">实训心得</td></tr>
<tr><td colspan="36"></td></tr>
<tr><td colspan="9">指导教师</td><td colspan="9"></td><td colspan="9">成绩</td><td colspan="9"></td></tr>
</table>

第 2 章 汽车基本结构认知

【教学目标】

通过本章的学习，学生能够了解汽车的驱动形式，掌握汽车的总体结构，对汽车发动机、底盘、车身和电器有较全面的认识，为后续专业知识的学习奠定基础。

【教学要求】

知识要点	能力要求
汽车驱动形式	了解前置后驱（FR）、前置前驱（FF）、后置后驱（RR）、中置后驱（MR）以及全时四驱、适时四驱和分时四驱的结构及特点
汽车的总体结构	掌握汽车的总体结构，能够辨识发动机、底盘、车身和电器
汽车发动机	掌握发动机的基本结构、结构形式和工作原理，并能够辨认出市场上销售的轿车发动机的基本特征
汽车底盘	掌握汽车传动系、行驶系、转向系和制动系的基本构成、结构形式，了解主要部件的工作原理，认识常用的汽车底盘部件
汽车车身	掌握车身类型和材料，能够辨识市场上的汽车的车身
汽车电器	了解汽车电器的组成，认识常用的汽车电器

【导入案例】

目前，中国是世界第一大汽车生产国和第一大新车销售市场。汽车保有量快速增长，到 2025 年，预计保有量达到 3 亿辆，千人保有量达到 210 辆，如图 2-1 所示。

图 2-1　中国汽车保有量

汽车在我们的日常生活中已经扮演着重要的角色，甚至有一部分爱车人士已经把车当成“朋友”或者“移动之家”。不过，在你们相处的时候，你对它又有多了解呢？它是由什么组成的？各个部分又有什么作用呢？通过本章的学习读者可以得到答案。

2.1 汽车驱动形式

2.1.1 二轮驱动

二轮驱动汽车的驱动形式主要有前置前驱（Front Engine Front Drive，FF）、前置后驱（Front Engine Rear Drive，FR）、后置后驱（Rear Engine Rear Drive，RR）、中置后驱（Middle Engine Rear Drive，MR），目前轿车常用的是前置后驱和前置前驱形式。

1. 前置前驱

前置前驱是指发动机前置、前轮驱动、前轮转向的驱动形式，如图 2-2 所示。目前大多数中、小型轿车都采用这种驱动形式。它将变速器和驱动桥做成了一体，固定在发动机旁，将动力直接输送到前轮驱动车辆行驶。

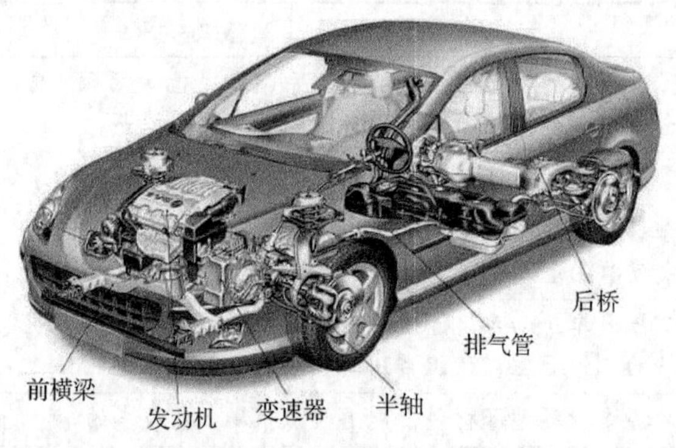

图 2-2　前置前驱汽车

前置前驱的优点：结构紧凑，减轻了车重，动力传递效率高，从而提高燃油经济性；省去了传动轴装置，后排地板没有很高的凸起，提高乘坐舒适性；前置发动机可以增加前轴的负荷，对提高车辆高速行驶和制动时的方向稳定性有利。

前置前驱的缺点：起步加速或爬坡时，由于惯性，前轮负荷减少，一定程度上导致牵引力下降。

2. 前置后驱

前置后驱是指发动机前置、前轮转向、后轮驱动的形式，如图 2-3 所示。这是一种传统的驱动形式，发动机输出的动力通过离合器、变速器、传动轴输送到后驱动桥上，驱动后轮使汽车行驶。多数跑车、赛车以及货车使用这种驱动形式。

前置后驱的优点：在良好的路面上起动、加速或爬坡时，驱动轮的负荷增大，其牵引性能比前置前驱优越；重量分配比较均匀，因而具有良好的操纵稳定性和行驶平顺性，并有利于延长轮胎的使用寿命。

前置后驱的缺点：由于采用传动轴装置，降低了传动效率，一定程度上影响燃油经济性；由于后排地板中央凸起较高，影响了乘坐舒适性；在雪地或湿滑路面起步时，后轮推动车身，易发生甩尾现象。

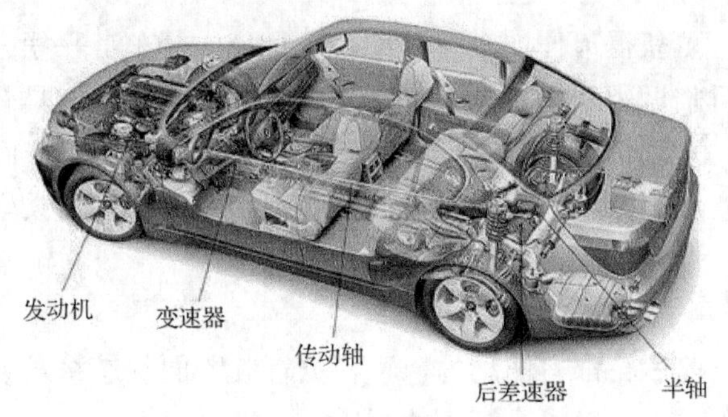

图 2-3　前置后驱汽车

3. 后置后驱

后置后驱是指发动机布置在汽车后部，与差速器和变速器连成一体，前轮转向、后轮驱动的形式，如图 2-4 所示。后置后驱多用于大、中型客车和高性能跑车上，如保时捷 911 系列跑车。

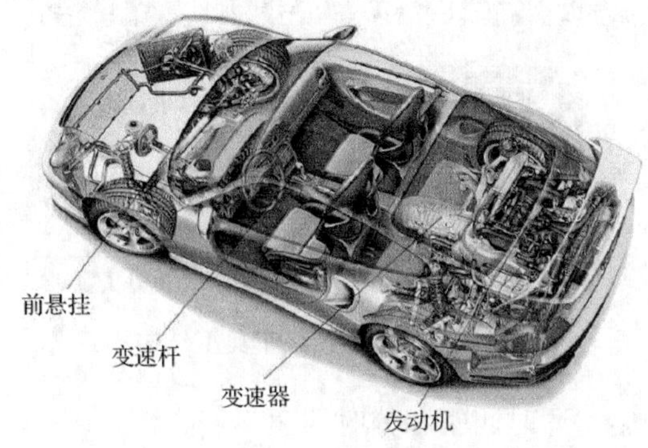

图 2-4　后置后驱汽车

后置后驱的优点：横摆力矩小，操控非常灵活，具有良好的起动和爬坡性能；由于发动机、变速器和差速器连成一体，所以力的传递路线很短，效率传递更高，前轮负荷小，转向更轻。

后置后驱的缺点：直线行驶性能稍差，侧风敏感性大，转弯时容易导致转向过度，发动机噪音大，变速器结构复杂；后备厢空间很小；油箱的体积也受限。

4. 中置后驱

中置后驱是指发动机布置在前后轴的中间，前轮转向、后轮驱动的形式，如图 2-5 所示。大多数运动型轿车和方程式赛车，以及大、中型客车都采用该形式。

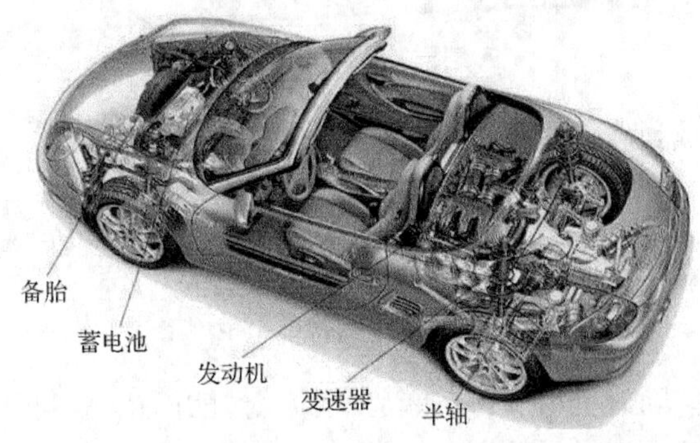

图 2-5　中置后驱汽车

中置后驱的优点：可获得最佳的轴荷分配，重量集中，车身平摆方向的惯性力矩小，操纵稳定性较好；发动机临近驱动桥，无须传动轴，从而减轻车重，具有较高的传动效率。

中置后驱的缺点：发动机的布置占据了车厢和行李箱的大部分空间，所以车内空间非常小，通常车厢内只能安放 2 个座椅；发动机的隔音和绝热效果差，乘坐舒适性有所降低。

2.1.2 四轮驱动

四轮驱动是指汽车前后轮都有驱动力，可根据行驶路面状态将发动机输出转矩按不同比例分布在前后所有的车轮上，以提高汽车的行驶能力。

四轮驱动汽车典型结构如图 2-6 所示。与二轮驱动汽车相比，它增加了分动器。发动机动力经过分动器向前后车轮传递。

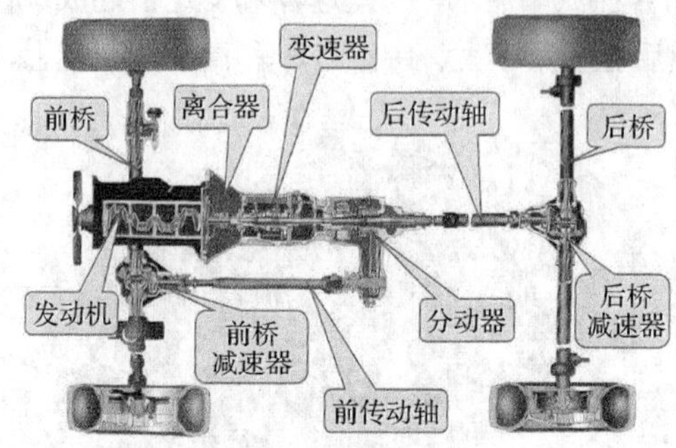

图 2-6　四轮驱动汽车典型结构

四轮驱动分为全时四驱、适时四驱和分时四驱。

1. 全时四驱

全时四驱是指车辆在整个行驶过程中一直保持四轮驱动的形式，行驶时将发动机输出转矩按 1∶1 设定在前后轮上，使前后排车轮保持等量的转矩。例如，奥迪 Q7、宝马 X5 和奔驰 GLS 等都属于全时四驱汽车。图 2-7 所示为全时四驱汽车结构简图，发动机输出的转矩经分动器向前后轮传递。

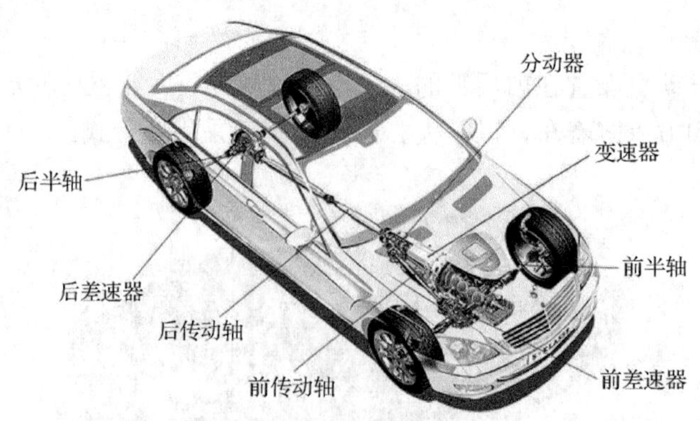

图 2-7　全时四驱汽车结构

全时四驱的优点：能随时拥有较好的越野和操控性能；在高速转向时更容易被操控；可同时增加汽车的安全性能和运动性能。

全时四驱的缺点：结构相对复杂；成本很高；油耗很高。

2. 适时四驱

适时四驱是指在适当的时候才会转换为四轮驱动，一般情况下仍然是二轮驱动的驱动系统，系统会根据车辆的行驶路况自动切换为二驱或四驱模式。例如，本田 CR-V、丰田 RAV4、日产奇骏、马自达 CX-5 等都属于适时四驱汽车。图 2-8 所示为适时四驱汽车结构简图。

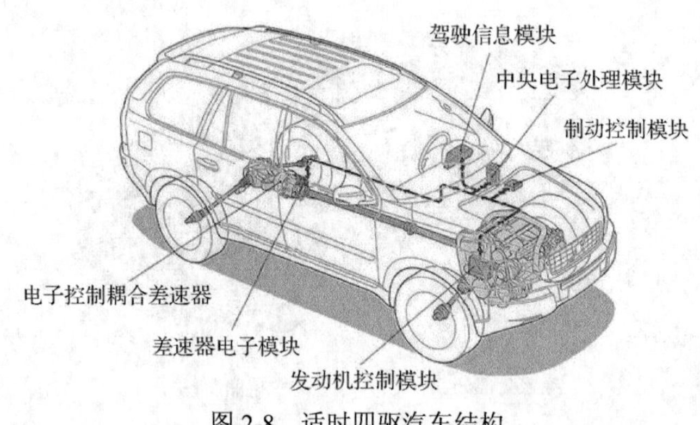

图 2-8 适时四驱汽车结构

适时四驱的优点：结构简单；成本低；油耗低；还能有效降低整车质量。

适时四驱的缺点：受制于结构本身的缺陷，无法将超过 50%以上的动力传递给后轴；主动安全性不如全时四驱。

3. 分时四驱

分时四驱是指由驾驶员根据路面情况，通过接通或断开分动器来变化二轮驱动或是四轮驱动模式，从而实现二驱和四驱自由转换的驱动方式。例如，Jeep 牧马人、丰田 FJ 酷路泽、陆风 X8、哈弗 H5 等都属于分时四驱汽车。实现四驱的方法是发动机输出动力通过分动器传递到前、后轴，通过分动器实现两驱、高速四驱、低速四驱间的切换。采用分时四驱的车型一般都有 2H（高速二驱）、4H（高速四驱）、4L（低速四驱）挡位。图 2-9 所示为分时四驱汽车结构简图。

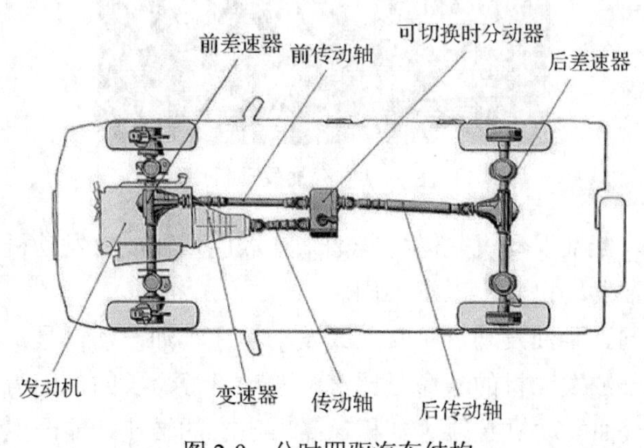

图 2-9 分时四驱汽车结构

分时四驱的优点：技术成熟；结构简单；可靠性好；成本低。

分时四驱的缺点：对公路行驶的意义很小；对驾驶员的技术、地形判断经验要求很高。

2.2 汽车总体结构

汽车总体结构如图 2-10 所示。它由发动机、底盘、车身和电器设备组成。

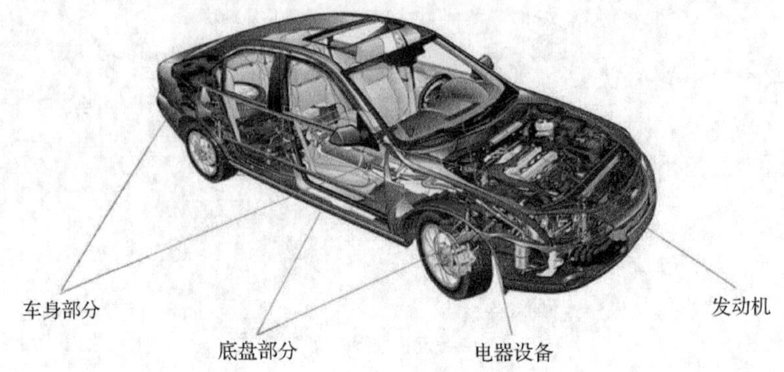

图 2-10 汽车总体结构

1. 发动机

发动机是为汽车提供动力的装置，是汽车的心脏，决定着汽车的动力性、经济性、稳定性和环保性。汽车发动机可分为汽油发动机和柴油发动机。

（1）汽油发动机。汽油发动机是以汽油作为燃料，将化学能转化成动能的发动机，如图 2-11 所示。

图 2-11 汽油发动机

（2）柴油发动机。柴油发动机是燃烧柴油来获取能量释放的发动机，如图 2-12 所示。

柴油发动机与汽油发动机具有以下不同。

（1）点火方式不同。柴油发动机是喷入式发动机；汽油发动机是点燃式发动机。

（2）寿命不同。柴油发动机的寿命是比汽油发动机寿命长的，因为柴油发动机转速较低就能达到高功率，而汽油发动机必须达到相对高出 50%的转速才能产生和柴油发动机相同的功率，即内部机械磨擦多出 1.5 倍左右的磨损。

图 2-12　柴油发动机

（3）吸气冲程的不同。柴油发动机吸进的是纯粹的空气；汽油发动机吸进的是空气和汽油的混合气。

（4）压缩比不同。柴油发动机的压缩比一般都比汽油发动机的要大，因此它的膨胀比和热效率比较高，油耗比汽油发动机要低。

（5）工作原理不同。柴油机一般是通过喷油泵和喷油咀将柴油直接喷入发动机气缸，与在气缸内经压缩后的空气均匀混合，在高温、高压下自燃，推动活塞做功，通常称为压燃式发动机；汽油发动机一般将汽油喷入进气管同空气混合成为可燃混合气再进入气缸，经火花塞点火燃烧膨胀做功，通常称为点燃式发动机。

2. 底盘

底盘的功用是接受发动机的动力，使汽车运动并按照驾驶员的操纵正常行驶。底盘一般由传动系、行驶系、转向系和制动系组成，如图 2-13 所示。

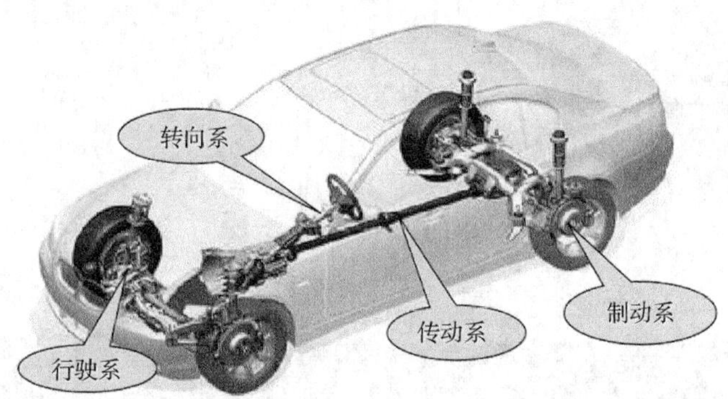

图 2-13　汽车底盘

3. 车身

车身是驾驶员工作的场所，也是装载乘客和货物的场所。车身应为驾驶员提供方便的操作条件，以及为乘客提供舒适安全的环境或保证货物完好无损。客车和轿车是整体车身，如图 2-14 所示；普通货车车身是由驾驶室和货厢组成的。

图 2-14　轿车车身

4. **电器设备**

电器设备由电源和用电设备组成，包括发电机、蓄电池、空调、照明灯、仪表等，如图 2-15 所示。

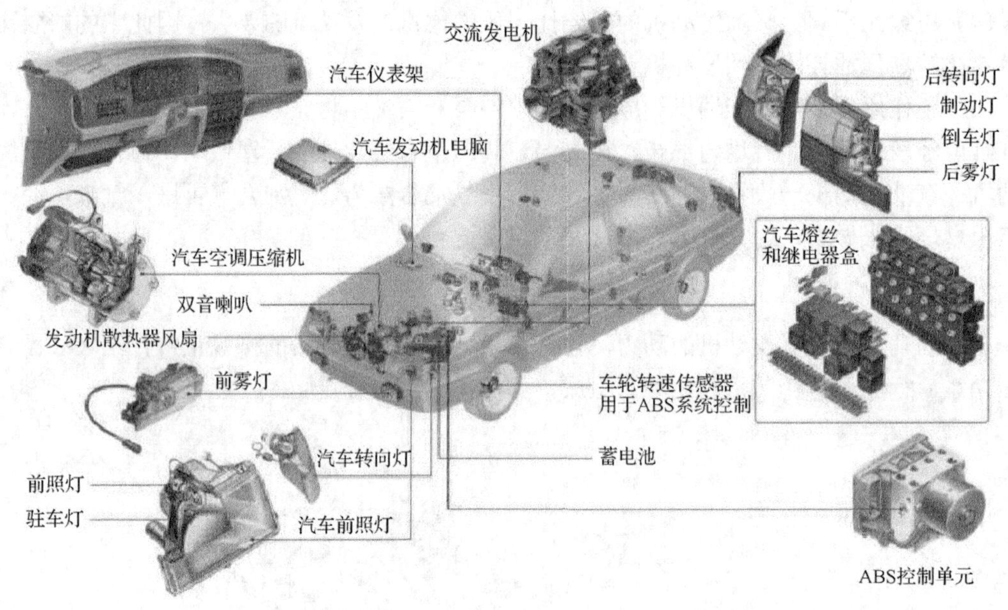

图 2-15　汽车电器设备

2.3　汽车发动机

2.3.1　发动机基本组成

汽油发动机结构剖视图如图 2-16 所示。

汽油发动机主要由两大机构和五大系统组成，即曲柄连杆机构、配气机构、燃料供给系统、润滑系统、冷却系统、点火系统和起动系统。

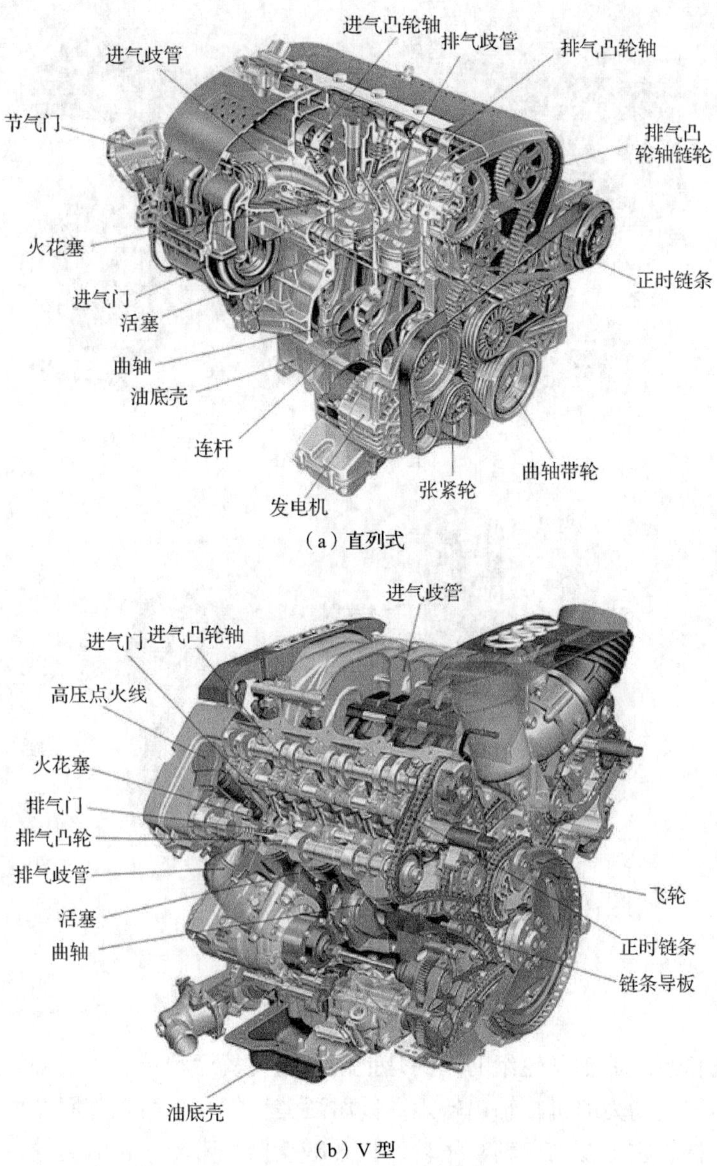

（a）直列式

（b）V 型

图 2-16　汽油发动机结构剖视图

1. 曲柄连杆机构

曲柄连杆机构的功用是将燃油燃烧时的热能转变为活塞往复运动的机械能，再转变为曲轴的转矩，从而对外输出动力。

曲柄连杆机构由机体组、活塞连杆组和曲轴飞轮组等组成。

（1）机体组。机体组是发动机的支架，是曲柄连杆机构、配气机构和发动机各系统主要部件的装配基体。它主要由气缸体、气缸盖、气缸盖罩、气缸垫、油底壳等组成，如图 2-17 所示。

（2）活塞连杆组。活塞连杆组将活塞的往复运动变为曲轴的旋转运动，同时将作用于活塞上的力转变为曲轴对外输出转矩，以驱动汽车车轮转动。它主要由活塞、活塞环、活塞销、连杆、连杆轴瓦、连杆盖、活塞销卡环、连杆衬套、连杆螺栓及定位套筒等组成，如图 2-18 所示。

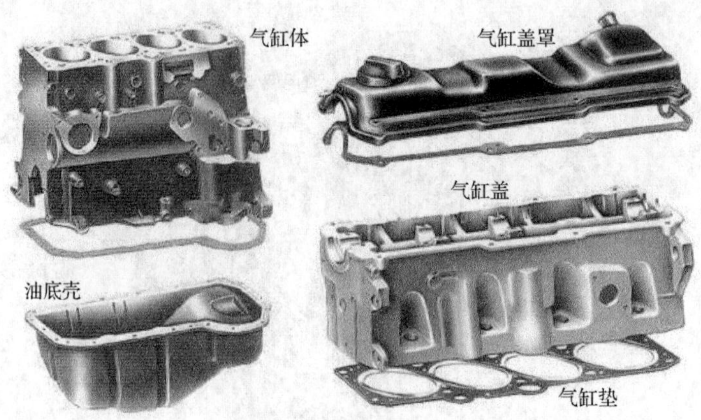

图 2-17　机体组

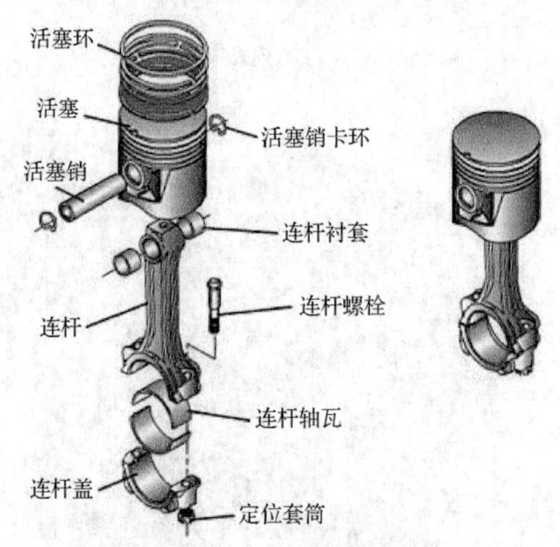

图 2-18　活塞连杆组

（3）曲轴飞轮组。曲轴飞轮组的作用是把活塞的往复运动转变为曲轴的旋转运动，为汽车的行驶和其他需要动力的机构输出转矩；同时还储存能量，用以克服非做功行程的阻力，使发动机运转平稳。它主要由曲轴、飞轮、扭转减震器、带轮、正时齿轮、齿圈及起动爪等组成，如图 2-19 所示。

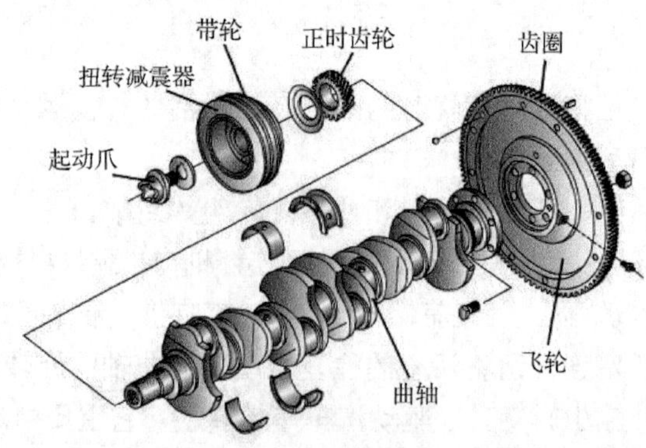

图 2-19　曲轴飞轮组

2. 配气机构

配气机构的功用是根据发动机的工作顺序和工作过程，定时开启和关闭进气门和排气门，使可燃混合气或空气进入气缸，并使废气从气缸内排出，实现换气过程。

配气机构由气门组和气门传动组组成，如图 2-20 所示。

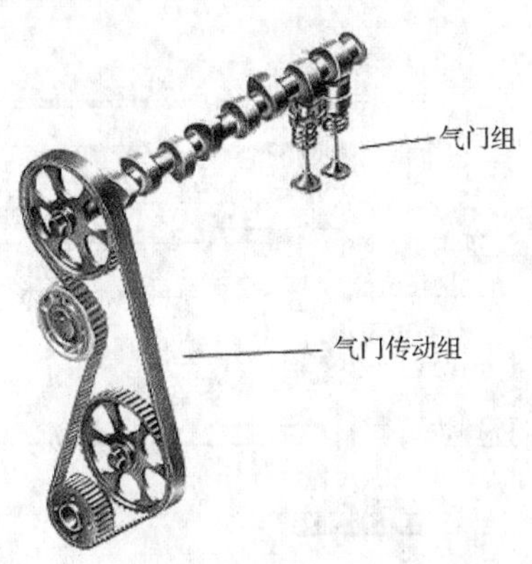

图 2-20 配气机构

（1）气门组。气门组件包括气门、气门弹簧、气门弹簧座、气门弹簧座、气门油封及气门锁夹等，如图 2-21 所示。气门是气门组中最为重要的部分，分为进气门和排气门。进气门的作用是将空气吸入发动机内，以便于燃料混合燃烧；排气门的作用是将燃烧后的废气排出并散热。

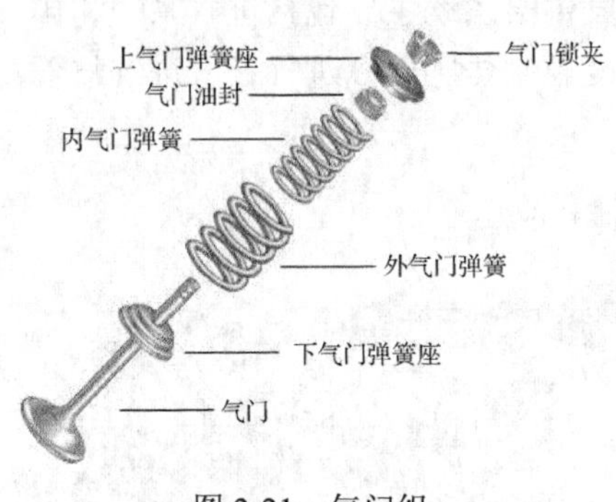

图 2-21 气门组

（2）气门传动组。气门传动组的作用是按照发动机工作循环和点火次序开启或关闭气门，并保证气门有足够的开度和适当的气门间隙。气门传动组主要由凸轮轴、挺柱、推杆和摇臂等组成，如图 2-22 所示。

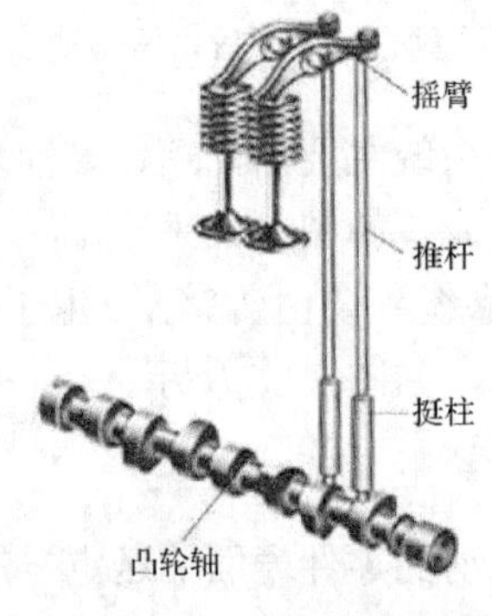

图 2-22 气门传动组

3. 燃料供给系统

汽油机燃料供给系统的功用是根据发动机的要求，配制出一定数量和浓度的混合气，供入气缸，并将燃烧后的废气从气缸内排出到大气中。

汽油机燃料供给系统主要由空气供给系统、汽油供给系统和电子控制系统三大部分组成，如图 2-23 所示。

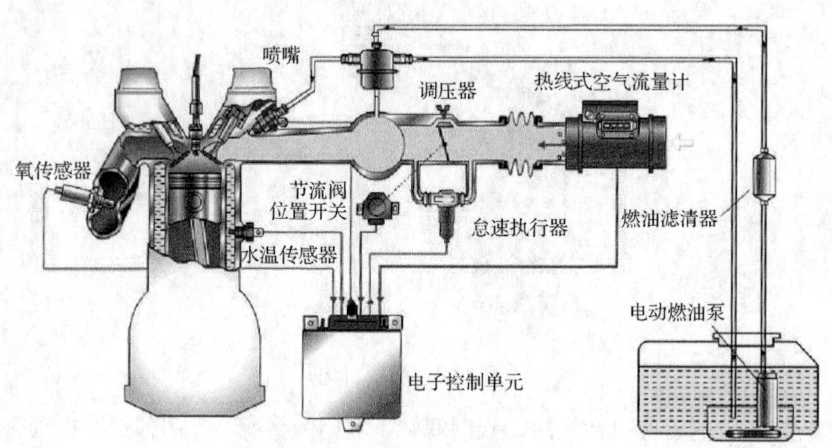

图 2-23　汽油机燃料供给系统

（1）空气供给系统。空气供给系统主要包括进气系统和排气系统，由空气滤清器、空气流量传感器、节气门怠速开度控制传感器、进气管、进气歧管、进气总管和怠速阀等组成，如图 2-24 所示。

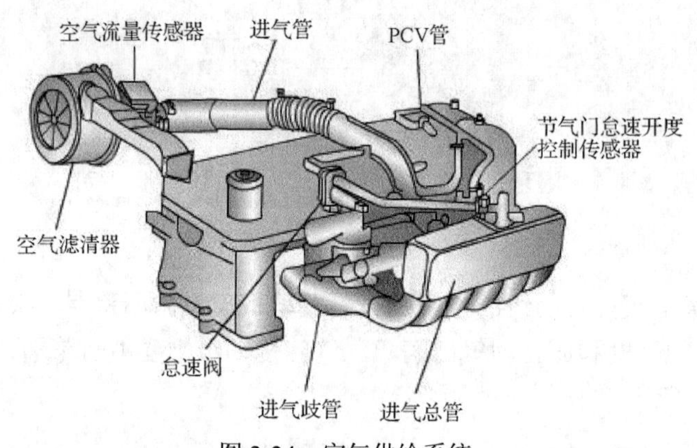

图 2-24　空气供给系统

（2）汽油供给系统。汽油供给系统主要由油箱、燃油泵、燃油滤清器、燃油压力调节器及回油管、喷油嘴和燃油管路等组成，如图 2-25 所示。

（3）电子控制系统。电子控制系统主要由传感器、电子控制单元（Electronic Control Unit，ECU）和执行器（点火线圈）组成，如图 2-26 所示。

4. 润滑系统

润滑系统的功用是向做相对运动的零件表面输送定量的清洁润滑油，以实现液体摩擦，减小摩擦阻力，减轻机件的磨损，并对零件表面进行清洗和冷却。

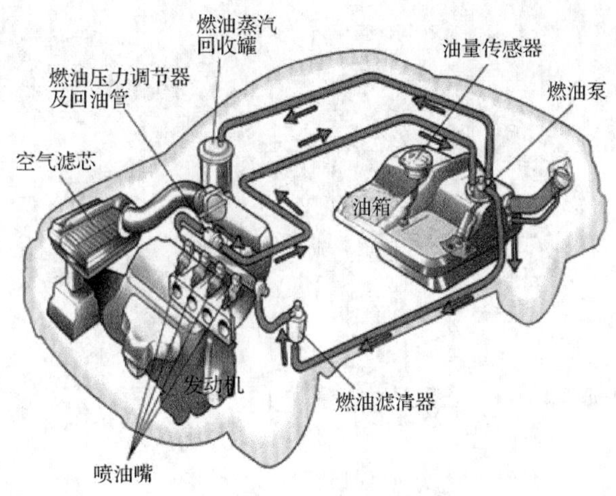

图 2-25　汽油供给系统

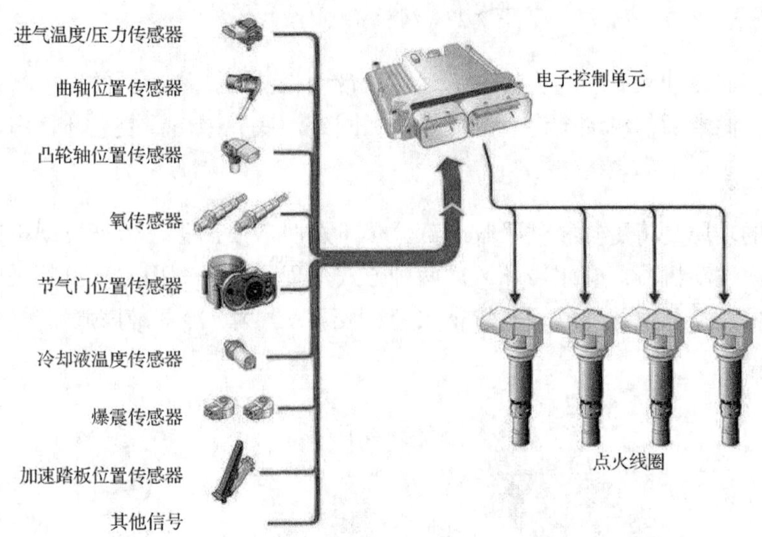

图 2-26　电子控制系统

润滑系统通常由润滑油道、机油泵、机油滤清器和一些阀门等组成，如图 2-27 所示。

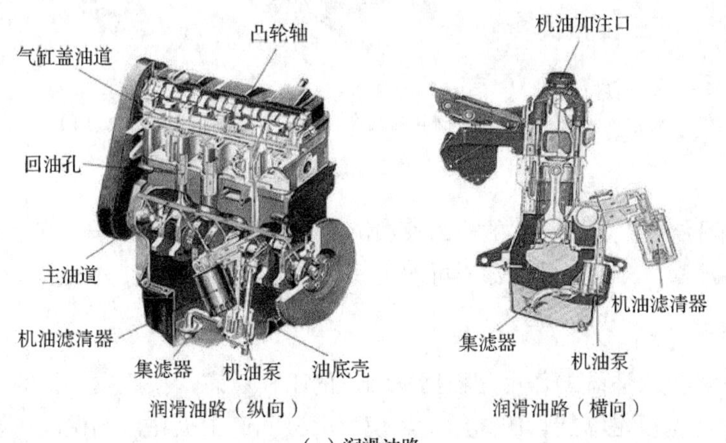

图 2-27　润滑系统

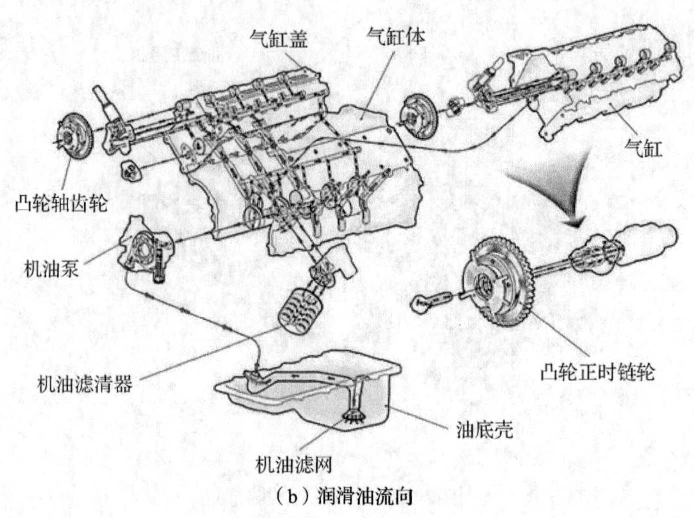

（b）润滑油流向

图 2-27　润滑系统（续）

机油主要存储在油底壳中，当发动机运转后带动机油泵，利用泵的压力将机油压送至发动机各个部位。润滑后的机油会沿着缸壁等途径回到油底壳中，重复循环使用。

5. 冷却系统

冷却系统的功用是将受热零件吸收的部分热量及时散发出去，保证发动机在最适宜的温度状态下工作。发动机冷却有水冷和风冷两种方式，现在一般车用发动机都采用水冷式。

水冷发动机的冷却系统通常由气缸体水套、水泵、风扇、冷却液膨胀箱、节温器等组成，如图 2-28 所示。

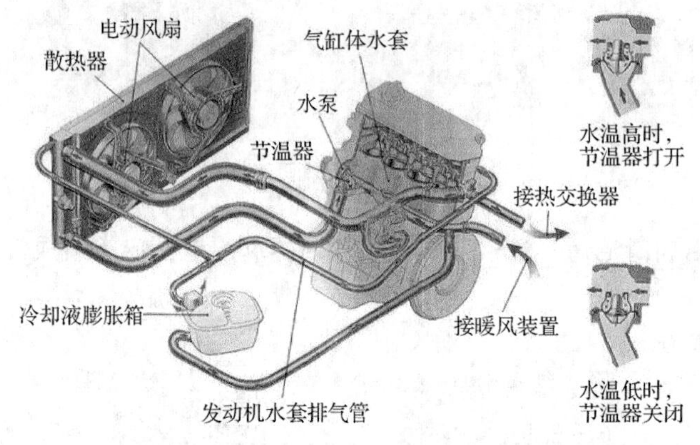

图 2-28　水冷发动机冷却系统

通过水泵使环绕在气缸水套中的冷却液加快流动，通过行驶中的自然风和电动风扇，使冷却液在散热器中冷却，冷却后的冷却液再次引入水套中，周而复始，实现对发动机的冷却。

6. 点火系统

在汽油机中，点火系统的作用是根据发动机的工作状态，按照发动机的工作顺序，在合适的时刻供给火花塞以足够能量的高压电，使其电极间产生火花，确保能点燃混合气，使发动机做功。

点火系统通常由蓄电池、分电器、点火线圈和火花塞等组成，如图 2-29 所示。

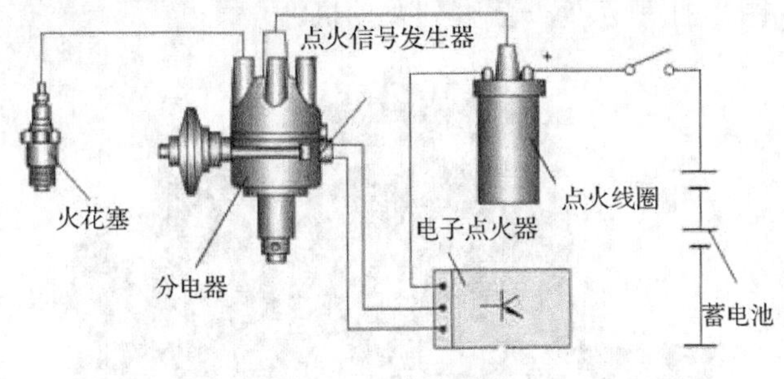

图 2-29　点火系统

7. **起动系统**

要使发动机由静止状态过渡到工作状态，必须先用外力转动发动机的曲轴，使活塞做往复运动，气缸内的可燃混合气燃烧膨胀做功，推动活塞向下运动使曲轴旋转。发动机才能自行运转，工作循环才能自动进行。因此，曲轴在外力作用下开始转动到发动机开始自动地怠速运转的全过程，称为发动机的起动。完成起动过程所需的装置，称为发动机的起动系统。

起动系统主要由起动电源（蓄电池）、起动机和点火开关组成，如图 2-30 所示。

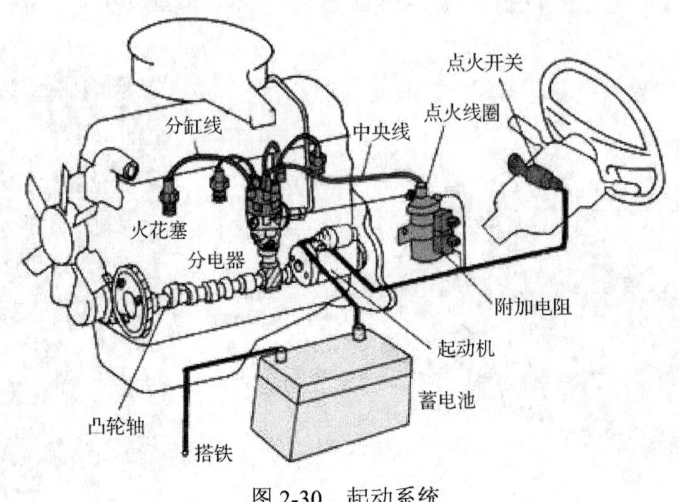

图 2-30　起动系统

2.3.2　发动机结构形式

根据发动机气缸排量方式，发动机分为直列发动机、V 型发动机、W 型发动机和水平对置发动机。

1. **直列发动机**

直列发动机的所有气缸均按同一角度肩并肩排成一个平面，一般用缩写 L 表示，L4 代表直列 4 缸发动机。

直列发动机的优点是缸体和曲轴结构简单，而且使用一个气缸盖，制造成本低，尺寸紧凑；直列发动机性能稳定性高，低速转矩特性好，燃料消耗也较少。

直列发动机的缺点是功率较低，并且不适合 6 缸以上的发动机采用。

直列发动机在国产车中应用十分广泛，几乎所有中档以下国产车及采用 4 缸发动机的车型都是直列发动机。图 2-31 所示为一款直列发动机。

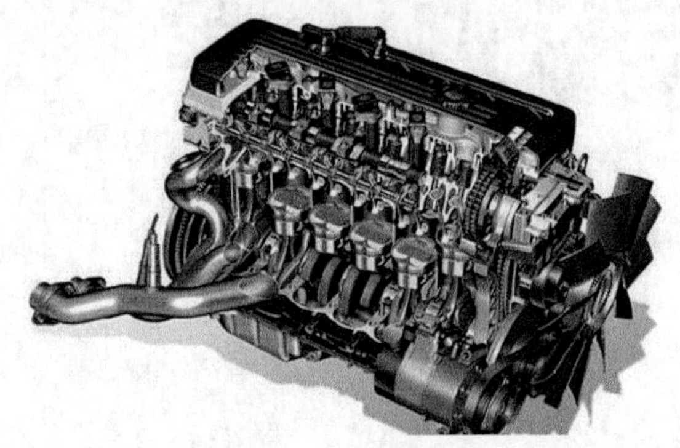

图 2-31　直列发动机

2. V 型发动机

V 型发动机就是将所有气缸分成两组，把相邻气缸以一定夹角布置一起（左右两列气缸中心线的夹角小于 180°），使两组气缸形成一个夹角的平面，从侧面看气缸呈 V 字形（通常的夹角为 60°），故称 V 型发动机。图 2-32 所示为一款 V 型发动机。

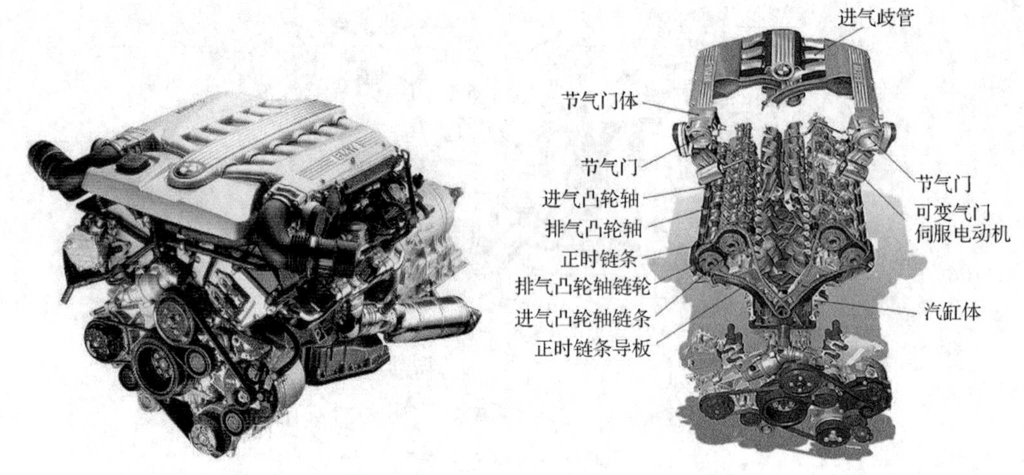

图 2-32　V 型发动机

V 型发动机的优点是高度和长度尺寸小，在汽车上布置较方便；气缸之间相互错开布置，便于通过扩大气缸直径来提高排量和功率，并且适合较高的气缸数。

V 型发动机的缺点是必须使用两个气缸盖，结构较为复杂，成本较高；宽度加大后，发动机两侧空间较小，不易再安排其他装置。

3. W 型发动机

W 型发动机是德国大众专属发动机技术。W 型发动机的气缸排列形式是由两个小 V 形组成一个大 V 形，两组 V 型发动机共用一根曲轴。W 型发动机有 W8、W12 和 W16 三种。图 2-33 所示是一款 W12 型发动机，由 12 个气缸构成，分两个单元，每个单元又都是一个独立的 V6。

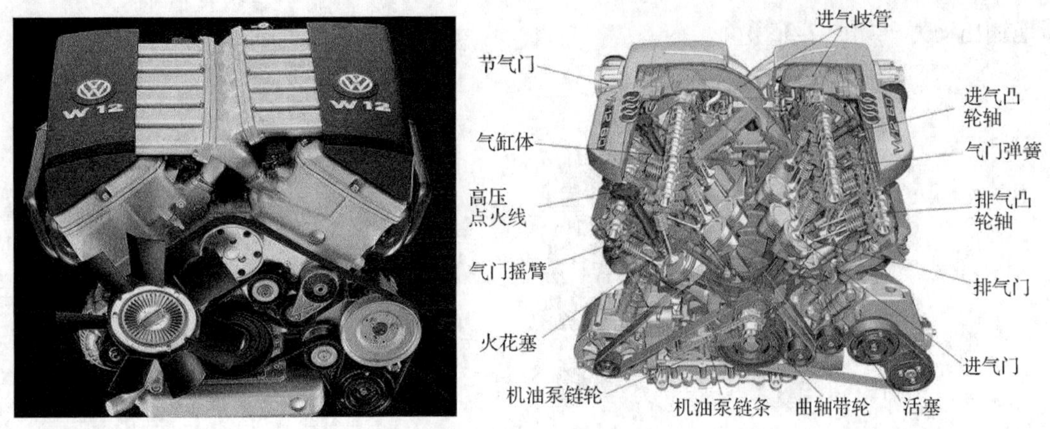

图 2-33　W12 型发动机

W 型与 V 型发动机相比可将发动机做得更短些，曲轴也可短些，这样就能节省发动机占用的空间，同时重量也可以轻些，但它的宽度更大，使发动机室更满。

W 型发动机往往都是 12 缸以上，W 型发动机是目前造价最高的一种发动机，构造十分复杂，有很高的空间利用率。比如，奥迪 A8L 配用的 6.3 升 W12 发动机和大众辉腾配用的 6.0 升 W12 发动机。但由于专利的原因，这种发动机只在大众和奥迪等少量车上可以见到，在欧版大众高尔夫、欧版大众帕萨特以及奥迪 A8 上，也曾分别装备 W6、W8 和 W12 发动机。

4. **水平对置发动机**

水平对置发动机是指发动机活塞平均分布在曲轴两侧，在水平方向上左右运动。图 2-34 所示为一款水平对置发动机。

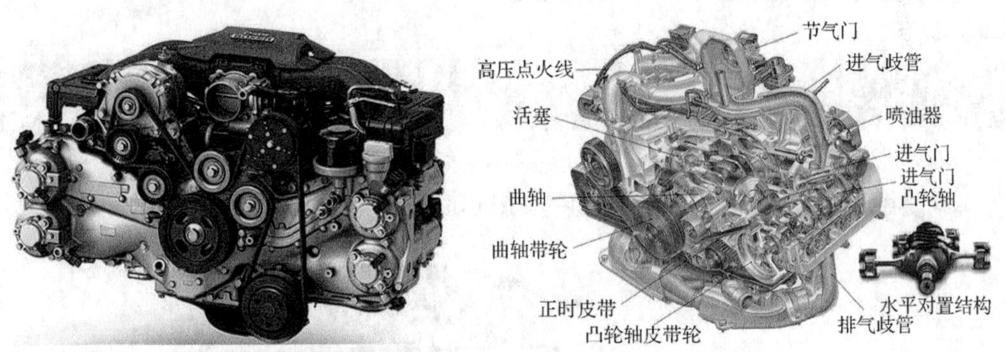

图 2-34　水平对置发动机

水平对置发动机的优点是发动机的整体高度降低、长度缩短、整车的重心降低，汽车行驶更加平稳，发动机安装在整车的中心线上，两侧活塞产生的力矩相互抵消，大大降低汽车在行驶中的震动，使发动机转速得到很大提升，减少噪声。水平对置发动机应用比较少，家用车市场更是比重小一些，比如斯巴鲁的旗下车型会用到水平对置发动机。

2.3.3　发动机工作原理

发动机气缸内的进气、压缩、做功、排气这 4 个行程有条不紊地循环运作，发动机就不断地输出动力，如图 2-35 所示。

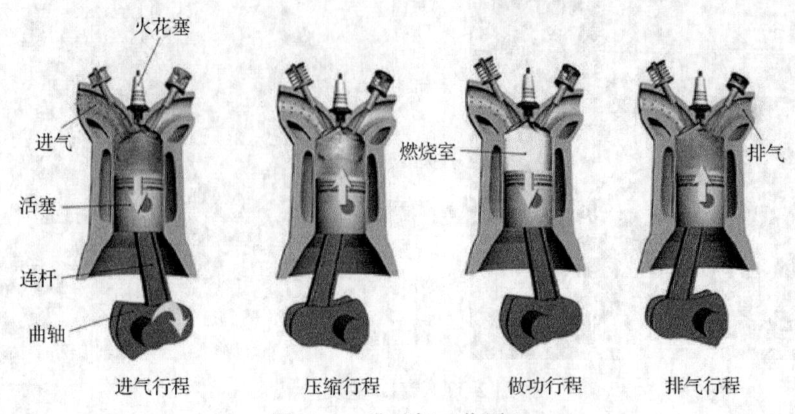

图 2-35 发动机工作原理

（1）进气行程。活塞从气缸内上止点移动至下止点时，进气门打开，排气门关闭，新鲜的空气和汽油混合气被吸入气缸内。

（2）压缩行程。进排气门关闭，活塞从下止点移动至上止点，将混合气体压缩至气缸顶部，以提高混合气的温度，为做功行程做准备。

（3）做功行程。火花塞将压缩的气体点燃，混合气体在气缸内发生“爆炸”产生巨大压力，将活塞从上止点推至下止点，通过连杆推动曲轴旋转。

（4）排气行程。活塞从下止点移至上止点，此时进气门关闭，排气门打开，将燃烧后的废气通过排气歧管排出气缸外。

汽油机经过进气、压缩、做功、排气 4 个行程，完成一个工作循环。连续不断的工作循环，维持了发动机的连续运转，不断向外输出动力。

2.4 汽车底盘

汽车底盘由传动系统、行驶系统、转向系统和制动系统 4 部分组成，如图 2-36 所示。

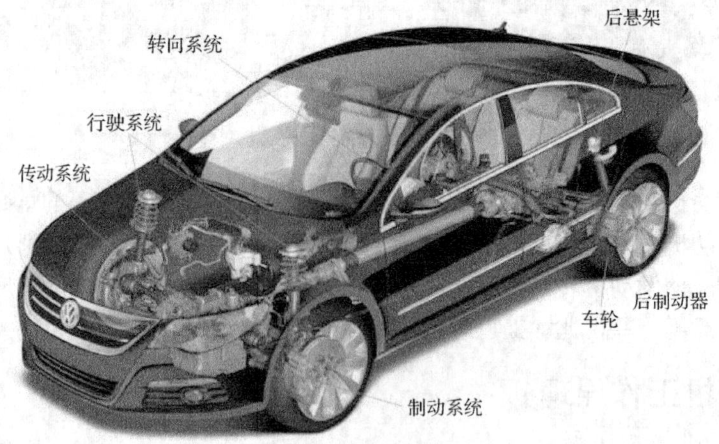

图 2-36 汽车底盘

底盘作用是支撑、安装汽车发动机及其各部件、总成，形成汽车的整体造型，并接受发动机的动力，使汽车产生运动，保证汽车能正常行驶。

2.4.1　传动系统

汽车传动系统具有以下功用。

（1）减速增矩。发动机输出的动力具有转速高、转矩小的特点，无法满足汽车行驶的基本需要，通过传动系统的主减速器，可以达到减速增矩的目的，即传给驱动轮的动力比发动机输出的动力转速低，转矩大。

（2）变速变矩。发动机的最佳工作转速范围很小，但汽车行驶的速度和需要克服的阻力却在很大范围内变化，通过传动系统的变速器，可以在发动机工作范围变化不大的情况下，满足汽车行驶速度变化大和克服各种行驶阻力的需要。

（3）实现倒车。发动机不能反转，但汽车除了前进外，还要倒车，在变速器中设置倒挡，汽车就可以实现倒车。

（4）中断动力。起动发动机、换挡过程中、行驶途中短时间停车（如等候交通信号灯）、汽车低速滑行等情况下，都需要中断传动系统的动力传递，利用变速器的空挡可以中断动力传递。

（5）差速功能。在汽车转向等情况下，需要两驱动轮能以不同转速转动，通过驱动桥中的差速器可以实现差速功能。

传动系统由离合器、变速器、传动轴、万向节、主减速器、差速器和半轴等组成，如图 2-37 所示。

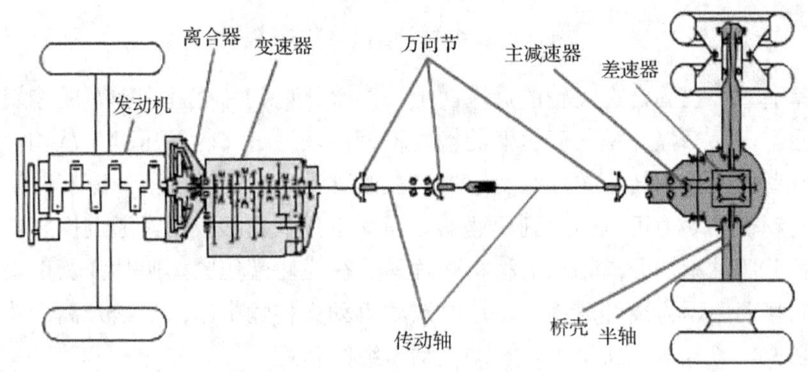

图 2-37　汽车传动系统

1. 离合器

离合器位于发动机与变速器之间的飞轮壳内，被固定在飞轮的后平面上，另一端连接变速器的输入轴。离合器相当于一个动力开关，可以传递或切断发动机向变速器输入的动力。

离合器的主要作用是使汽车平稳起步，适时中断到传动系的动力以配合换挡，还可以防止传动系过载。

离合器主要由主动部分（飞轮、离合器盖等）、从动部分（摩擦片）、压紧机构（膜片弹簧）和操纵机构（离合器踏板）组成，如图 2-38 所示。

离合器工作原理示意图如图 2-39 所示。

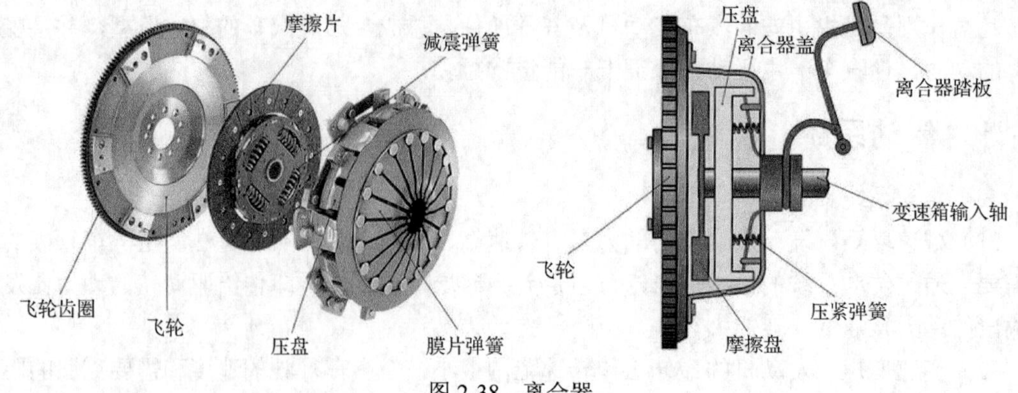

图 2-38 离合器

踩离合前

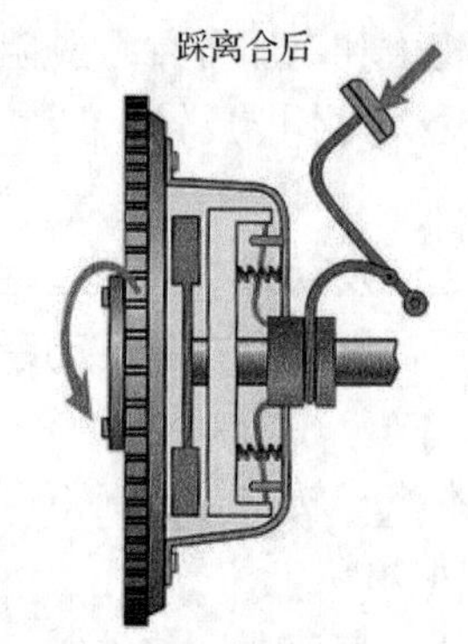

踩下离合前，摩擦盘在压盘的作用力下，迫使摩擦盘与飞轮一起转动，传递动力

踩离合后，在分离器的作用下，压盘向右移动，摩擦盘与飞轮分离，中断动力传递

图 2-39 离合器工作原理示意图

离合器盖通过螺丝固定在飞轮的后端面上，离合器内的摩擦片在弹簧的作用力下被压盘压紧在飞轮面上，而摩擦片是与变速器的输入轴相连。通过飞轮及压盘与从动盘接触面的摩擦作用，将发动机发出的转矩传递给变速器。在没踩下离合器踏板前，摩擦片是紧压在飞轮端面上的，发动机的动力可以传递到变速器。当踩下离合器踏板后，通过操纵机构，将力传递到分离叉和分离轴承，分离轴承前移将膜片弹簧往飞轮端压紧，膜片弹簧以支撑圈为支点向相反的方向移动，压盘离开摩擦片，这时发动机动力传输中断；当松开离合器踏板后，膜片弹簧重新回位，离合器重新结合，发动机动力继续传递。

2. 变速器

汽车变速器的主要作用有变速变矩、实现倒车和中断动力。

汽车变速器按照操控方式可分为手动变速器（Manual Transmission，MT）和自动变速器，自动变速器又分为自动离合变速器（Automated Manual Transmission，AMT）、自动变速器（Automatic Transmission，AT）、无级变速器（Continuously Variable Transmission，CVT）、双离合变速器（Direct Shift Gearbox，DSG），如图 2-40 所示。

（1）手动变速器。手动变速器就是必须用手拨动变速器杆才能改变传动比的变速器。手动变速器主要由壳体、传动组件（主动轴、从动轴、齿轮、同步器等）、操纵组件（换挡拉杆、换挡拨叉等）组成，如图 2-41 所示。

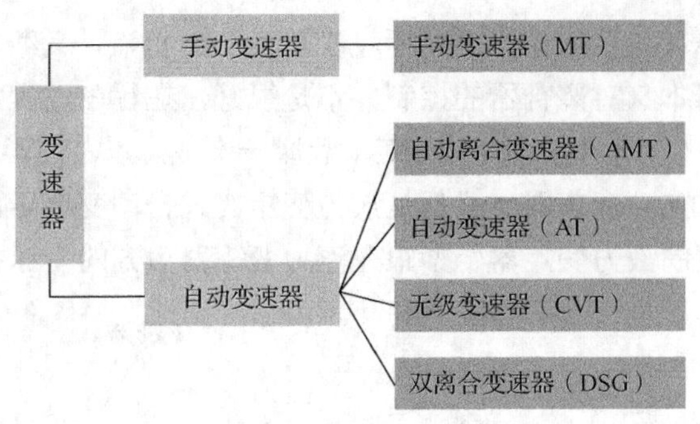

图 2-40　变速器类型

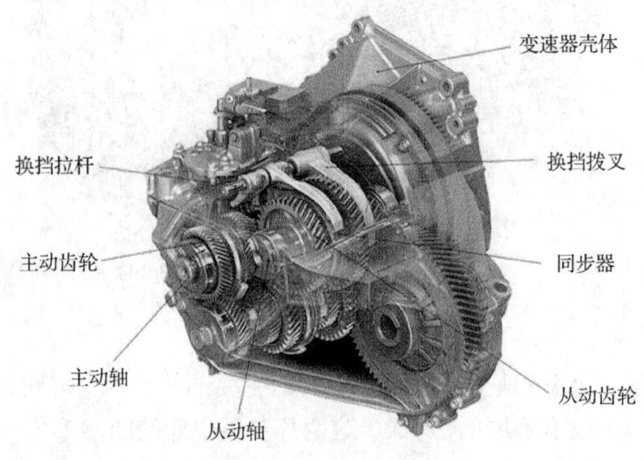

图 2-41　手动变速器

（2）自动离合变速器。自动离合变速器（见图 2-42）就是“手动变速器+自动换挡装置”，可以看成是自动的手动变速器。本质上是在手动变速器的基础之上发展而来，保留了手动变速器的换挡结构和离合器。在原有的基础上加装了微机控制的自动操纵系统，通过计算机系统来完成操作离合器和选挡两个动作。

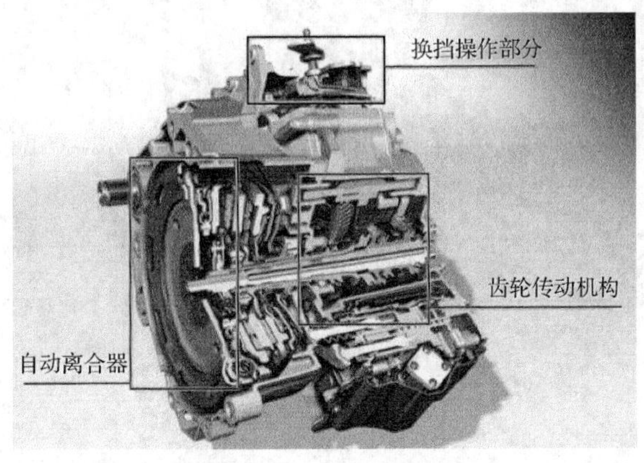

图 2-42　自动离合变速器

AMT 汽车驾驶相对 MT 汽车来说，驾驶简单，只需要踩油门，由 AMT 系统自动选择最佳的换挡时机，消除了发动机、离合器和变速器的错误使用，从而避免换错挡的情况出现。而 AMT 变速器分为两种换挡模式：自动换挡（D）模式和手动换挡（M）模式。

AMT 介于 AT 和 MT 之间，既继承了手动挡低油耗的特点，又继承了自动挡不用人为换挡的便利。但是变速器本身对离合器的控制并不是很好，在行车过程中顿挫感较强。

在国内应用了 AMT 的车型有长安 MINI、天津一汽威志以及江淮同悦等。

（3）自动变速器。自动变速器一般都是液力变矩器式自动变速器，它主要由两大部分构成：和发动机飞轮连接的液力变矩器、紧跟在液力变矩器后方的变速机构，如图 2-43 所示。

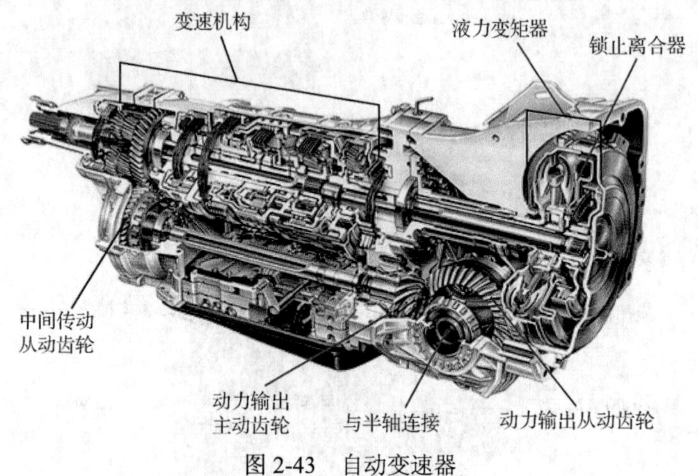

图 2-43　自动变速器

（4）无级变速器。无级变速器（见图 2-44）的主要部件是两个滑轮和一条金属带，金属带套在两个滑轮上。滑轮由两块轮盘组成，这两片轮盘中间的凹槽形成一个 V 形，其中一边的轮盘由液压控制机构控制，可以视不同的发动机转速，进行分开与拉近的动作，V 形凹槽也随之变宽或变窄，将金属带升高或降低，从而改变金属带与滑轮接触的直径，相当于齿轮变速中切换不同直径的齿轮。两个滑轮呈反向调节，即其中一个带轮凹槽逐渐变宽时，另一个带轮凹槽就会逐渐变窄，从而迅速加大传动比的变化。

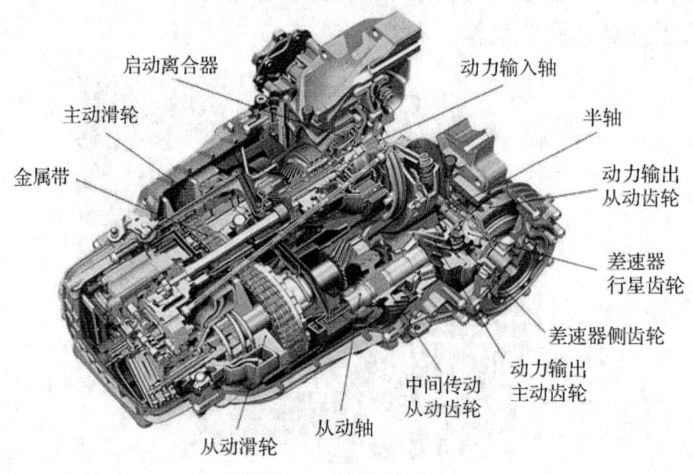

图 2-44　无级变速器

（5）双离合变速器。双离合变速器（见图 2-45）具有两个离合器，它能够消除换挡时动力传递的中断现象，缩短换挡时间，同时换挡更加平顺。

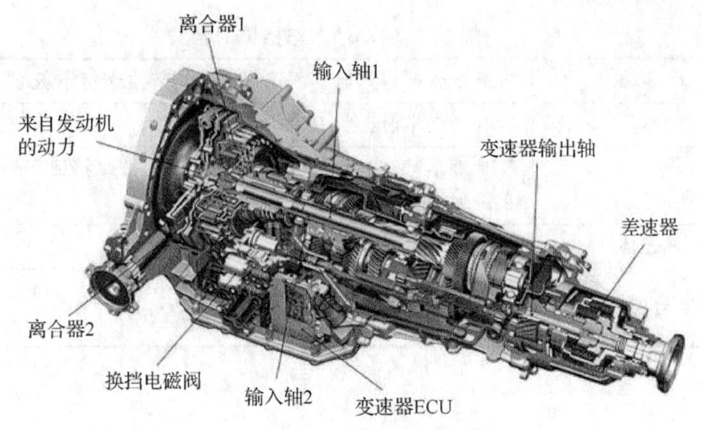

图 2-45　双离合变速器

图 2-46 所示是大众 6 速双离合变速器的工作原理图。两个离合器与变速器装配在同一机构内，其中离合器 1 负责挂 1 挡、3 挡、5 挡和倒挡；离合器 2 负责挂 2 挡、4 挡、6 挡。当驾驶员挂上 1 挡起步时，换挡拨叉同时挂上 1 挡和 2 挡，但离合器 1 结合，离合器 2 分离，动力通过 1 挡的齿轮输出动力，2 挡齿轮空转。当驾驶员换到 2 挡时，换挡拨叉同时挂上 2 挡和 3 挡，离合器 1 分离的同时离合器 2 结合，动力通过 2 挡齿轮输出，3 挡齿轮空转。其余各挡位的切换方式均与此类似。这样就解决了换挡过程中动力传输中断的问题。

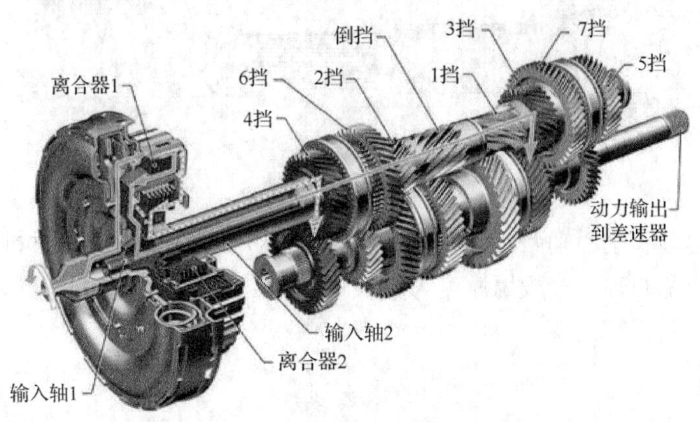

大众 6 速双离合变速器的工作原理图

图 2-46　大众 6 速双离合变速器的工作原理图

自动挡汽车的挡位一般有 P、R、N、D、S，如图 2-47 所示。其含义见表 2-1。

图 2-47　自动挡汽车的挡位

表 2-1 自动挡汽车挡位的含义

挡位 P	驻车挡	当汽车临时停车时，挂 P 挡，此时车轮处于抱死状态，可以防止溜动
挡位 R	倒车挡	当汽车倒车时，挂 R 挡
挡位 N	空挡	暂时停车时，如红灯，挂 N 挡。注意，此挡位表示空挡，为防止车辆在斜坡上溜动，一定要踩着刹车
挡位 D	前进挡	汽车前进时，挂 D 挡
挡位 S	运动模式	挂入此挡时，挡位可以自由切换，只是换挡时机延迟，让发动机保持高转速一段时间，使汽车动力增加

3. **传动轴**

传动轴装在变速器与驱动桥之间，将变速器传来的转矩与旋转运动传递给驱动桥的主减速器。在转向驱动桥和断开式驱动桥中，则用来连接差速器和驱动轮。

传动轴由传动轴管、伸缩套（伸缩花键）和万向节组成，分段式须加中间支承，如图 2-48 所示。

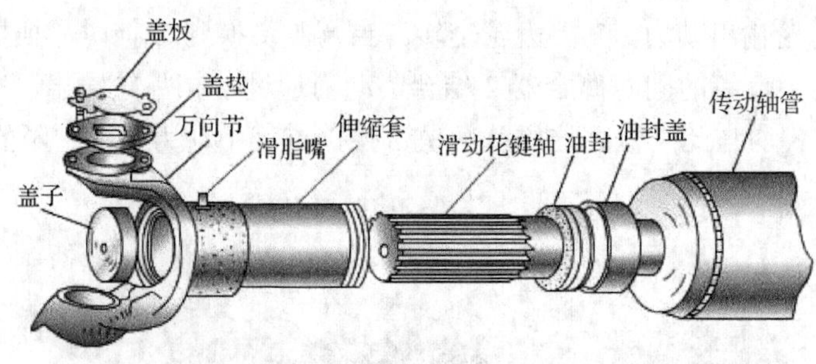

图 2-48 传动轴

传动轴有实心轴和空心轴两种类型。为了减小传动轴的质量，节省材料，提高轴的强度、刚度，传动轴多为空心轴，一般用厚度为 1.5～3.0mm 的薄钢板卷焊而成，超重型货车的传动轴则直接采用无缝钢管。

4. **万向节**

万向节是指利用球形等装置来实现不同方向的轴动力输出，位于传动轴的末端，用来连接传动轴和驱动桥、半轴等机件。万向节的结构和作用有点像人体四肢上的关节，它允许被连接的零件之间的夹角在一定范围内变化。

按万向节在扭转方向上是否有明显的弹性可分为刚性万向节和挠性万向节。刚性万向节又可分为不等速万向节（常用的为十字轴式）、准等速万向节（如双联式万向节）和等速万向节（如球笼式万向节）3 种。目前轿车上常用的等速万向节为球笼式万向节，其在汽车上的位置如图 2-49 所示。

图 2-50 所示为十字轴式万向节。十字轴式万向节主要用于货车。

5. **主减速器**

主减速器是在驱动桥内能够改变转矩和转速的机构。其基本功用是增大来自变速器或者万向传动装置的转矩，同时降低转速并改变转矩的传递方向。

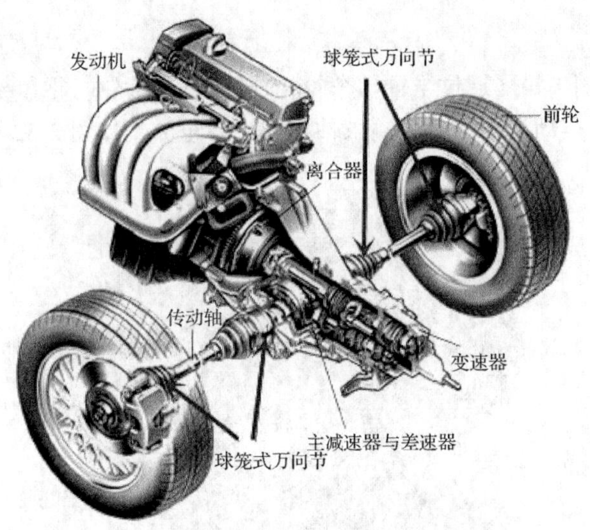

图 2-49　球笼式万向节在汽车上的位置

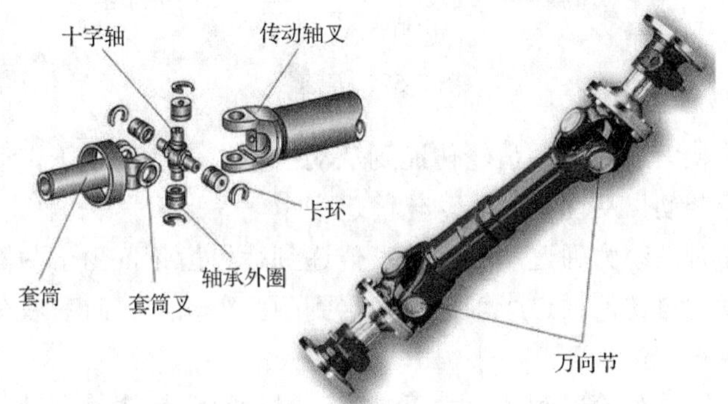

图 2-50　十字轴式万向节

主减速器由一对或几对减速齿轮副构成，动力由主动齿轮输入经从动齿轮输出，如图 2-51 所示。

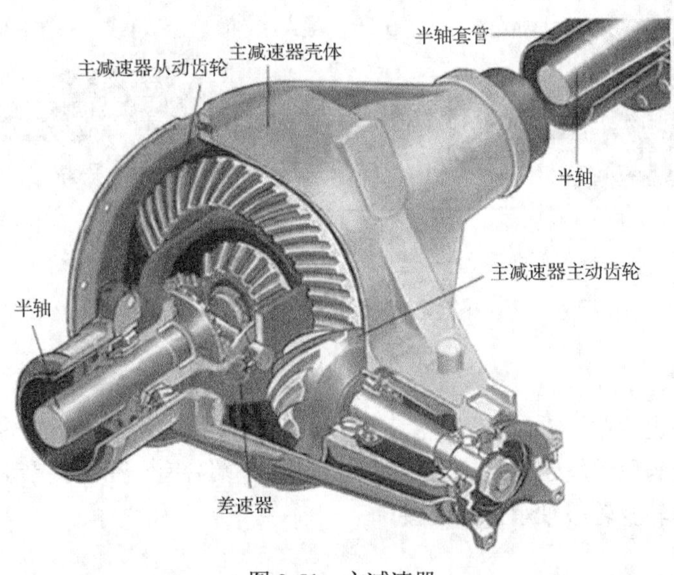

图 2-51　主减速器

6. 差速器

差速器主要是由侧齿轮（通过半轴与车轮相连）、行星齿轮（行星架与从动齿轮连接）、从动齿轮（环齿轮）、主动齿轮（动力输入轴相连）等组成，如图 2-52 所示。

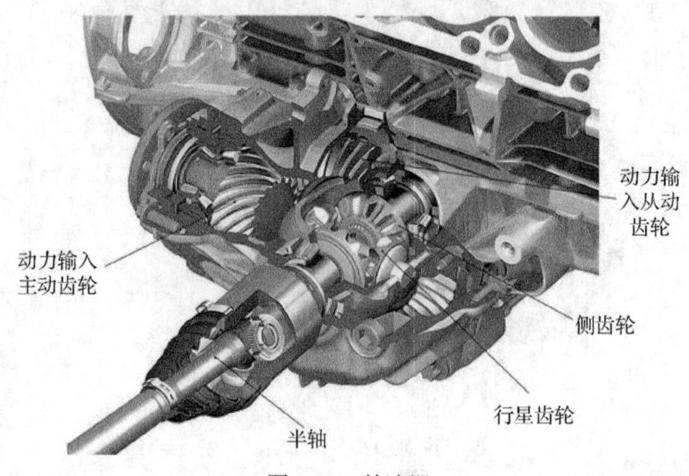

图 2-52　差速器

传动轴传过来的动力通过主动齿轮传递到从动齿轮上，从动齿轮带动行星齿轮轴一起旋转，同时带动侧齿轮转动，从而推动驱动轮前进。

当汽车直线行驶时，动力通过从动齿轮，传递到行星齿轮，由于两侧驱动轮受到的阻力相同，行星齿轮不发生自转，通过半轴把动力传到两侧车轮，这时左右车轮转速一样，如图 2-53（a）所示。

当汽车转弯时，左右车轮受到的阻力不同，这时行星齿轮绕着半轴公转同时自转，从而吸收阻力差，使车轮能够以不同的速度旋转，保证汽车顺利过弯，如图 2-53（b）所示。

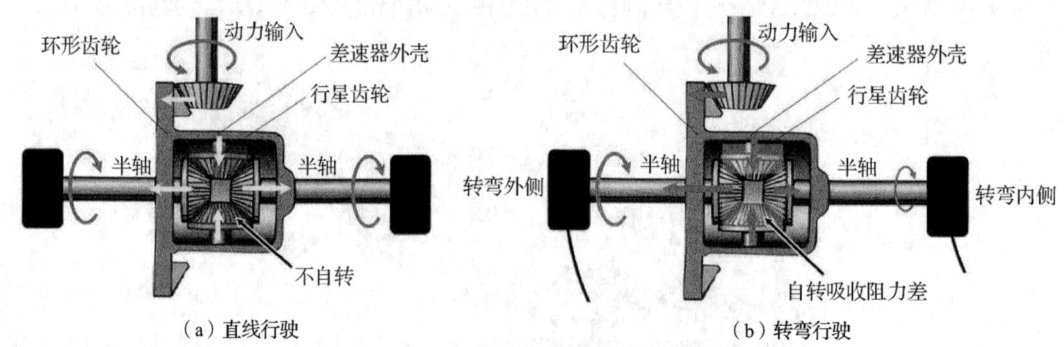

图 2-53　差速器工作原理

7. 驱动半轴

汽车驱动半轴也称驱动轴，它是将差速器与驱动轮连接起来的轴，如图 2-54 所示。半轴是变速器、减速器与驱动轮之间传递转矩的轴，其内外端各有一个万向节分别通过万向节上的花键与减速器齿轮及轮毂轴承内圈连接。

图 2-54　驱动半轴

2.4.2　行驶系统

汽车的行驶系统具有以下作用。

（1）接受传动系统传来的发动机转矩并产生驱动力用来驱动汽车行驶。

（2）承受汽车的总重量，传递并承受路面作用于车轮上的各个方向的反力及转矩。

（3）承受外界给予汽车的各种力和力矩的冲击与震动，并使之缓冲减震，保证汽车行驶的平顺性和操纵稳定性。

（4）与转向系统协调配合工作，控制汽车的行驶方向。

（5）与制动系统协调配合工作，保证汽车的安全性与稳定性。

汽车的行驶系统由车架、车桥、悬架、车轮与轮胎组成，如图 2-55 所示。

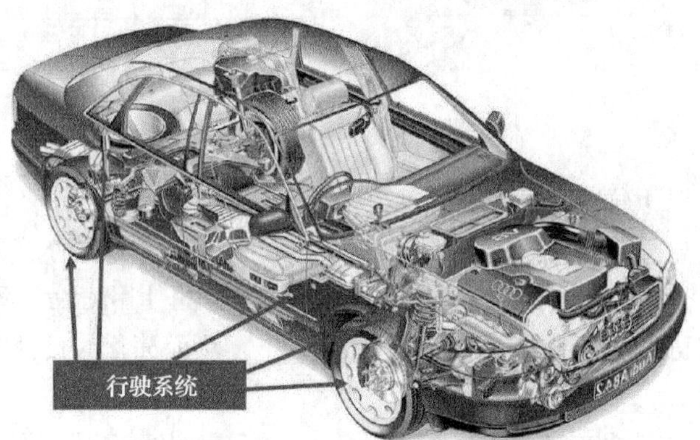

图 2-55　汽车行驶系统

1. 车架

车架的功用是支撑、连接汽车的各总成，使各总成保持相对正确的位置，并承受汽车内外的各种载荷。

车架是跨接在汽车前后车桥上的框架式结构，是汽车的基体，一般由两根纵梁和几根横梁组成，经由悬挂装置、前桥、后桥支承在车轮上，如图 2-56 所示。

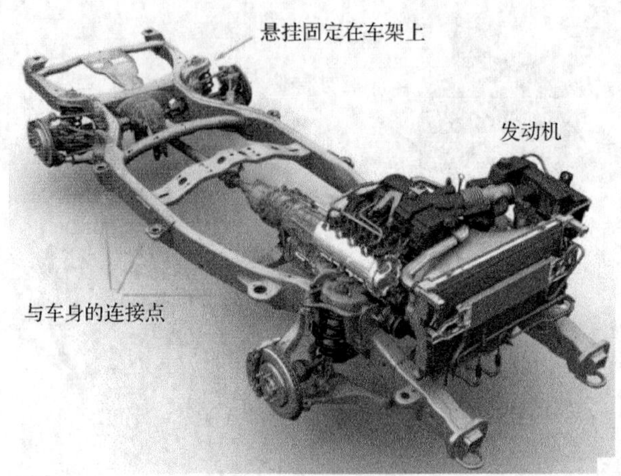

图 2-56　车架

这种框架式车架主要用于商用车、专用乘用车和越野乘用车上，如图 2-57 所示。车架必须具有足够的强度和刚度以承受汽车的载荷和从车轮传来的冲击。

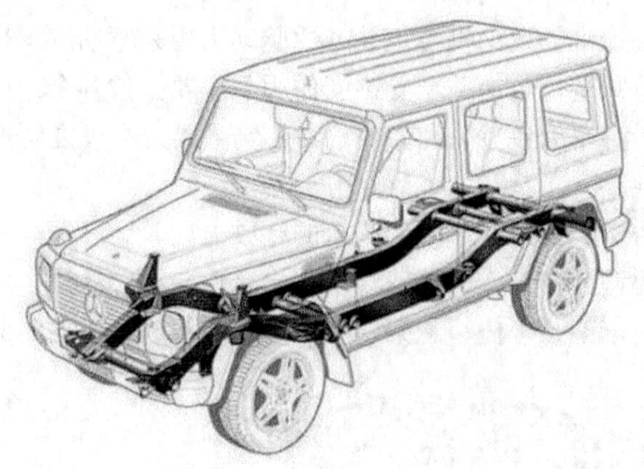

图 2-57　越野车车架

框架式车架具有以下优点。

（1）除了轮胎与悬架系统对整车的缓冲吸震作用外，挠性橡胶垫还可以起到辅助缓冲、适当吸收车架的扭转变形和降低噪声作用，既延长了车身的使用寿命，又提高了乘坐舒适性。

（2）底盘和车身可以分开装配，然后总装在一起，从而简化装配工艺，便于组织专业化协作。

（3）有车架作为整车的基础，便于汽车上各总成和部件的安装，同时易于更改车型和改装成其他用途的车辆。

框架式车架具有以下缺点。

（1）车架本身就很重，而车身和车架又是两个独立的部件，所以整体重量就更大了，用的钢材多，成本也会相对较高。

（2）底盘和车身之间装有车架，使整车高度增大，质心高，但车内空间有限。

轿车一般不采用这种框架式车架，而是采用承载式车身，承载式车身起动车架的作用，如图 2-58 所示。

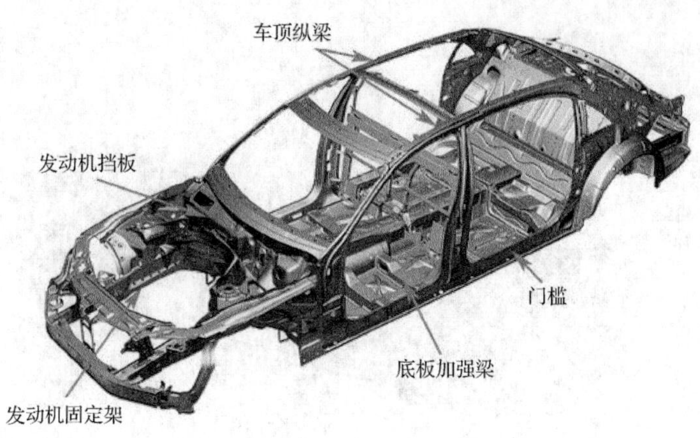

图 2-58　轿车车架

2. 车桥

车桥通过悬架与车架相连接，其两端安装有车轮。当汽车行驶时，车轮受到的各种力通过车桥传递给悬架和车架，同时车架上的各部件的载荷也通过车桥传递给车轮。

车桥具有以下作用。

① 安装车轮。

② 承受垂直载荷。

③ 传递车架或承载式车身与车轮之间各方向的作用力及其力矩。

车桥分为前桥和后桥。根据车桥上车轮的作用不同，车桥又分为转向桥、驱动桥、转向驱动桥和支承桥。其中转向桥和支承桥属于从动桥。

车桥形式与发动机布置及驱动形式有关，见表 2-2。

表 2-2　车桥形式与发动机布置及驱动形式关系

发动机布置及驱动形式	前桥	后桥
发动机前置前驱	转向驱动桥	支承桥
发动机前置后驱	转向桥	驱动桥
发动机后置后驱	转向桥	驱动桥
四轮驱动	转向驱动桥	驱动桥

按照悬架结构的不同，车桥可分为整体式车桥和断开式车桥。整体式车桥与非独立悬架配用；断开式车桥与独立悬架配用。

（1）转向桥。转向桥是指承担转向任务的车桥，它分为整体式转向桥和断开式转向桥。

整体式转向桥如图 2-59 所示。它采用非独立悬架，两侧车轮连接为一个整体，当一侧车轮遇到凹凸路面时，整个车身都会倾斜，影响舒适性。

断开式转向桥如图 2-60 所示。断开式驱动桥中部为活动关节式的结构，使得两侧的车轮在汽车的横向平面内可以相对运动，左右车轮单独跳动，互不干扰，能减小车身的侧倾和震动。断开式转向桥采用独立悬架，可以有效减小非簧载质量，降低发动机高度，提高汽车行驶平顺性和操纵稳定性。

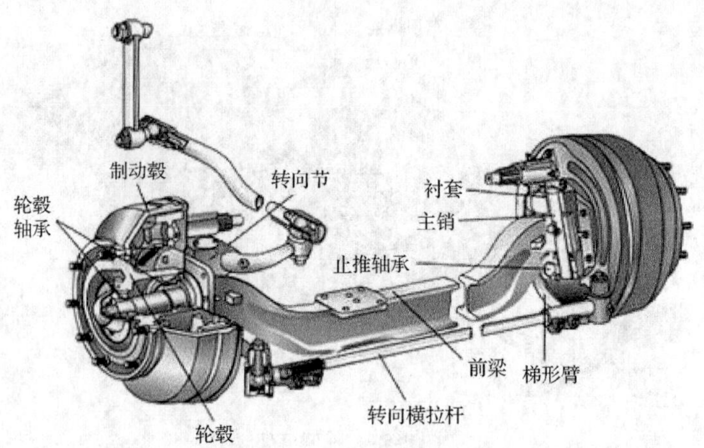

图 2-59　整体式转向桥

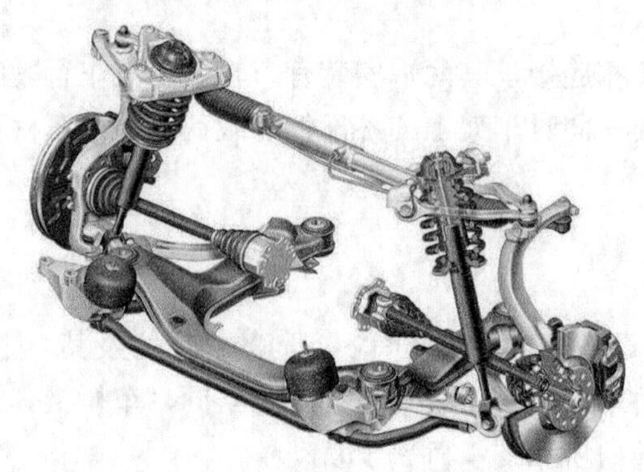

图 2-60　断开式转向桥

（2）驱动桥。驱动桥一般由主减速器、差速器、车轮传动装置和驱动桥壳等组成。

驱动桥是指在后轮驱动的汽车中，起承载、驱动作用的车桥，它分为整体式驱动桥和断开式驱动桥。

整体式驱动桥如图 2-61 所示。桥壳是刚性整体结构，两根半轴和驱动轮在横向平面内无相对运动。

图 2-61　整体式驱动桥

断开式驱动桥如图 2-62 所示。断开式驱动桥采用独立悬架，驱动轮分别用弹性悬架与车架相连，两驱动轮彼此可独立地相对于车架或车身上下跳动，以提高汽车的行驶平顺性和通过性。

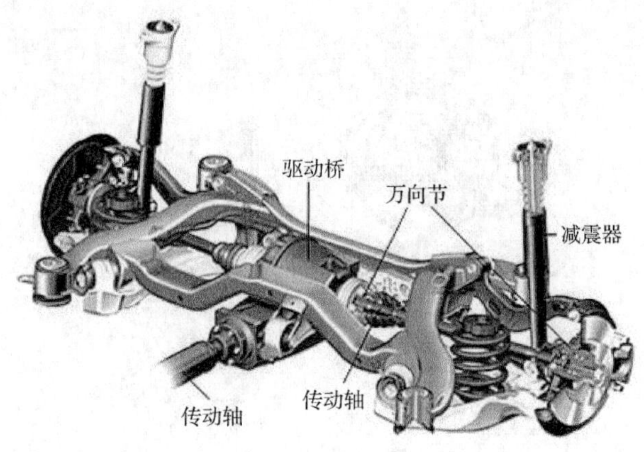

图 2-62　断开式驱动桥

驱动桥具有以下作用。

① 将万向传动装置传来的发动机转矩通过主减速器、差速器、半轴等传到驱动车轮，实现降速增大转矩。

② 通过主减速器圆锥齿轮副改变转矩的传递方向。

③ 通过差速器实现两侧车轮差速作用，保证内、外侧车轮以不同转速转向。

④ 通过桥壳体和车轮实现承载及传力矩作用。

（3）转向驱动桥。转向驱动桥如图 2-63 所示，它除了承担转向任务外，还具有驱动的作用。

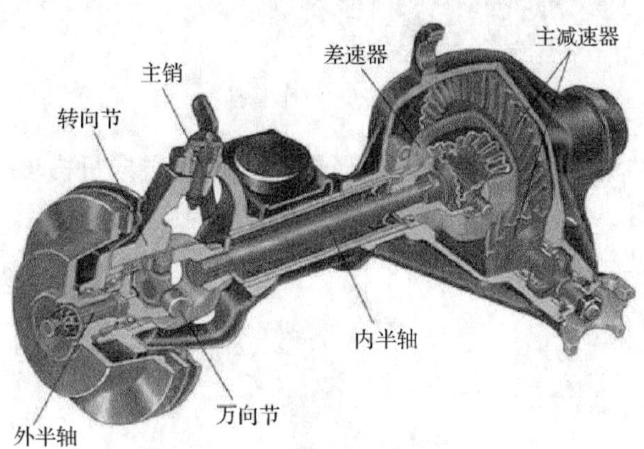

图 2-63　转向驱动桥

（4）支承桥。支承桥是指既无转向功能又无驱动功能的桥，只承受垂直载荷，并承受纵向力、侧向力以及这些力产生的力矩，如图 2-64 所示。

3. 悬架

汽车悬挂主要是传递作用在车轮和车架之间的力，并且缓冲由不平路面传给车架或车身的冲击力，衰减由此引起的震动，以保证汽车能平顺地行驶。

汽车悬挂是连接车轮与车身的机构，对车身起支撑和减震的作用，分为前悬挂和后悬挂，如图 2-65 所示。

图 2-64 支承桥

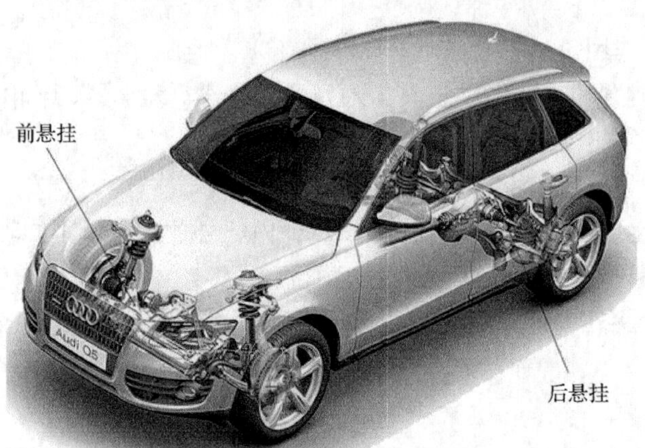

图 2-65 汽车悬挂

典型的悬挂系统结构主要包括弹性元件（螺旋弹簧）、导向机构（摆动轴承、下摆臂）以及减震器等部分，如图 2-66 所示。弹性元件又有钢板弹簧、空气弹簧、螺旋弹簧以及扭杆弹簧等形式，现代轿车悬挂系统多采用螺旋弹簧和扭杆弹簧，个别高级轿车则使用空气弹簧。

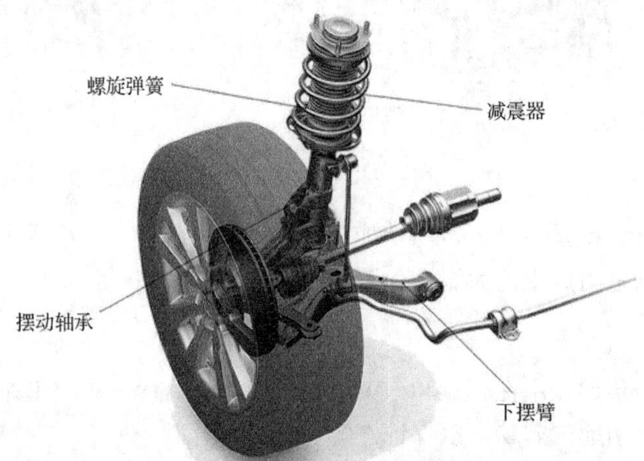

图 2-66 悬挂系统结构

汽车悬挂可以分为独立悬挂和非独立悬挂。

独立悬挂可以简单理解为左右两个车轮间没有硬轴进行刚性连接，一侧车轮的悬挂部件全部都只与车身相连，如图 2-67 所示。

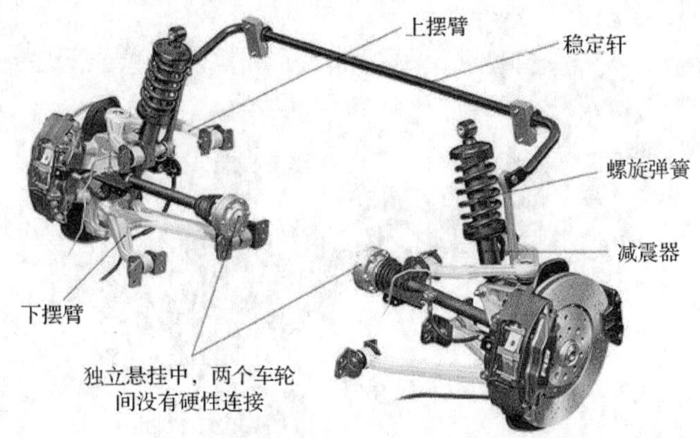

图 2-67　独立悬挂

非独立悬挂两个车轮间不是相互独立的，之间有硬轴进行刚性连接，如图 2-68 所示。

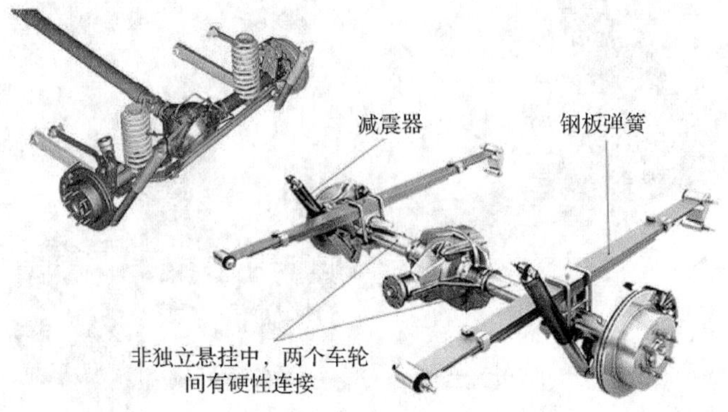

图 2-68　非独立悬挂

从结构上看，独立悬挂由于两个车轮间没有干涉，所以可以有更好的舒适性和操控性。而非独立悬挂两个车轮间有硬性连接物，会发生相互干涉，但其结构简单，有更好的刚性和通过性。

常见的悬挂有麦弗逊悬挂、双叉臂式悬挂、扭转梁式悬挂、多连杆悬挂。

（1）麦弗逊悬挂。麦弗逊悬挂是最为常见的一种悬挂，主要由叉臂和减震机构组成，如图 2-69 所示。叉臂与车轮相连，主要承受车轮下端的横向力和纵向力。减震机构的上部与车身相连，下部与叉臂相连，承担减震和支持车身的任务，同时还要承受车轮上端的横向力。麦弗逊悬挂的设计特点是因为结构简单，悬挂重量轻和占用空间小，响应速度和回弹速度就会越快，所以悬挂的减震能力也相对较强。然而麦弗逊结构结构简单、质量轻，那么抗侧倾和制动点头能力弱，稳定性较差。目前麦弗逊悬挂多用于家用轿车的前悬挂。

（2）双叉臂式悬挂。双叉臂式悬挂结构可以理解为在麦弗逊式悬挂基础上多加一支叉臂，如图 2-70 所示。车轮上部叉臂，与车身相连，车轮的横向力和纵向力都是由叉臂承受，而这时的减震机构只负责支撑车体和减震的任务。由于车轮的横向力和纵向力都由两组叉臂来承受，所以双叉臂式悬挂的强度和耐冲击力比麦弗逊式悬挂要强很多，而且在汽车转弯时能很好地抑制侧倾和制动点头等问题。

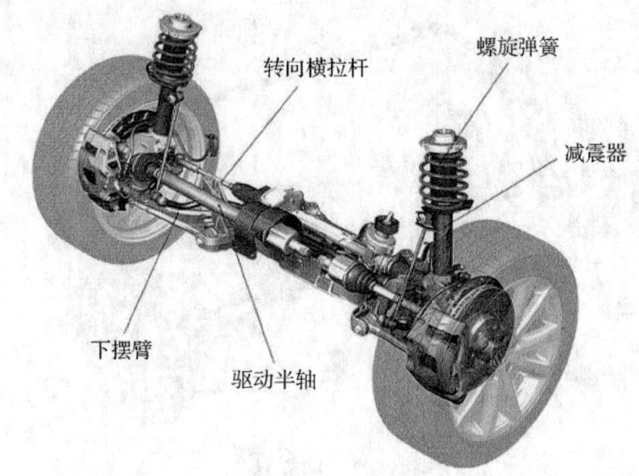

图 2-69　麦弗逊悬挂

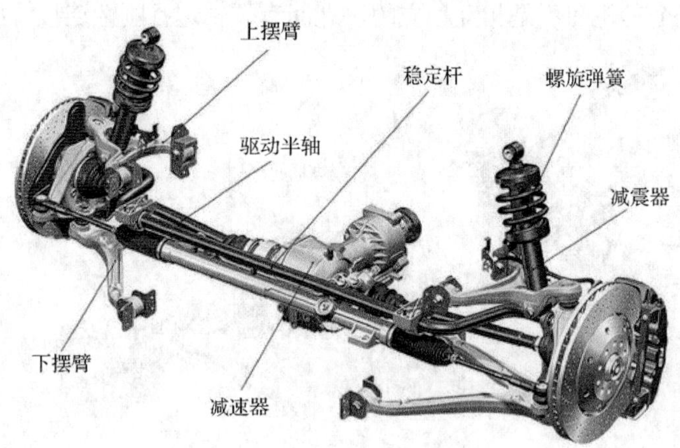

图 2-70　双叉臂式悬挂

双叉臂式悬挂通常采用上下不等长叉臂（上短下长），让车轮在上下运动时能自动改变外倾角并减小轮距变化和轮胎磨损，能自适应路面，轮胎接地面积大，贴地性好。由于双叉臂式悬挂比麦佛逊式悬挂双叉臂多了一个上摇臂，需要占用较大的空间，而且定位参数较难确定，因此小型轿车的前桥出于空间和成本考虑较少采用此种悬挂。

（3）扭转梁式悬挂。扭转梁式悬挂的结构中，两个车轮之间没有硬轴直接相连，而是通过一根扭转梁进行连接，扭转梁可以在一定范围内扭转，如图 2-71 所示。但如果一个车轮遇到非平整路面时，两个车轮之间的扭转梁仍然会对另一侧车轮产生一定的干涉，严格上说，扭转梁式悬挂属于半独立式悬挂。扭转梁式悬挂相对于独立式悬挂来说舒适性要差一些，不过结构简单可靠，也不占空间，而且维修费用也比独立悬挂低，所以扭转梁式悬挂多用在小型车和紧凑型车的后桥上。

（4）多连杆悬挂。多连杆悬挂就是通过各种连杆配置把车轮与车身相连的一套悬挂机构，其连杆数比普通的悬挂要多一些，一般把连杆数为 3 或以上的悬挂称为多连杆悬挂。目前主流的连杆数为 4 或 5。前悬挂一般为 3 连杆或 4 连杆式独立悬挂；后悬挂则一般为 4 连杆或 5

连杆式后悬挂。图 2-72 所示为 5 连杆后悬挂结构简图。

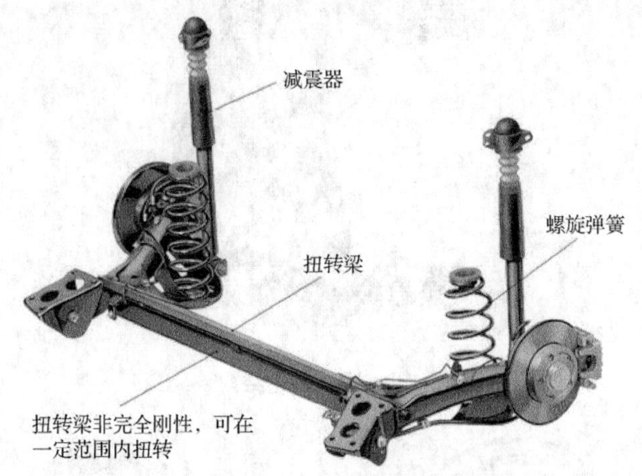

图 2-71　扭转梁式悬挂

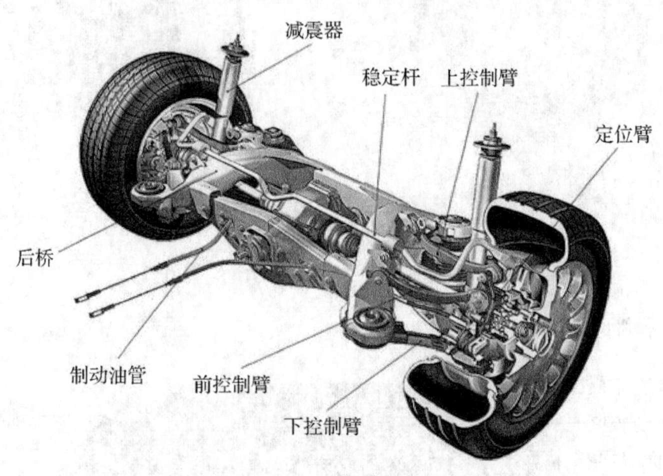

图 2-72　5 连杆后悬挂

多连杆悬挂通过设计连接运动点的约束角度使得悬挂在压缩时能主动调整车轮定位，使车轮与地面尽可能保持垂直、贴地性，具有非常出色的操控性。多连杆悬挂能最大限度地发挥轮胎抓地力从而提高整车的操控极限，是所有悬挂设计中最好的，不过结构复杂，制造成本也高。一般中小型轿车出于成本和空间考虑很少使用这种悬挂。

4. 车轮

车轮是介于轮胎和车轴之间承受载荷的旋转组件，主要由轮辋、轮辐和轮毂组成，如图 2-73 所示。

按照轮辋的构造，车轮可分为辐板式车轮和辐条式车轮，如图 2-74 所示。辐板式车轮主要用于载货汽车；辐条式车轮主要用于轿车。

5. 轮胎

轮胎是指在汽车上安装的圆形环状橡胶制品，起着支承车身、缓冲外界冲击的作用；实现与路面的接触并保证汽车的行驶性能。轮胎结构如图 2-75 所示。

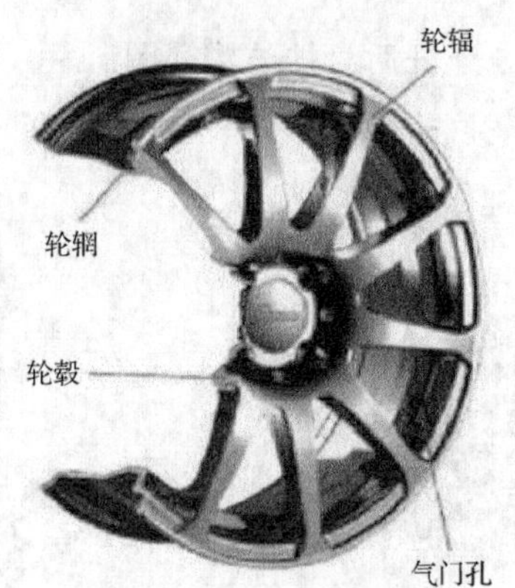

图 2-73　车轮结构

（a）辐板式车轮

（b）辐条式车轮

图 2-74　车轮形式

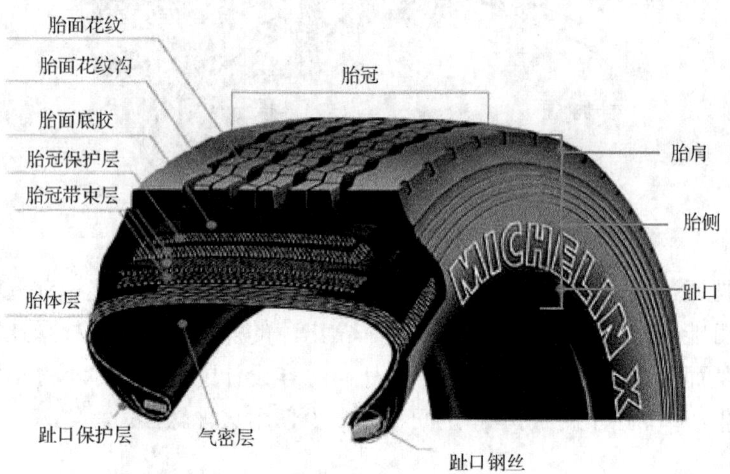

图 2-75　轮胎结构

根据轮胎结构不同，即胎体中帘线的排列方式不同，轮胎可分为子午线轮胎与斜交线轮胎。

（1）子午线轮胎。子午线轮胎内部结构如图 2-76 所示，其主要特征是帘布层的帘线按子午线方向排列。

子午线轮胎具有以下优点。

① 子午线轮胎的胎冠和胎侧相对独立，胎冠较厚且有坚硬的带束层，接地面积大，附着性能好；并且单位接地压力小，载荷分布均匀，在路面上的滑移量小，轮胎的行驶里程更长。

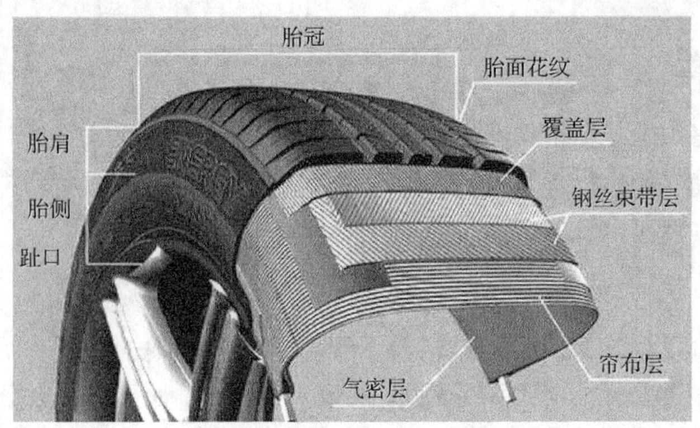

图 2-76　子午线轮胎

② 胎冠部分可用较硬质橡胶作为胎面材料，并且内部有钢丝制作的带束层，因此子午线轮胎耐磨性好，具有防刺穿能力。

③ 由于子午线胎帘布层数少，层间摩擦力小，故其滚动阻力较小，能有效提高汽车的燃料经济性。

④ 子午线轮胎帘布层数少，胎侧较薄，胎体较软，所以其径向弹性大，缓冲减震性能好，能改善汽车行驶平顺性、乘坐舒适性，并可延长汽车机件使用寿命。

⑤ 由于子午线胎帘布层数少，并且帘布层之间摩擦力小，所以这种轮胎温度上升较慢，散热较快，轮胎的温度更低，能够适应汽车高速行驶的需求。

子午线轮胎具有以下缺点。

① 轮胎侧面较薄，侧向变形大，导致汽车侧向稳定性稍差。

② 制造技术要求高，成本较高。

（2）斜交线轮胎。斜交线轮胎内部结构如图 2-77 所示，其主要特征是帘布层的帘线按斜线交叉排列。

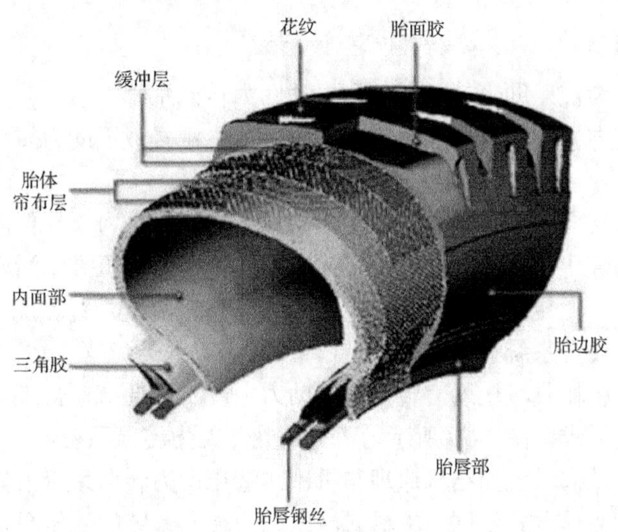

图 2-77　斜交线轮胎

现在的汽车基本使用的都是子午线轮胎，斜交线轮胎逐渐被淘汰。只有一些低速重载的货车或工程机械还在使用。

2.4.3 转向系统

汽车转向系统的作用是保证汽车能按驾驶员的意愿进行直线或转向行驶。

汽车的转向系可以分为机械转向系和动力转向系两大类，动力转向系统又分为液压助力转向系统、电动助力转向系统。

1. 机械转向系统

机械转向系统如图 2-78 所示。机械转向系统由于轮胎和地面的反作用力直接传递到方向盘上，所以在扳动方向盘时很费劲，特别是原地打方向时。如果是在载重和自重很大的货车上，方向盘把握不稳有可能会造成手臂骨折，操作起来非常危险。

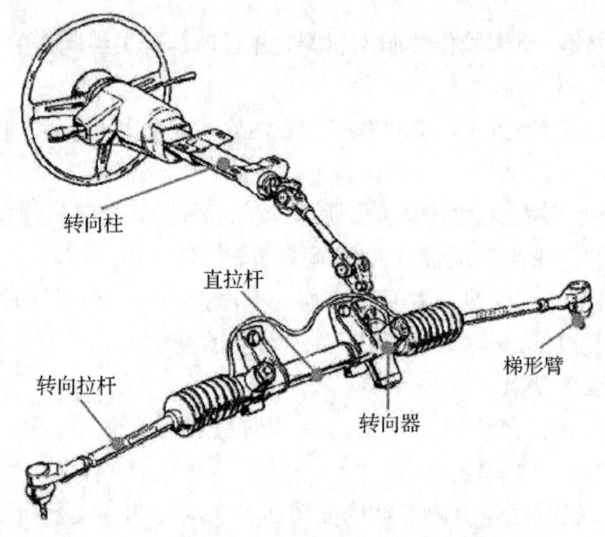

图 2-78　机械转向系统

2. 动力转向系统

动力转向系统分为液压助力转向系统和电动助力转向系统。

（1）液压助力转向系统。液压助力转向系统分为机械式液压助力转向系统和电子式液压助力转向系统。

机械式液压助力转向系统主要包括齿轮齿条结构、液压助力泵、储液罐、液压缸、活塞等。工作原理是通过液压助力泵（由发动机皮带带动）提供油压推动活塞，进而产生辅助力推动转向拉杆，辅助车轮转向。

机械式液压助力转向系统技术成熟稳定，可靠性高，应用广泛。但结构较复杂，维护成本较高。而且单纯的机械式液压助力转向系统助力力度不可调节，很难兼顾低速和高速行驶时对指向精度的不同需求。图 2-79 所示为机械式液压助力转向系统。

电子式液压助力转向系统的结构原理与机械式液压助力转向系统大体相同，最大的区别在于提供油压油泵的驱动方式不同。机械式液压助力转向系统的液压泵是直接通过发动机皮带驱动的，而电子式液压助力转向系统采用的是由电力驱动的电子泵。图 2-80 所示为电子式液压助力转向系统。

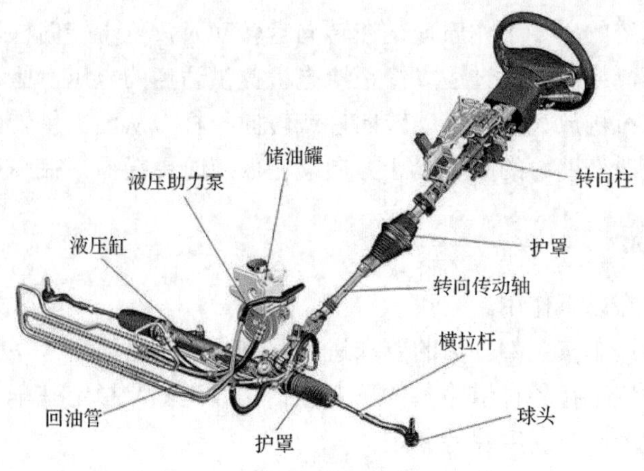

图 2-79 机械式液压助力转向系统

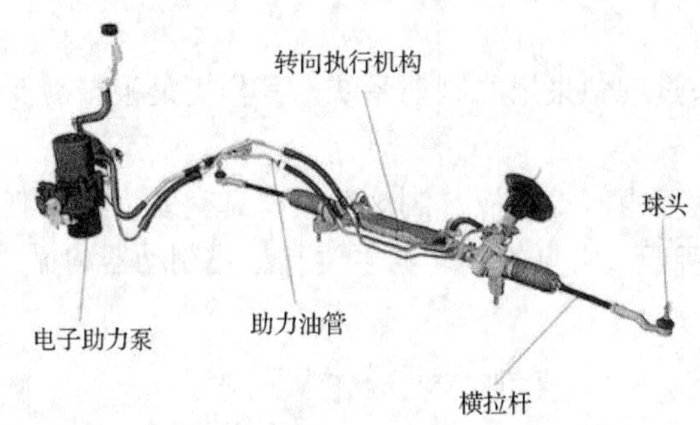

图 2-80 电子式液压助力转向系统

电子式液压助力转向系统的电子泵，不用消耗发动机本身的动力，而且电子泵是由电子系统控制的，不需要转向时，电子泵关闭，进一步减少能耗。电子式液压助力转向系统的电子控制单元，利用对车速传感器、转向角度传感器等传感器的信息处理，可以通过改变电子泵的流量来改变转向助力的力度大小。

（2）电动助力转向系统。电动助力转向系统主要由传感器、控制器和助力电机构成，没有了液压助力转向系统的液压泵、液压管路、转向柱阀体等结构，结构非常简单，如图 2-81 所示。

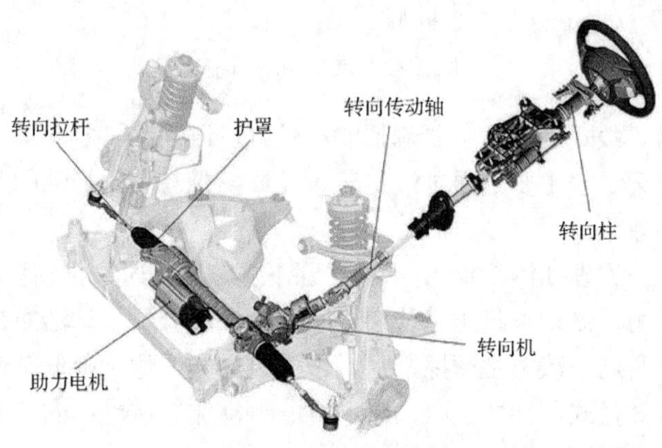

图 2-81 电动助力转向系统

电动助力转向系统的主要工作原理是在转向盘转动时，位于转向柱位置的转矩传感器将转动信号传到控制器，控制器通过运算修正给电机提供适当的电压，驱动电机转动。而电动机输出的转矩经减速机构放大后，推动转向柱或转向拉杆，从而提供转向助力。电动助力转向系统可以根据速度改变助力的大小，让方向盘在低速时更轻盈，在高速时更稳定。

2.4.4 制动系统

汽车制动系统具有以下作用。

（1）使行驶中的汽车按照驾驶员的要求进行强制减速甚至停车。

（2）使已停驶的汽车在各种道路条件下（包括在坡道上）稳定驻车。

（3）使下坡行驶的汽车速度保持稳定。

汽车制动系统分为行车制动系统和驻车制动系统。

1. 行车制动系统

行车制动系统是行车过程中采用的制动系统，其作用是根据需要使汽车减速或在最短的距离内停车，以保证行车安全。

汽车行车制动系统主要由制动踏板、制动总泵、真空助力器、制动油管、制动分泵和制动器等组成，如图 2-82 所示。常见的制动器主要有毂式制动器和盘式制动器。

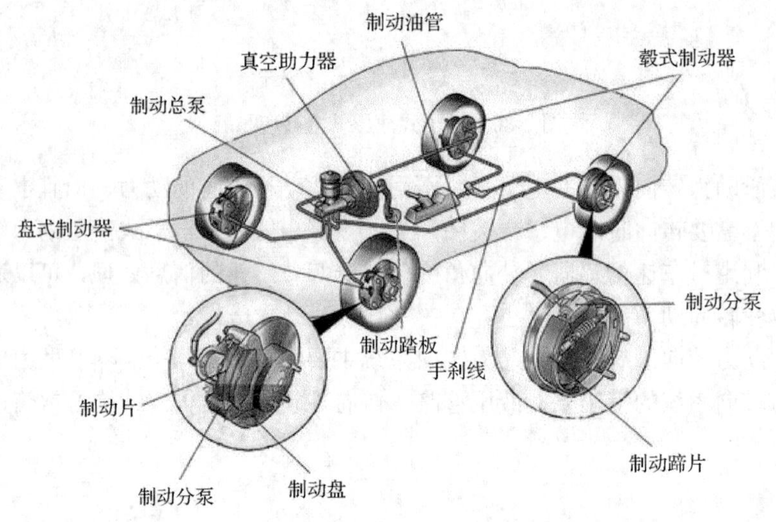

图 2-82　汽车制动系统

（1）毂式制动器。毂式制动器主要包括制动轮缸、制动蹄、制动毂、摩擦片、回位弹簧等部分，如图 2-83 所示。它主要是通过液压装置使摩擦片与车轮转动的制动毂内侧面发生摩擦，从而起到制动的效果。

毂式制动器的工作原理如图 2-84 所示。在踩下刹车踏板时，推动刹车总泵的活塞运动，进而在油路中产生压力，制动液将压力传递到车轮的制动分泵推动活塞，活塞推动制动蹄向外运动，使得摩擦片与刹车毂发生摩擦，从而产生制动力，达到降低车速的目的。

（2）盘式制动器。盘式制动器主要由制动盘、制动钳、制动钳安装支架、制动钳活塞、摩擦片、制动衬块等构成，如图 2-85 所示。

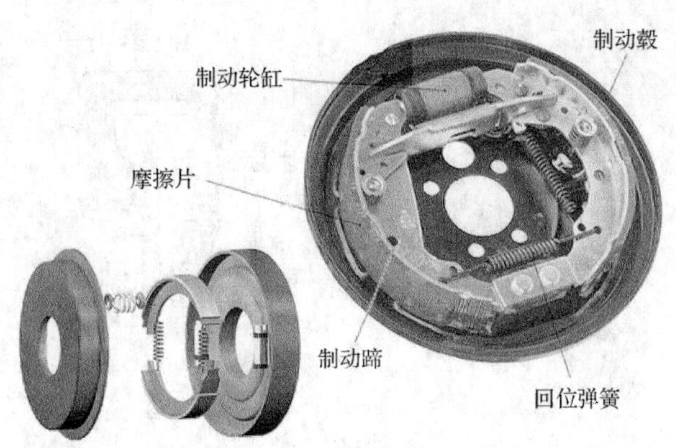

图 2-83　毂式制动器

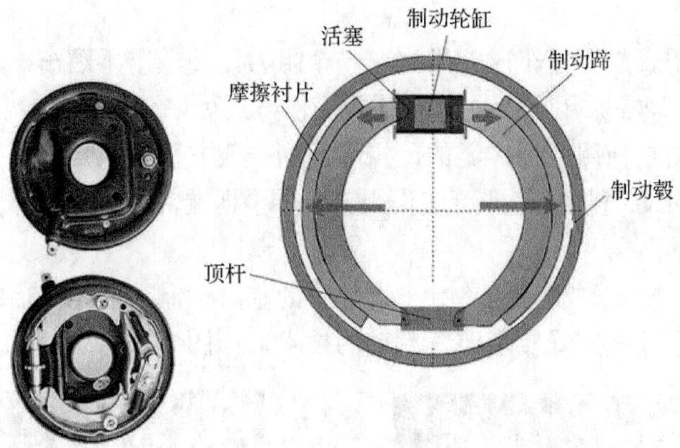

图 2-84　毂式制动器工作原理

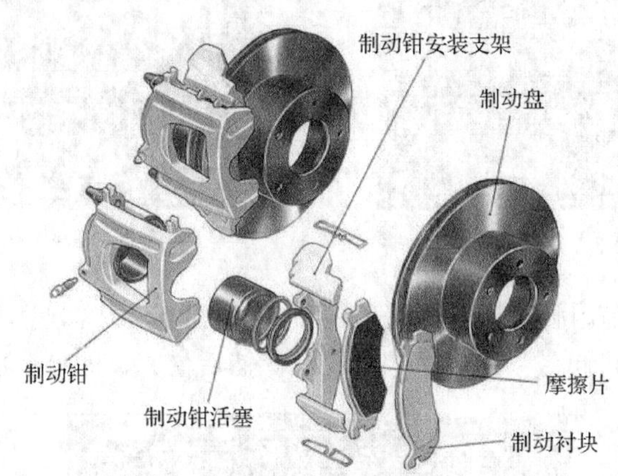

图 2-85　盘式制动器

盘式制动器的工作原理是通过液压系统把压力施加到制动钳上，使制动摩擦片与随车轮转动的制动盘发生摩擦，从而达到制动的目的，如图 2-86 所示。

从结构中可以看出，毂式制动器是工作在一个相对封闭的环境，制动过程中产生的热量不易散出，频繁制动影响制动效果，不过毂式制动器可提供很高的制动力，广泛应用于商用车上。盘式制动器是敞开式的，制动过程中产生的热量可以很快散去，拥有很好的制动效能，现在已广泛应用于轿车上。

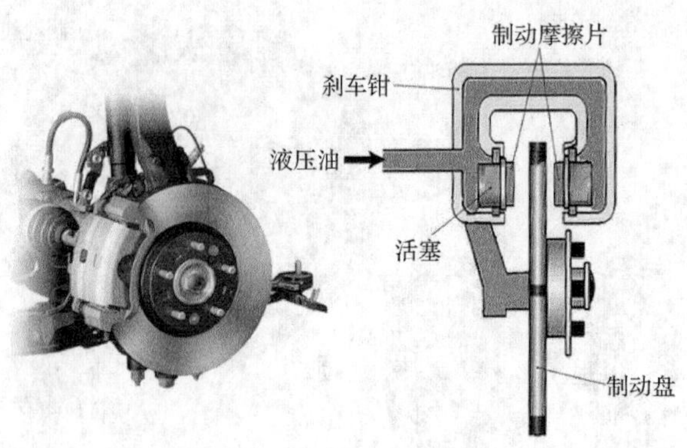

图 2-86　盘式制动器工作原理

2. 驻车制动

驻车制动的作用就是在停车时，给汽车一个阻力，使汽车不溜车。驻车制动类型是指驻车制动的操作方式，现在乘用车上驻车制动的操作方式可以分为手刹、电子驻车和脚刹 3 种。

（1）手刹。手刹是使用最为广泛的，操纵手柄一般安装在换挡杆附近，其操纵方式也很简单，如图 2-87 所示，直接拉起即可起作用；按住手柄端部的按钮稍微向上一提，然后推回原位即可释放手刹。

（2）电子驻车。电子驻车是指将行车过程中的临时性制动和停车后的长时性制动功能整合在一起，并由电子控制方式实现停车制动的技术，如图 2-88 所示。

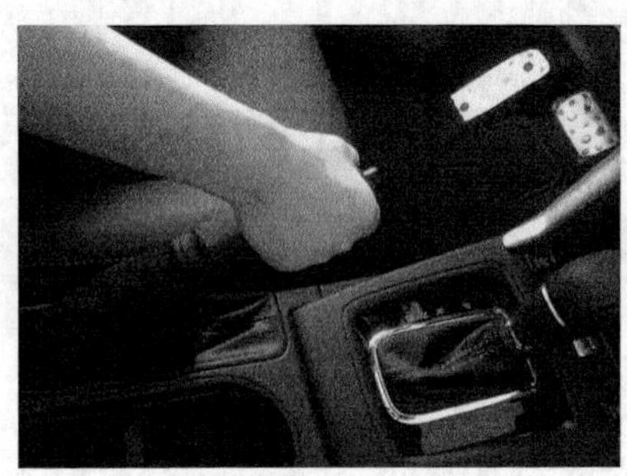

图 2-87　手刹

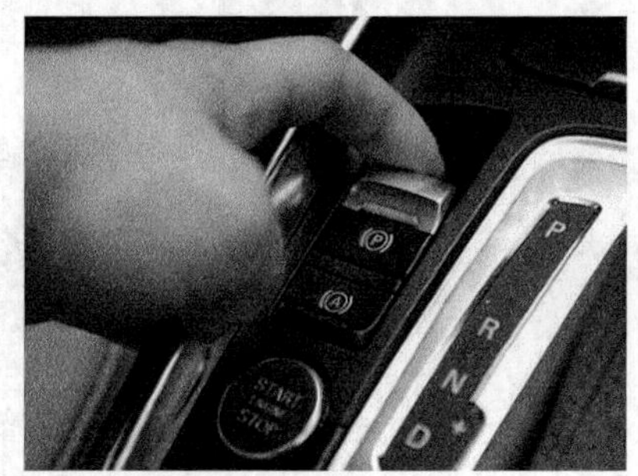

图 2-88　电子驻车

（3）脚刹。脚刹就是用脚来操纵的驻车制动，多见于自动挡车型，如图 2-89 所示。左脚一脚将踏板踩到底，即可起效；左脚再用力一踩，然后松开，即可释放手刹。

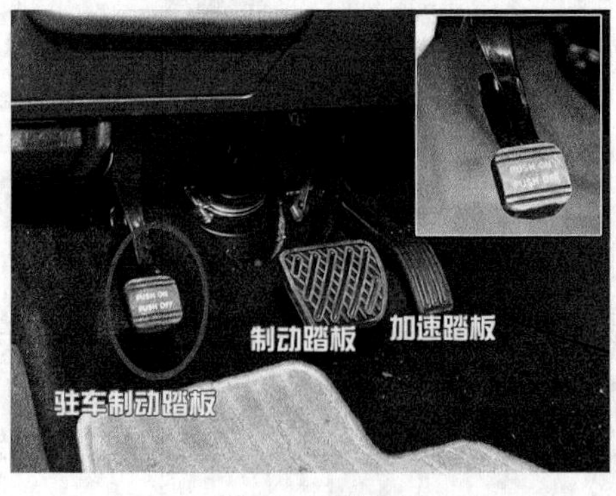

图 2-89　脚刹

2.5 汽车车身

2.5.1 汽车车身类型

车身指的是车辆用来载人装货的部分。有的车辆的车身既是驾驶员的工作场所，又是容纳乘客和货物的场所。

汽车车身分类方法较多，例如，按车身承载方式分类和按用途分类等。

1. 按车身承载方式分类

按车身承载方式分类，车身可分为承载式车身和非承载式车身。

（1）承载式车身。承载式车身如图 2-90 所示，它没有车架，车身作为发动机和底盘各总成的安装基体，车身还兼有车架的作用并承受全部载荷。为了缓和底盘件安装部位的应力和确保车身刚度等，部分车辆安装副车架。将底盘件一端安装在副车架上，也有将其安装在车身上。

图 2-90 承载式车身

承载式车身具有以下优点。

① 质量轻，整体弯曲和扭转刚度好。

② 重心低，车室地板低，车辆高度尺寸小。

③ 以薄板加工为主，且可用点焊焊接，易于批量生产。

承载式车身具有以下缺点。

① 路面和发动机等的噪声及震动容易传入车身。

② 因为用整个车身来确保刚度，所以很难改造。

图 2-91 所示是一个承载式车身半成品，可以看到车身的外壳、车顶和地板以及通常所说的 A、B、C 三根柱都是连接在一起的。在冲压阶段，钢板先被冲压成不同的形状，然后焊接成一个完整的车身。这些部件按照功能可以大致分为两种：车身覆盖件和车身结构件。

（2）非承载式车身。采用非承载式车身的汽车，其发动机、传动系统、车身的总成部分是固定在一个刚性车架上，车架通过前后悬挂装置与车轮相连，如图 2-92 所示。

图 2-91　承载式车身半成品

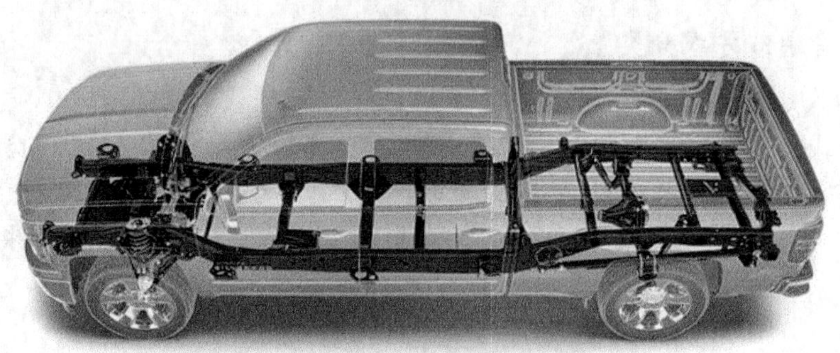

图 2-92　非承载式车身

2. **按用途分类**

按用途分类，车身可以分为轿车车身、货车车身和客车车身等。

（1）轿车车身。轿车车身一般是整体式结构，以承载式车身为主，但外形各不相同，如图 2-93 所示。

图 2-93　各种轿车车身外形

（2）货车车身。货车车身一般由驾驶室和货厢组成，如图 2-94 所示。

图 2-94 货车车身

（3）客车车身。客车车身一般是整体式结构，如图 2-95 所示。

图 2-95 客车车身

2.5.2 汽车车身材料

车身可以由多种材料组成，如铝、钢等。图 2-96 所示为车身材料结构示意图，它由铝板、铸铝、铝型材、热成型钢和冷成型钢构成。

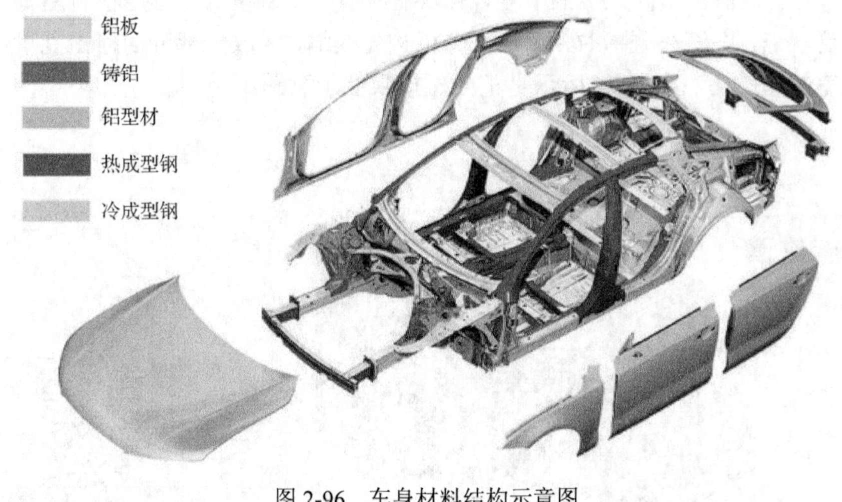

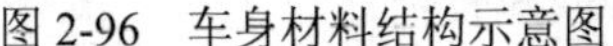
图 2-96 车身材料结构示意图

并不是车身所有的材料强度越高越好，要看用在什么地方。例如，驾乘室的框架（如横梁、纵梁、ABC 柱等），为了使驾车室的空间尽量不变形（保证驾乘人员安全），就必须采用高强度的材料。车前和尾部的材料（如引擎盖板、翼子板等），为了能够吸收撞击力，可以使用强度相对较低的材料。

图 2-97 所示为全铝车身。

图 2-97　全铝车身

图 2-98 所示为碳纤维车身。

图 2-98　碳纤维车身

在汽车碰撞中，重要的是保护车内人员的安全，所以在碰撞中驾乘室的变形越小就越好。汽车在设计时考虑到这一点，在汽车碰撞时，让一部分机构先溃缩，吸收一部分的撞击能量，从而减少传递到驾乘室的撞击力。图 2-99 所示是正面碰撞吸能示意图。

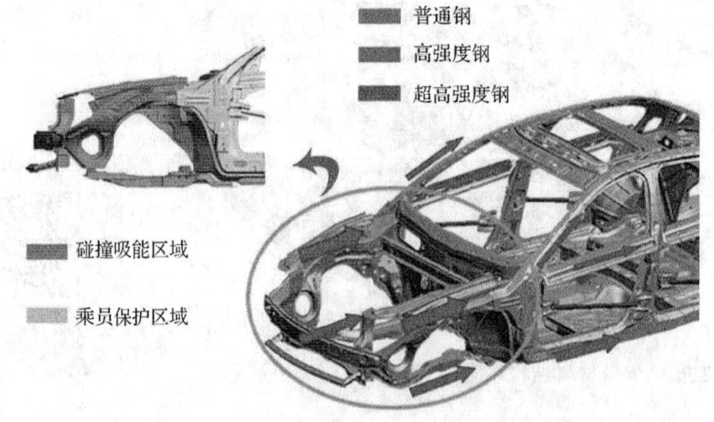

图 2-99　正面碰撞吸能示意图

2.6　汽车电器

2.6.1　汽车电源系统

电源系统包括蓄电池和发电机。当发电机工作时，由发动机向全车用电设备供电，同时给蓄电池充电；蓄电池在起动发动机时向起动机供电，并在发动机不工作时向用电设备供电。有些车型的发电机本身没有调节器，需要配置电压调节器才能工作。电压调节器的作用是使发电机的输出电压保持恒定。

1. 蓄电池

蓄电池不仅可以为汽车供电，还可以储存电能。车载蓄电池属于铅酸类电池，其正极是二氧化铅，负极是金属铅，电解液一般是硫酸水溶液。车载蓄电池是 12V，一般安装在发动机舱内，如图 2-100 所示。

图 2-100　车载蓄电池

目前，常见的车载蓄电池主要分为普通蓄电池和 VRLA 阀控式蓄电池。普通蓄电池又分为可维护（干荷式）的和免维护的（密封式），两者的区别在于电池的密封性不同。可维护电池的顶部有 6 个孔，负责排气和加注电解液、蒸馏水之用，而免维护的则没有小孔，在使用周期内也无需添加任何物质。

VRLA 阀控式蓄电池目前常见的有 AGM 电池和 EFB 电池，如图 2-101 所示。两者的区别在于，AGM 属于“贫液式”电池，即电解液很少；而 EFB 属于增强富液式电池，即电解液是过量的。VRLA 阀控式蓄电池延长了使用寿命（循环次数），同时做到了免维护、高性能。在这两种电池中，AGM 电池的性能要更胜一筹，其充放电循环次数是普通电池的 3～4 倍。AGM 和 EFB 电池都被用来作为自动启停车型的蓄电池，但 AGM 支持能量回收系统，而 EFB 电池不支持。目前，很多搭载自动启停功能的日系车，都采用 EFB 电池；而很多搭载了自动启停和能量回收的德系车，用的是 AGM 电池。从价格上来说，AGM 蓄电池要比 EFB 更贵一些。

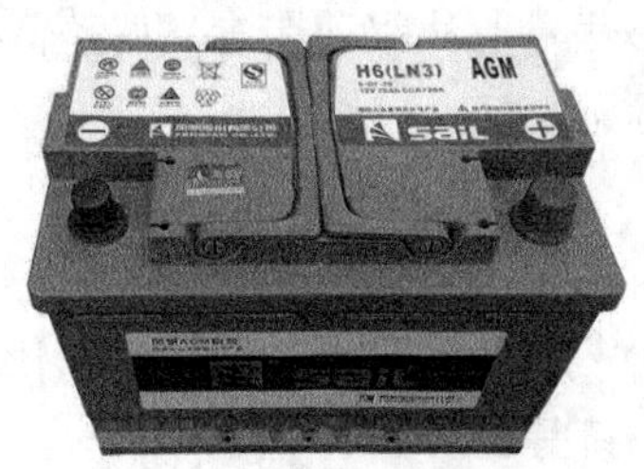

（a）AGM 电池

（b）EFB 电池

图 2-101　AGM 电池和 EFB 电池

对于普通蓄电池，在不做维护的情况下，无论是可维护的还是免维护的，理论寿命都是 3

年左右。具体要看车子工况和驾驶习惯。区别在于，可维护的蓄电池在性能下降时，可以补充电解液、蒸馏水来为其续命，保养得当还能继续服役 1 年以上。由此可见，可维护的蓄电池在寿命上更具优势，而免维护的虽然听起来很高端，但实际上 2～3 年后就得更换。

对于 AGM 电池、EFB 电池，由于它们的循环次数更多、充放电电流更大，要适配自动启停，所以工况更加复杂。这就使得其寿命区间很大：3～8 年不等。在正常情况下，这两种电池在 3～5 年就需要更换，但维护得当、里程数较少、自动启停经常关闭的情况下，可以延续至 6～8 年。

2. **发电机**

汽车发电机（见图 2-102）是汽车主要的电源，其功用是在发动机正常运转时（怠速以上），向所有用电设备（起动机除外）供电，同时向蓄电池充电。

图 2-102　汽车发电机

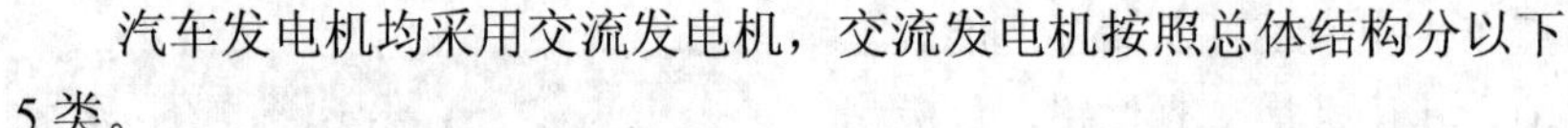

汽车发电机均采用交流发电机，交流发电机按照总体结构分以下 5 类。

（1）普通交流发电机。普通交流发电机使用时需要配装电压调节器，如 JF132（EQ140 用）。

（2）整体式交流发电机。整体式交流发电机是发电机和调节器制成一个整体的发电机，例如，别克轿车的发动机上装配的是 CS 型发电机（包括 CS-121、CS-130 和 CS-144 3 种型号）。

（3）带泵交流发电机。带泵交流发电机是和汽车制动系统用真空助力泵安装在一起的发电机，如 JFZB292 发电机。

（4）无刷交流发电机。无刷交流发电机是不需要电刷的发电机，如 JFW1913。

（5）永磁交流发电机。永磁交流发电机是指磁极是用永磁铁制成的发电机。

国产汽车交流发电机型号由产品代号、电压等级代号、电流等级代号、设计序号和变形代号 5 部分组成。

（1）产品代号。产品代号用中文字母表示，例如，JF—普通交流发电机；JFZ—整体式（调节器内置）交流发电机；JFB—带泵的交流发电机；JFW—无刷交流发电机。

（2）电压等级代号。电压等级代号用一位阿拉伯数字表示，例如，1 表示 12V 系统；2 表示 24V 系统；6 表示 6V 系统。

（3）电流等级代号。电流等级代号也用一位阿拉伯数字表示。

（4）设计序号。设计序号用 1～2 位阿拉伯数字表示，表示产品设计的先后顺序。

（5）变形代号。交流发电机以调整臂位置作为变形代号，从驱动端看，调整臂在左端用 Z 表示，调整臂在右端用 Y 表示，调整臂在中间不加标记。

2.6.2　汽车用电设备

汽车上的用电设备很多，但基本的用电设备大致可分为起动系统、点火系统、照明系统、信号装置、信息显示系统、其他辅助电器及电子控制系统等。

1. **起动系统**

起动系统主要包括起动机及其控制电路，其作用是起动发动机。图 2-103 所示为汽车起动机。

图 2-103 汽车起动机

2. **点火系统**

点火系统用于产生电火花，点燃汽油机中的可燃混合气。点火系统主要由点火开关、点火线圈、点火器、分电器、火花塞等组成，如图 2-104 所示。

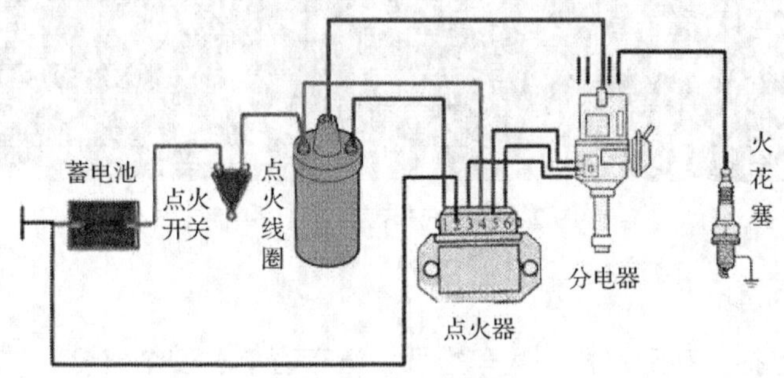

图 2-104 点火系统

3. **照明系统**

照明系统包括车内外各种照明灯及提供夜间安全行驶必要的灯光，其中前照灯最为重要。图 2-105 所示为汽车照明系统。

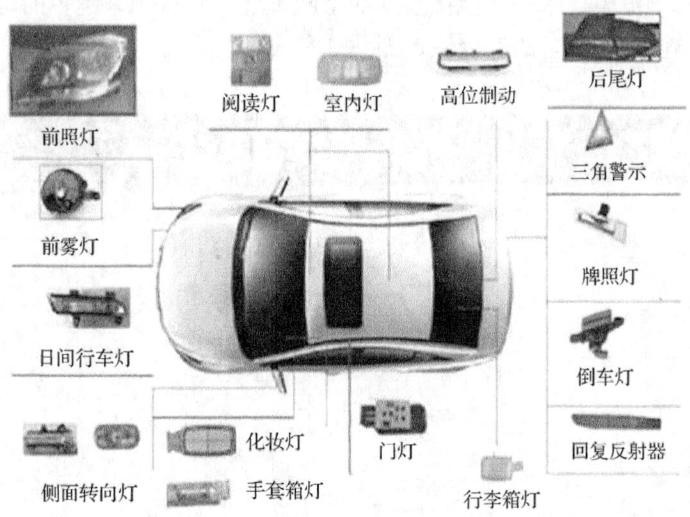

图 2-105 汽车照明系统

4. **信号装置**

信号装置包括电喇叭、闪光器、蜂鸣器及各种信号灯，主要用来提供安全行车所必需的信号。

5. **信息显示系统**

信息显示系统包括润滑油压力表、冷却液温度表、燃油表、车速里程表、发动机转速表等，如图 2-106 所示。

图 2-106　汽车信息显示系统

6. **其他辅助电器**

其他辅助电器包括电动刮水器、汽车空调、汽车音响、安全气囊、中控门锁系统、电动车窗、电动天窗、电动后视镜、电动座椅等。

7. **电子控制系统**

电子控制系统包括电控燃油喷射系统、防抱死制动系统、驱动防滑控制系统、电控自动变速器、电控悬架、自适应巡航控制系统等。

总之，随着汽车电子技术和智能化技术的不断发展，将有越来越多的电子设备和智能设备应用在汽车上，以提高汽车的安全性、舒适性和方便性。

练习与实训

一、名词解释

1．配气机构

2．驱动桥

3．独立悬挂

4．承载式车身

5．非承载式车身

二、填空题

1．二轮驱动汽车的驱动形式主要有________、________、________、________，目前轿车常用的是________和________。

2．汽车主要由________、________、________、________组成。

3．汽车底盘一般由________、________、________、________组成。

4．汽油发动机主要由两大机构和五大系统组成，即________、________、________、________、________、________、________。

5．根据发动机气缸排量方式，发动机分为________、________、________、和________。

三、选择题

1．不属于二轮驱动汽车传动系统部件的是（　　）。

A．离合器　　B．变速器

C．分动器　　D．主减速器

2．直列发动机的气缸数一般是（　　）个。

A．4　　B．6　　C．8　　D．12

3．不属于汽车发动机曲柄连杆机构的是（　　）。

A．飞轮　　B．凸轮轴　　C．活塞　　D．曲柄

4．四冲程直列汽油发动机完成一个工作循环，曲轴旋转（　　）。

A．360°　　B．720°　　C．180°　　D．1440°

5．不属于离合器作用的是（　　）。

A．使汽车平稳起步　　B．实时中断动力

C．防止传动系过载　　D．改变发动机输出的转矩

四、问答题

1．汽车传动系统有哪些功能？

2．汽油机和柴油机的工作原理有什么不同？

3．毂式制动器和盘式制动器的工作原理有什么不同？

4．汽车差速器的作用是什么？

5．汽车变速器有哪几种类型？

五、实训题

熟悉小型轿车和大型轿车的基本结构，找出它们的相同点和不同点，并填写实训报告。

实训报告

<table>
<tr><td>实训题目</td><td colspan="6">小型轿车和大型轿车的基本结构比较</td></tr>
<tr><td>学生姓名</td><td colspan="2"></td><td>班级</td><td></td><td>学号</td><td></td></tr>
<tr><td>实训地点</td><td colspan="2"></td><td>学时</td><td></td><td>日期</td><td></td></tr>
<tr><td colspan="7">实训结果</td></tr>
<tr><td rowspan="5">小型轿车</td><td>型号</td><td colspan="2"></td><td colspan="2">驱动形式</td><td></td></tr>
<tr><td>发动机</td><td colspan="5"></td></tr>
<tr><td>变速器</td><td colspan="5"></td></tr>
<tr><td>悬架</td><td colspan="5"></td></tr>
<tr><td>制动器</td><td colspan="5"></td></tr>
<tr><td rowspan="5">大型轿车</td><td>型号</td><td colspan="2"></td><td colspan="2">驱动形式</td><td></td></tr>
<tr><td>发动机</td><td colspan="5"></td></tr>
<tr><td>变速器</td><td colspan="5"></td></tr>
<tr><td>悬架</td><td colspan="5"></td></tr>
<tr><td>制动器</td><td colspan="5"></td></tr>
<tr><td colspan="7">实训结果分析</td></tr>
<tr><td colspan="7"></td></tr>
<tr><td colspan="7">实训心得</td></tr>
<tr><td colspan="7"></td></tr>
<tr><td>指导教师</td><td colspan="2"></td><td colspan="2">成绩</td><td colspan="2"></td></tr>
</table>

第 3 章 汽车新技术认知

【教学目标】

通过本章的学习，学生能够了解发动机新技术、汽车底盘新技术、汽车车身新技术、汽车电子控制技术、汽车排放后处理技术，激发学生的学习热情，培养学生的创新思维。

【教学要求】

知识要点	能力要求
发动机新技术	了解汽油机燃油喷射、柴油机燃油喷射、发动机燃烧、发动机增压、发动机可变气门、发动机可变压缩比、发动机可变气缸、发动机自动启停的新技术及其它们的应用实例
汽车底盘新技术	了解汽车传动系统、行驶系统、转向系统、制动系统的新技术
汽车车身新技术	了解各种新材料在汽车车身上的应用
汽车电子控制技术	了解汽车防抱死制动系统、汽车电子制动力分配系统、汽车驱动防滑系统、汽车电子稳定控制系统、汽车自适应巡航控制系统、轮胎气压监测系统的作用
汽车排放后处理技术	了解汽油车排放后处理技术和柴油车排放后处理技术

【导入案例】

汽车工业经过 120 多年的发展，汽车已经成为人们不可缺少的现代交通工具，给人们生活带来效率、便捷和舒适，使人们的生活更加丰富多彩，但同时也带来石油资源消耗过度、空气污染、交通拥堵、事故频发等严重的社会问题，如图 3-1 所示。为解决这些社会问题，汽车有哪些新技术？通过本章的学习，读者可以获得答案。

图 3-1　汽车带来的社会问题

图 3-1　汽车带来的社会问题（续）

3.1　发动机新技术

3.1.1　汽油机燃油喷射技术

汽油机燃油喷射技术主要有进气歧管喷射技术、缸内直喷技术和复合喷射技术等，其中进气歧管喷射技术是目前的主流，缸内直喷技术日渐普及，复合喷射是未来发展方向。

1. 进气歧管喷射技术

进气歧管喷射技术是指喷油器安装在进气歧管上，喷油器把汽油喷入进气歧管中，喷入的汽油和空气在进气歧管中混合，在进气行程被吸入气缸。再利用时间和空间的均质混合，完成可燃混合气的形成，点火燃烧做功。图 3-2 所示为进气歧管喷射结构。

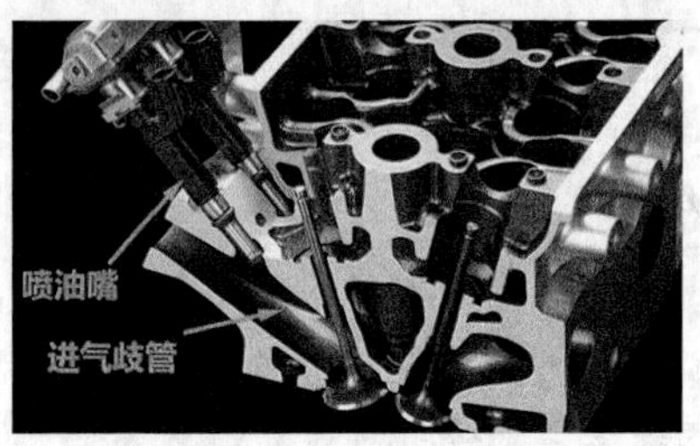

图 3-2　进气歧管喷射结构

进气歧管喷射技术成熟，制造和使用成本低，系统具备一定自净能力，是目前发动机燃油喷射技术的主流；缺点是有燃油浪费的现象，在低速时动力输出下降。

2. 缸内直喷技术

缸内直喷（Gasoline Direct Injection，GDI）技术是将高压喷油嘴设置在进排气门之间，直接将燃油喷射在缸内，在气缸内直接与空气混合。ECU 可以根据吸入的空气量精确地控制燃油的喷射量和喷射时间，高压的燃油喷射系统可以使油气的雾化和混合效率更加优异，使符合理论空燃比的混合气体燃烧更加充分，从而降低油耗，提高发动机的动力性能。图 3-3 所示为缸内直喷结构。

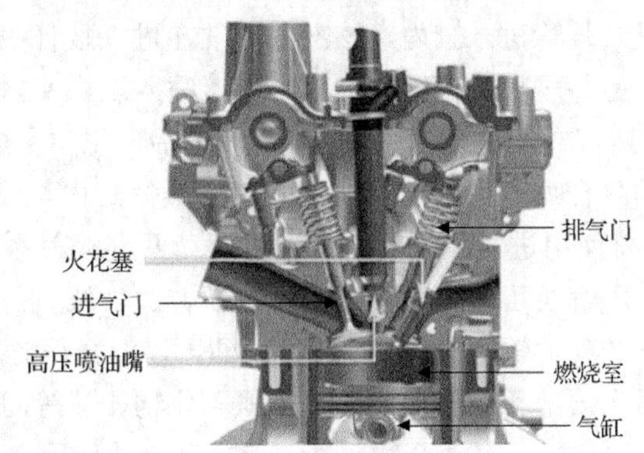

图 3-3　缸内直喷结构

缸内直喷与进气歧管喷射相比，增加了高压油泵和高压油轨，如图 3-4 所示。

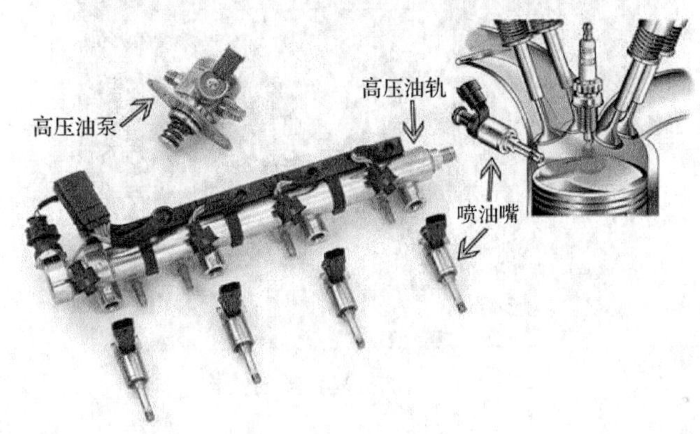

图 3-4　缸内直喷系统结构

缸内直喷技术具有以下优点。

（1）直喷发动机高压燃油是以细小的雾状喷入燃烧室的，当它蒸发时吸收热量，可冷却气缸。

（2）能稀薄燃烧，可提高 20%的燃烧效率，提高燃料经济性。

（3）进气量比传统发动机多，燃烧充分，减少了 CO 的产生。

（4）允许更高的压缩比，发动机功率得以提升。

缸内直喷技术具有以下缺点。

（1）系统更为复杂。

（2）在中小负荷下未燃 HC 排放较多。

（3）对油品要求较高。

近年来缸内直喷技术被很多厂商开始采用，包括大众、奥迪、宝马、奔驰、福特、通用、丰田等主流厂商都使用了这种技术。

3. 复合喷射技术

进气歧管喷射和缸内直喷技术各有优缺点，为了发挥这两种喷射方式的优点，实现更高的燃烧效率和更宽泛的良好动力性，推出了复合喷射技术。

复合喷射的基本构思是将发动机每个循环所需的燃油量分为两部分进行喷射，一部分如进气歧管喷射方式，由进气歧管进入缸内，该部分燃油在进气歧管中与空气形成均质稀混合气分布在整个燃烧室内；另外一部分由缸内喷油器直接喷入燃烧室内，该部分燃油将火花塞附近的混合气适当加浓，达到在发动机不同负荷下，实现最理想的空燃比或者过量空气系数。

日本丰田公司推出的复合喷射系统 D-4S，即歧管喷射+缸内直喷双喷射系统，如图 3-5 所示。冷启动/怠速/低负荷使用进气歧管喷射，中等负荷两套喷射系统协调工作，高负荷采用缸内直喷。这样的配合既解决了缸内直喷发动机在低转速、低负荷下容易积碳的问题，又提高了发动机在高负荷下的动力输出效率，且歧管喷油可以混合得更加充分，可以清洗气道，避免气道、气门积碳及活塞顶部积碳的形成，减少氮氧化物排放等问题；另外，混合喷射模式，可以调配出两种不同浓度的油气混合物，进一步提升燃油利用率。总之，D-4S 喷射系统可以实现动力和转矩的提升，以及良好的燃料经济性。

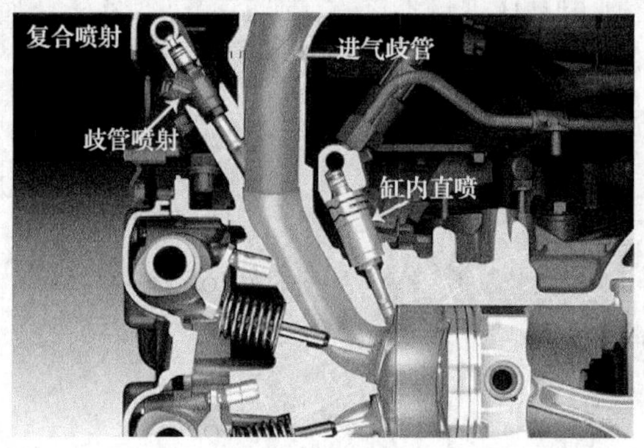

图 3-5　汽油机复合喷射结构

丰田公司开发的复合喷射系统，除了在雷克萨斯部分车型装备外，在斯巴鲁的 BRZ、丰田 GT-86 等车型上也装备了全新的复合喷射系统——丰田 86 水平对置发动机，如图 3-6 所示。这台 2.0L 水平对置发动机借助丰田最新的复合喷射技术，不依仗任何增压技术，便实现了 147kW 的最大功率，而峰值功率转速更是达到了 7 000r/min。

图 3-6　丰田 86 水平对置发动机

德国大众公司在旗下的第 3 代 EA888 发动机也装备了复合喷射系统，如图 3-7 所示。大

众新的复合喷射系统不但获得了均衡的高低转速动力性能，还降低了排放。当然，双喷射系统加上更高的直喷压力对燃油系统的稳定性提出了更高的要求。

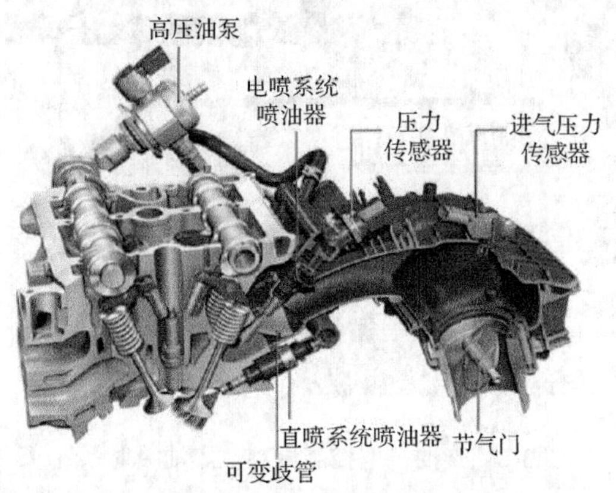

图 3-7　大众 EA888 复合喷射系统

目前，由于汽油机复合喷射技术的复杂和成本的关系，量产车型装备这项技术的并不算多，并没有得到广泛应用。可以预见的是，在对于发动机动力性与经济性、排放标准要求越来越高的未来，为了提升汽油机的综合性能，汽油机复合喷射技术一定是未来的发展方向。

3.1.2　柴油机燃油喷射技术

现代先进的汽车柴油机一般采用电控高压共轨燃油喷射系统，它涉及电控、高压、共轨 3 种技术。

（1）电控。电控是指燃油喷射系统由柴油机 ECU 控制，ECU 对每个喷油器的喷油量、喷油时刻进行精确控制，使柴油机的燃料经济性和动力性达到最佳的平衡。传统柴油机由机械控制，控制精度无法得到保障。

（2）高压。高压是指喷油系统压力比传统柴油机要高出 2 倍多，最多能达到 200MPa。压力大，雾化好，燃烧充分，从而提高动力性，最终达到节油的目的。

（3）共轨。共轨是指在由高压油泵、压力传感器和 ECU 组成的闭环系统中，将喷射压力的产生和喷射过程彼此完全分开的一种供油方式。由高压油泵把高压燃油输送到共轨管，通过对共轨管内的油压实现精确控制，使高压油管压力大小与发动机的转速无关，大幅减小柴油机供油压力随发动机转速的变化，使柴油机运转更加平顺，从而优化柴油机综合性能。

柴油机电控高压共轨燃油喷射系统的组成如图 3-8 所示，它主要由燃油供给系统和电子控制系统两大部分组成。

燃油供给系统的主要作用是向高压油泵输送足够的燃油；电子控制系统借助传感器和数据导线获取驾驶员的要求以及柴油机和车辆的实时工况信息，对这些信息按照预设程序进行处理，向执行器发出相应的控制和调节指令，对柴油机的运作进行控制和调节。

电控高压共轨燃油喷射技术有助于减少柴油机有害废气的排放量，并且有降低燃油消耗、提高动力输出等方面的综合性能，是柴油机今后重点应用的燃油喷射技术。

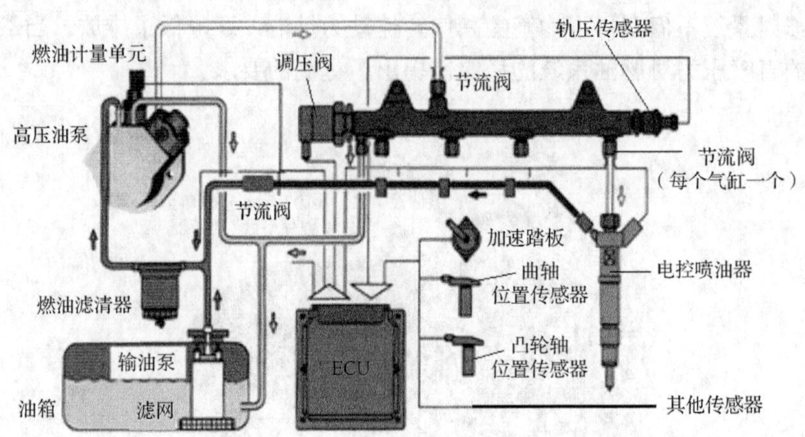

图 3-8　柴油机电控高压共轨燃油喷射系统

3.1.3　发动机燃烧技术

发动机燃烧新技术主要有分层燃烧技术和稀薄燃烧技术等。

1. 分层燃烧技术

分层燃烧技术是指气缸内形成的混合气浓度并不是均匀的，在靠近火花塞的内层空间混合气偏浓，在远离火花塞的外层空间（靠近气缸壁与活塞顶部）混合气则偏稀。这样混合气就形成了由内及外、由浓到稀的状态，只有这样才是为分层燃烧做好了准备。

缸内分层燃烧技术如图 3-9 所示，通过二次喷油实现分层燃烧。发动机在进气行程活塞移至下止点时，ECU 控制喷油嘴进行一次小量的喷油，使气缸内形成稀薄混合气；在活塞压缩行程末端时再进行第二次喷油，这样在火花塞附近形成混合气相对浓度较高的区域（利用活塞顶的特殊结构），然后利用这部分较浓的混合气引燃气缸内的稀薄混合气。

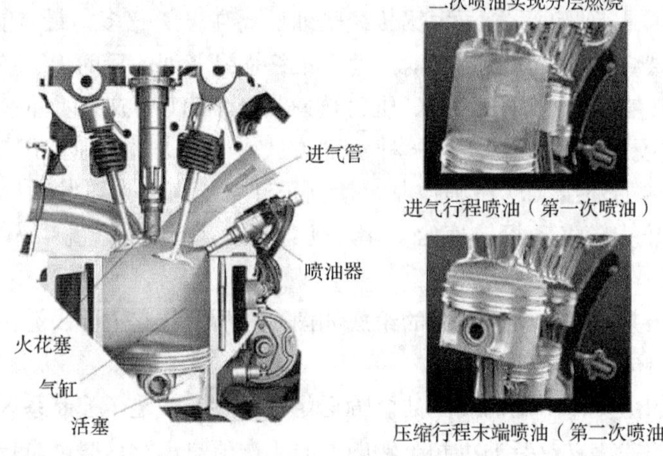

图 3-9　分层燃烧技术

2. 稀薄燃烧技术

稀薄燃烧技术就是利用稀混合气驱动发动机做功的一种技术，喷油嘴喷出的少量燃油通过活塞头的特殊导流槽与空气混合，并使浓度最高的油气混合气在火花塞附近达到点燃浓度的下限，进而由火花塞点燃。随后周围的稀薄混合气也可被明火引燃，实现用最少的燃油达到燃烧的目的。发动机的空燃比大于 18∶1，便可以称为稀薄燃烧。当然，实际采用稀薄燃烧技术的发动机空燃比可能远高于这一比值，如本田公司的 i-VTEC I 型直喷汽油发动机，其空燃比可达 65∶1。稀薄燃烧既充分利用了燃料，又大幅降低发动机的换气损失，还能减少污染物的排放。

稀薄燃烧技术的基础是分层燃烧，因为混合气中汽油含量越低，就越难被引燃，而采用稀薄燃烧的发动机其空燃比往往可以达到 25∶1 甚至更高，因此，就必须对混合气加以分层，使靠近火花塞部分的混合气具有较高的空燃比，以利于点火，如图 3-10 所示。

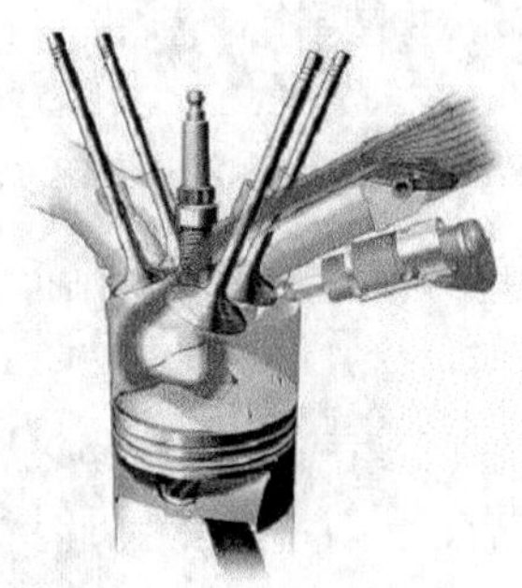

图 3-10　稀薄燃烧技术

总之，稀薄燃烧技术的最大特点就是燃烧效率高，经济、环保，同时还可以提升发动机的功率输出，但是对燃油品质的要求也比较高。

3.1.4　发动机增压技术

发动机增压是将进入发动机气缸的空气或可燃混合气预先压缩或压缩后再加以冷却，以提高进入气缸的空气或可燃混合气的密度，从而使充气质量增加，并在供油系统的适当配合下，使更多的燃料很好地燃烧，达到提高发动机动力性和比功率、改善燃料经济性、降低废气排放和噪声的目的，这样的发动机称为增压发动机。

发动机增压技术主要有涡轮增压、机械增压和复合增压。

1. 涡轮增压技术

涡轮增压技术主要有传统涡轮增压技术、可变增压涡轮叶片几何技术和涡轮增压中冷技术等。

（1）传统涡轮增压技术。传统涡轮增压（Turbocharger，T）技术是在普通发动机上加装涡轮增压器，利用发动机运转产生的废气驱动空气压缩机，提高发动机进气量，从而提升发动机功率与转矩。涡轮增压发动机结构示意图如图 3-11 所示。

涡轮增压器主要由涡轮机和压缩机两部分组成，之间通过一根传动轴连接。涡轮的进气口与发动机排气歧管相连，排气口与排气管相连；压缩机的进气口与进气管相连，排气口则接在进气歧管上。通过发动机排出的废气冲击涡轮高速运转，从而带动同轴的压缩机高速转动，强制地将增压后的空气压送到气缸中，如图 3-12 所示。

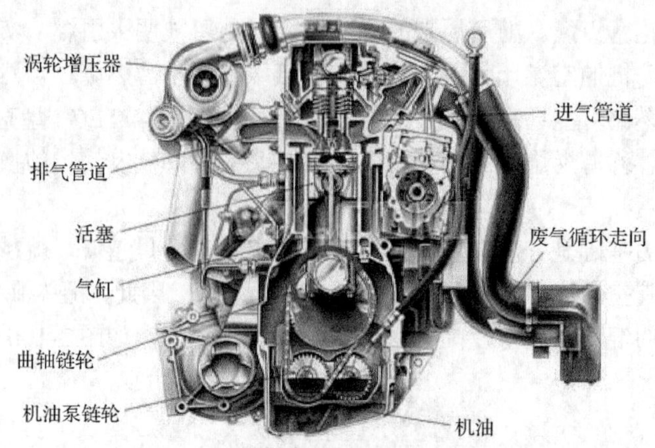

图 3-11　涡轮增压发动机结构示意图

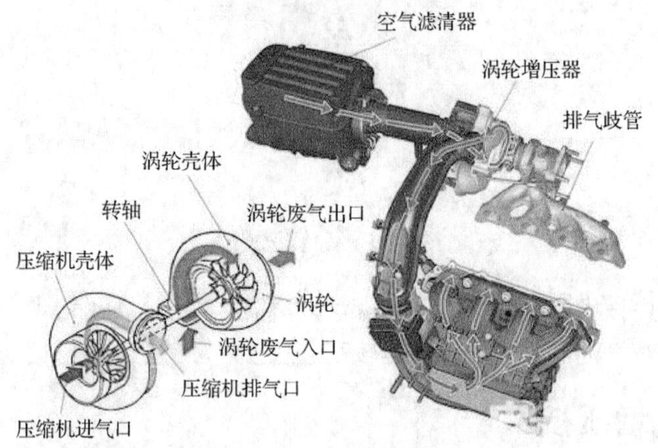

图 3-12　涡轮增压器结构原理

当发动机转速增快（加速时），废气排出速度与涡轮转速也同步增快，压缩机的叶轮就压缩更多的空气进入气缸，空气的压力和密度增大可以燃烧更多的燃料，相应增加燃料量和调整发动机的转速，就可以增加发动机的输出功率。

在现有的技术条件下，涡轮增压器是唯一能使发动机在“工作效率不变”的情况下增加“输出功率”的机械装置。一般能使发动机增加 10%～40%的输出功率。

（2）可变增压涡轮叶片几何技术。可变增压涡轮叶片几何（Variable Turbine Geometry，VTG）技术是保时捷公司研发的，它可以根据发动机的转速改变叶片的角度，当发动机转速较低时，排气的流量较小，不容易推动涡轮叶片，这时可变涡轮几何系统中装在与涡轮叶片平行的位置并且围绕它的那几片可变导流板的角度就会变小，这样可以使气流通过的空间缩小，加大流速，更容易推动叶片。在转速高时气体流量充足，这时可变导流板的角度会变大，使涡轮获得最大增压值，如图 3-13 所示。

可变增压涡轮叶片几何技术能在较低发动机转速下达到更高的涡轮速度，气缸增压有明显的改善，功率及转矩方面相应也有明显的提升，在较低转速时可达到最大转矩，并可维持在较广的转速范围内。

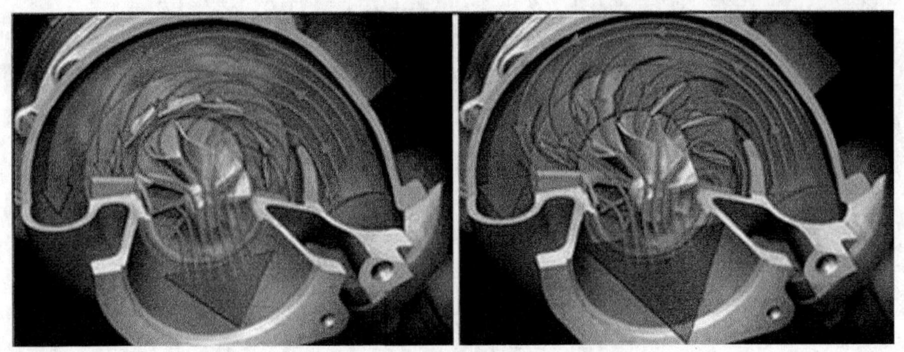

图 3-13　可变增压涡轮叶片几何技术

（3）涡轮增压中冷技术。涡轮增压中冷技术是在增压器与发动机进气歧管之间安装中冷器，如图 3-14 所示。涡轮增压器将新鲜空气压缩经中冷器冷却，然后经进气歧管、进气门流至气缸燃烧室。有效的中冷技术可使增压温度下降到 50℃以下，有助于减少废气的排放和提高燃料经济性。据实验显示，在相同的空燃比条件下，增压空气温度每下降 10℃，柴油机功率能提高 3%～5%，还能降低排放中的 NO_x，改善发动机的低速性能。

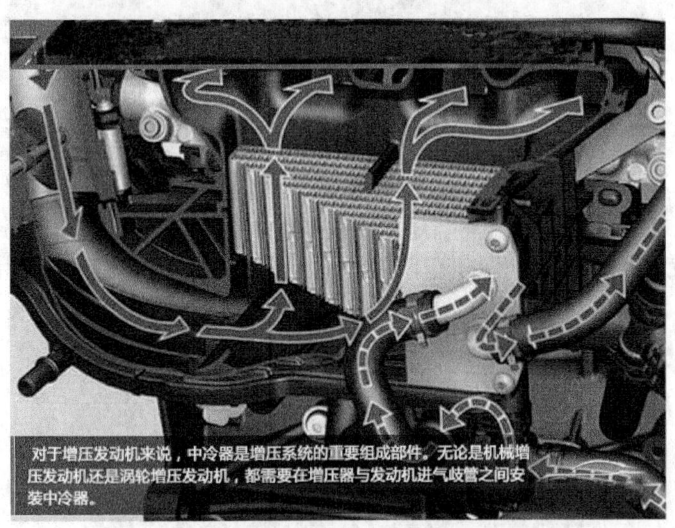

图 3-14　涡轮增压中冷技术

柴油机中冷技术分为两种，一种是利用柴油机的循环冷却水对中冷器进行冷却，另一种是利用散热器冷却，也就是用外界空气冷却。

2. 机械增压技术

机械增压技术是在普通发动机上加装机械增压器，通过曲轴的动力带动一个机械式的空气压缩机旋转来压缩空气的。机械增压发动机结构示意图如图 3-15 所示。机械增压器结构如图 3-16 所示。因为机械增压器是直接由发动机曲轴带动的，发动机运转时，增压器也就开始工作了，所以在低转速时，发动机的转矩输出表现也十分出色，而且空气压缩量是按照发动机转速线性上升的，但是在发动机高速运转时，机械增压器对发动机动力的损耗也是很大的，动力提升不太明显。

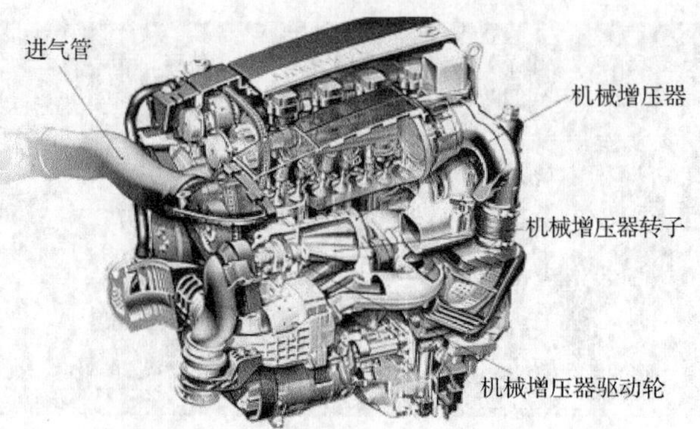

图 3-15　机械增压发动机结构示意图

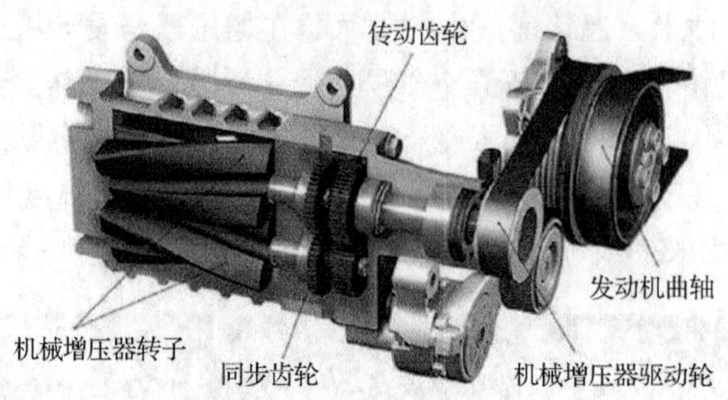

图 3-16　机械增压器

福特 5.8LV8 发动机（见图 3-17）采用机械增压技术，通过皮带带动曲轴，再用曲轴的转动带动增压器，达到增压的目的。相比于涡轮增压，机械增压的动力输出更加平顺和线性，并且机械增压不受转速的限制，即使在低转速下，机械增压同样能起到作用。此款发动机在 6 250r/min 输出最大功率为 485kW，在 4 000r/min 时输出峰值转矩为 813N·m。

图 3-17　福特 5.8L 机械增压 V8 发动机

3. 复合增压技术

复合增压技术包括双涡轮增压技术和涡轮机械双增压技术。

（1）双涡轮增压技术。双涡轮增压技术是针对废气涡轮增压的涡轮迟滞现象，增加一只低速涡轮，在发动机低转速时，较少的排气即可驱动这只涡轮高速旋转以产生足够的进气压力，当发动机转速提升以后，高速涡轮工作继续进入高增压值的状态，提供连贯的强劲动力。在实际使用中，双涡轮增压发动机通常都装备在直列 6 缸或 V 型等排量较大的发动机上。宝马 3.0L 直列 6 缸发动机就是采用的两个涡轮增压器，如图 3-18 所示。

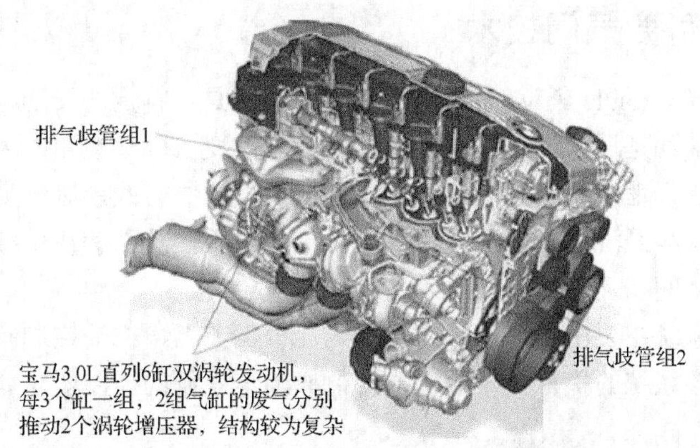

图 3-18　宝马 3.0L 双涡轮增压发动机结构示意图

双涡轮增压发动机的优点是涡轮转速高，增压值大，对动力提升明显；缺点是有涡轮迟滞现象，即发动机在转速较低（一般在 1 500～1 800r/min 以下）时排气动能较小，不能驱动涡轮高速旋转以产生增大进气压力的作用，这时的发动机动力等同于自然吸气，当转速提高后，涡轮增压起作用，动力会突然提升。

（2）涡轮机械双增压技术。涡轮机械双增压技术是在发动机上增设由涡轮增压器和机械增压器共同组成的双增压系统，如图 3-19 所示。

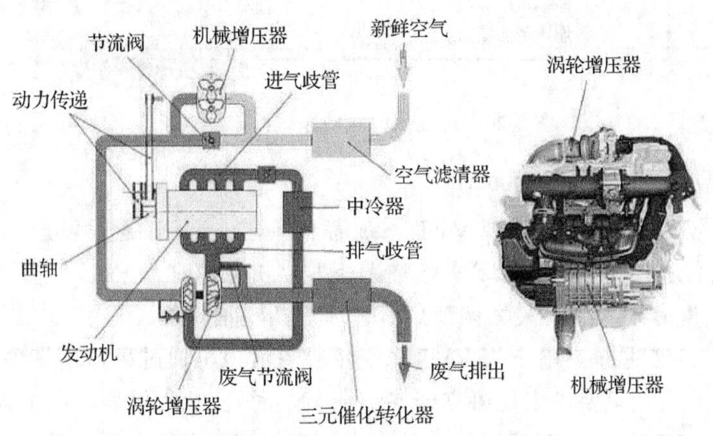

图 3-19　涡轮机械双增压发动机

由于涡轮增压系统和机械增压系统分别拥有各自的优势和劣势，因此，涡轮机械双增压系统发动机同时具备了涡轮增压系统和机械增压系统的双重技术优势，并且使整合在一起的这两种不同形式的增压系统实现了优势互补。

涡轮增压发动机依靠涡轮增压器为发动机增加约 10 倍的进气量，从而增加发动机的输出功率与转矩。在不增大发动机排量的情况下，可显著增加发动机的输出功率和大幅度提高转矩，提高燃料经济性并降低尾气排放。数据显示，使用涡轮增压技术可以帮助汽油和柴油车辆在不降低性能的前提下分别节油 20%和 40%。涡轮增压车型将成为未来车市的主流，在没有更环保的替代燃料出现及更节能的发动机量产的情况下，涡轮增压发动机代表着未来一段时间的发展方向。

3.1.5 发动机可变气门技术

可变气门正时（Variable Valve Timing，VVT）技术是在特定的发动机工况下，通过控制进气门开启角度提前和延迟来调节进排气量和时刻及改变气门重叠角的大小，来实现增大进气量和进气效率，更好地组织进气涡流，调节气缸爆发压力与残余废气量，来获得发动机功率、转矩、排放、燃料经济性、舒适性等综合性能的改善，从而解决传统固定配气相位发动机的各项性能指标之间相互制约的技术矛盾。

可变气门正时系统主要由 VVT 油路系统、相位调节器、机油控制阀、各种传感器等组成，相位调节器为该系统的执行器，而机油控制阀为该系统的控制器，如图 3-20 所示。

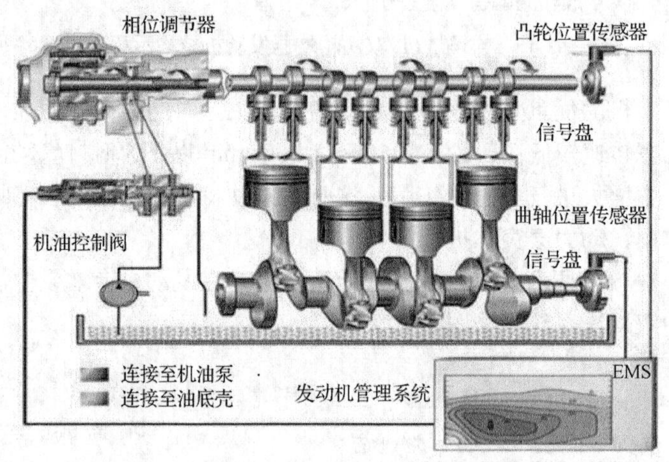

图 3-20 可变气门正时系统结构示意图

VVT 系统有液压式和电子式两种。

（1）液压式 VVT 系统。液压式 VVT 系统需要再建立一定的解锁油压后才能介入工作，对发动机气门正时进行调节，意味着多数情况下发动机怠速时 VVT 不能工作；而且液压式 VVT 系统调节角度有限，通常最大调节角度在 35º 凸轮轴转角。

（2）电子式 VVT 系统。电子式 VVT 系统依靠直流电机通过齿轮箱带动凸轮轴转动，不依赖发动机机油油压，只要供电便可立即参与调节，而且 360º 可调。电子式 VVT 系统的安装要求与中置式 VVT 系统相似度极高，是未来可变气门技术的发展趋势。

图 3-21 所示为宝马发动机电子式 VVT 系统结构示意图，主要通过电动机控制气门升程。当在高速时，通过电动机控制机构，增大气门开度，获得更多的进气量，满足动力的需要；反之同理。

对于可变气门正时技术，许多厂家都已经掌握，只不过名称和具体实施细节略有不同。例如，丰田叫作 VVT-i，本田叫作 i-VTEC，奥迪叫作 AVS，三菱叫作 MIVEC，日产叫作 CVTC，马自达叫作 S-VT 等。

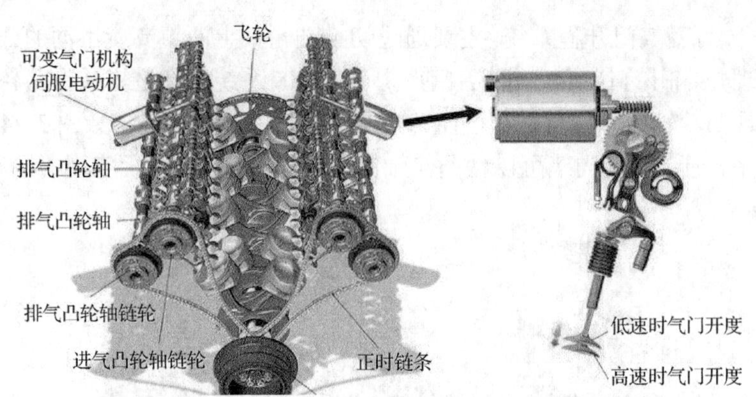

图 3-21　宝马发动机电子式 VVT 系统结构示意图

丰田的可变气门正时系统 VVT-i 已广泛应用，其主要原理是在凸轮轴上加装一套液力机构，通过 ECU 的控制，在一定角度范围内调节气门的开启、关闭的时间，或提前、延迟或保持不变，其示意图如图 3-22 所示。凸轮轴的正时齿轮的外转子与正时链条（皮带）相连，内转子与凸轮轴相连。外转子可以通过液压油间接带动内转子，从而实现一定范围内的角度提前或延迟。

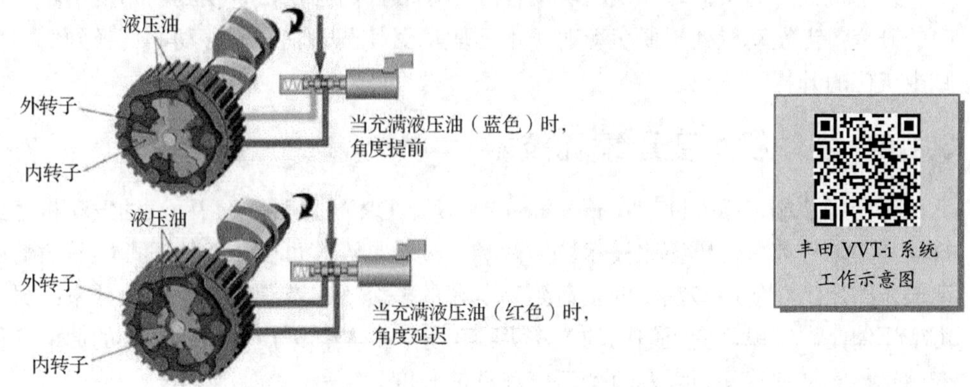

图 3-22　丰田 VVT-i 系统工作示意图

本田的 i-VTEC 可变气门升程是在原来的基础上加了第三根摇臂和第三个凸轮轴，通过三根摇臂的分离与结合一体，来实现高低角度凸轮轴的切换，从而改变气门的升程，如图 3-23 所示。

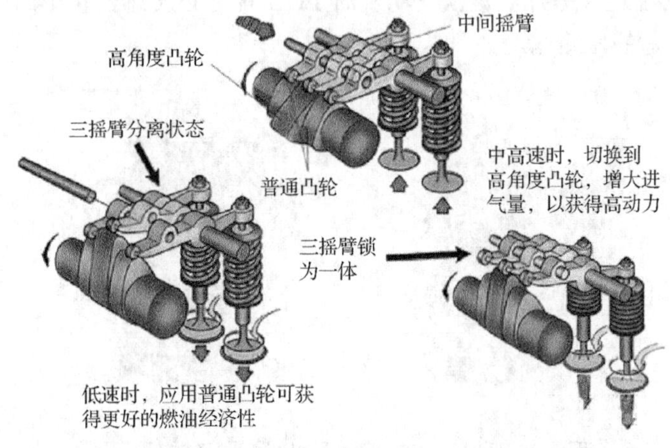

图 3-23　本田 i-VTEC 系统工作示意图

奥迪的 AVS 可变气门升程系统，主要通过切换凸轮轴上两组高度不同的凸轮来改变气门的升程，其原理与本田的 i-VTEC 非常相似，只是 AVS 系统是通过安装在凸轮轴上的螺旋沟槽套筒，来实现凸轮轴的左右移动，进而切换凸轮轴上的高低凸轮，如图 3-24 所示。在电磁驱动器的作用下，通过螺旋沟槽可以使凸轮轴向左或向右移动，从而实现不同凸轮间的切换。

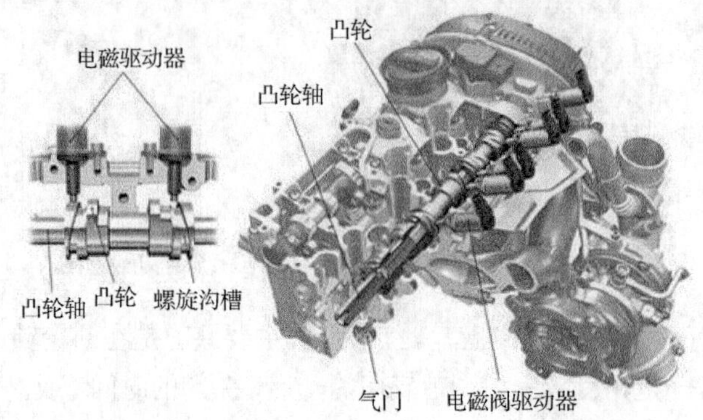

图 3-24　奥迪 AVS 可变气门发动机结构示意图

发动机处于高负荷时，电磁驱动器使凸轮轴向右移动，切换到高角度凸轮，从而增大气门的升程；当发动机处于低负荷时，电磁驱动器使凸轮轴向左移动，切换到低角度凸轮，以减少气门的升程。

3.1.6　发动机可变压缩比技术

可变压缩比（Variable Compression Ratio，VCR）技术能够帮助汽油发动机达到更低的燃料消耗率。目前可变压缩比技术分为两类，一类是连续可变压缩比，即随着负荷的变化连续调节压缩比，以便能够在从低负荷到高负荷的整个工况范围内都提高热效率；另一类是双级可变压缩比。实现可变压缩比的方法大致可分为 3 类：采用非传统结构的曲柄连杆机构、改变曲轴与气缸顶端间距以及改变活塞连杆的长度。

萨博可变压缩比（Saab Variable Compression，SVC）发动机采用改变曲轴与气缸顶端间距方法实现可变压缩比，如图 3-25 所示。该机的压缩比可在 8∶1～14∶1 连续变化，它能产生 165kW 最大功率和 304N·m 的最大转矩，油耗却非常低，比普通的相同功率发动机能减少超过 30%的燃料消耗。另外，该款发动机的 ECU 能通过传感器传出的信息来判断汽油的标号，并选择最合适的压缩比。

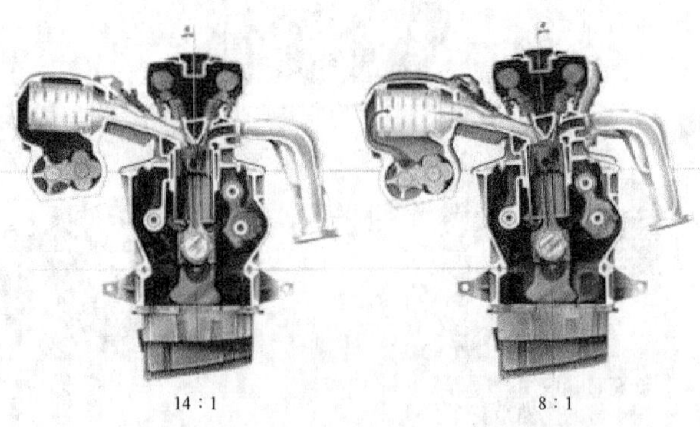

图 3-25　萨博 SVC 可变压缩比发动机结构示意图

可变压缩比技术难度极大，除了复杂的自身结构会引起加工难度及体积上的提升之外，磨损、电控精度、密封等问题都是业界非常棘手的研发难题，以至于自诞生至今虽已有百余年，却始终未在一款量产机型上得到实际运用。

可变压缩比技术可以提升发动机的热效率，改善发动机燃料经济性；适用于多元燃料驱动；有助于降低排放；提高发动机运行稳定性；在保证动力性的前提下，可使发动机排量进一步减小，结构更为紧凑，比质量更高，是未来汽油机的重要技术之一。

3.1.7　发动机可变气缸技术

发动机可变气缸技术是指能够根据道路情况或者驾驶员驾驶状态对发动机气缸工作状态进行调节的一项节能新技术，在不需要大功率的输出时，控制关闭一部分气缸，以减少燃料消耗。通常情况下该技术用于多气缸大排量发动机，如 V6、V8、V12 等发动机，因为该技术的汽车在日常行驶时并不需要大功率的输出，特别是在越来越拥堵的城市，大排量多气缸的搭配就显得有点浪费，而小排量又无法满足人们对于驾驶乐趣的需求，于是为了解决这样的矛盾，可变气缸技术应运而生，当然，今天的小排量发动机领域也开始应用可变气缸技术。

目前具有代表性的可变气缸技术有 VCM、MDS、ACT 等。

（1）VCM。可变气缸管理（Variable Cylinder Management，VCM）是本田公司所拥有的一种可变气缸管理技术，它可以在汽车行驶时将发动机的个别气缸关闭，让一台 3.5LV6 发动机在 3 缸、4 缸、6 缸之间变化，排量则在 1.75～3.5L 变化，如图 3-26 所示。这种技术的发动机安装在第 8 代和第 9 代本田雅阁汽车 3.5L 上。

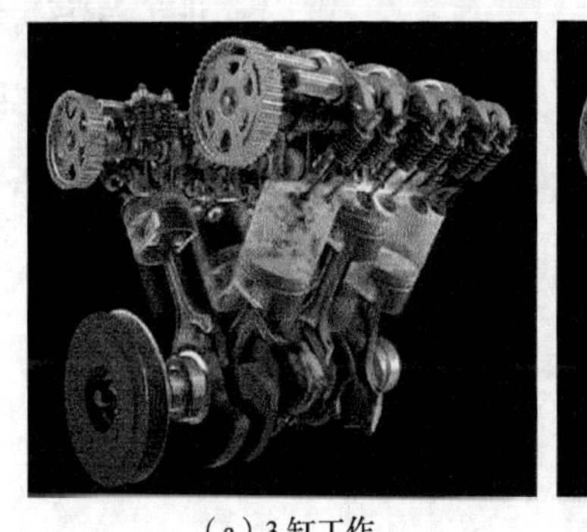
（a）3 缸工作

（b）4 缸工作

（c）6 缸工作

图 3-26　本田 VCM 可变气缸技术

（2）MDS。多段式排气量调节系统（Multi-Displacement System，MDS）是奔驰特有的发动机技术。由于奔驰和克莱斯勒的联姻，克莱斯勒 5.7LHemiV8 发动机采用了 MDS 技术，通过对发动机负荷、工况的判断，能够以 4 缸或 8 缸运转，发动机对称关闭 4 个气缸，剩下的 4 个气缸组成了一台 V4 发动机，使发动机依然能够保持较好的平顺性，如图 3-27 所示。MDS 使发动机工作气缸在 8 缸和 4 缸之间切换，它最大的好处就是提高了发动机的燃料经济性。克莱斯勒对其进行的长期测试表明，在市区和高速公路行驶时，MDS 的使用率分别为 17%和 48%，总体平均使用率为 40%，这样在各种行驶条件下，预计燃料经济性总体将提高 10%。

图 3-27　克莱斯勒 MDS 可变气缸技术

（3）ACT。ACT 全称为 Active Cylinder Management，翻译成中文是主动式可变气缸管理系统，是德国大众公司研制的主动式可变气缸管理系统，是可变气缸技术首次被使用在小排量车型上，如图 3-28 所示。2 缸、3 缸的 4 个凸轮各自对应一个 ACT 电磁阀，在工况允许的情况下，电磁阀将正常工作的凸轮切换至零角度凸轮，这样，气门停止工作，2 气缸、3 气缸停止喷油。

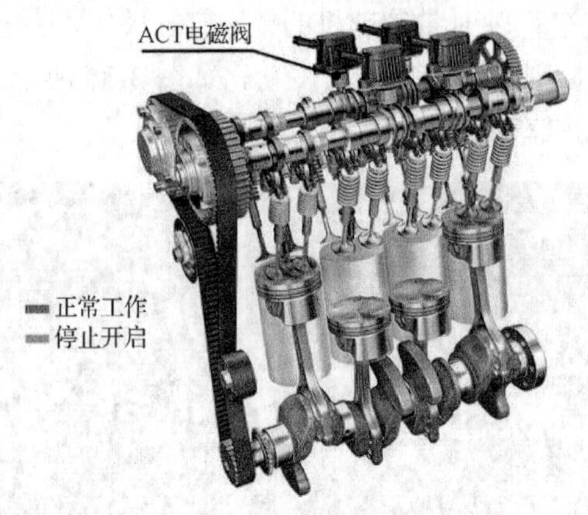

图 3-28　大众 ACT 可变气缸技术

大众 ACT 可变气缸技术

3.1.8　发动机自动启停技术

发动机自动启停技术是指汽车在行驶过程中临时停车（如等红灯或交通堵塞）时，发动机自动熄火，当需要继续前进时，系统自动重启发动机的一套系统。具体使用方法是：对于手动挡汽车，当遇到红灯或塞车时，驾驶员制动使车辆停下来后，将挡位换入空挡并完全释放离合器踏板，这时控制系统会自动将发动机熄火，节省了怠速运转浪费的燃料；当绿灯放行后，驾驶员踩下离合器，发动机自动重新启动，挂入挡位后即可前行。对于自动挡汽车，操作更为简单，驾驶员只要施加制动使车辆停止，发动机则自动熄火；在释放制动后，驾驶员加油，发动机将自动启动。

图 3-29 所示为德国博世公司提供的发动机自动启停系统，它由增强型起动机、增强型铅

酸电池、可控发电机、集成启动/停止协调程序的发动机（ECU）、踏板传感器等组成。强型起动机能快速、安静地自动恢复发动机运转，可降低起动时油耗。这种启停系统零件少，安装方便，而且系统的部件与传统部件尺寸保持一致，因此可直接配备至各种车辆上。

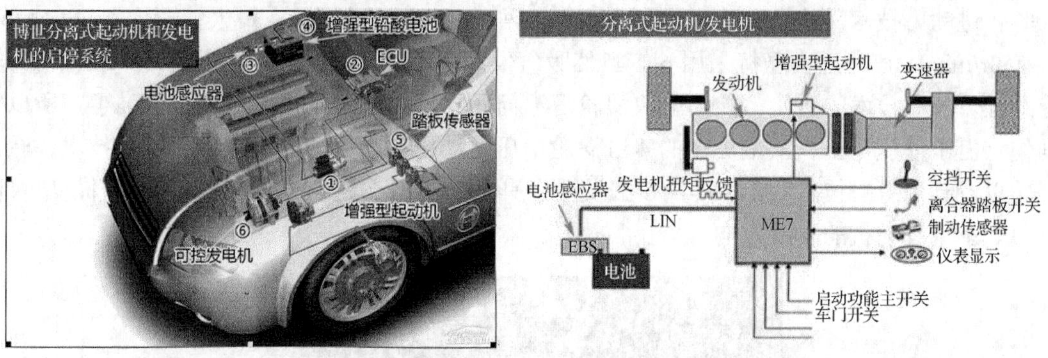

图 3-29　博世公司的发动机自动启停系统

大众、奥迪、宝马、奔驰、沃尔沃、福特、雪铁龙等主要汽车生产商都已经推出装备自动启停系统的车辆作为节油路径之一，据相关研究显示，根据驾驶环境和系统的设计不同，仅靠启停系统就能让车辆的油耗下降 3%～10%。

3.1.9　发动机新技术应用实例

1. 福特 1.0L EcoBoost 发动机

福特 1.0L EcoBoost 发动机如图 3-30 所示，发动机排量为 0.999L，气缸排列形式为直列 3 缸，压缩比为 10∶1，缸盖和缸体采用铝合金材料。它采用了涡轮增压、缸内直喷、双独立可变气门正时等先进动力技术，使其最大功率达到 93kW/（6 000r/min），最大转矩达到 170N·m/（1 500～4 500r/min），在提高发动机工作和燃烧效率的同时也降低了油耗，在动力和油耗之间获得了最佳平衡。

图 3-30　福特 1.0L EcoBoost 发动机

2. 宝马 1.5L 涡轮增压发动机

宝马 1.5L 涡轮增压发动机如图 3-31 所示，发动机排量为 1.499L，气缸排列形式为直列 3 缸，压缩比为 11∶1，缸盖和缸体采用铝合金材料。它采用了涡轮增压、缸内直喷、电子气门等先进动力技术，其最大功率达到 100kW/（4 500～6 000r/min），最大转矩达到 220N · m/（1 250r/min）。宝马过去坚持采用 6 缸自然吸气发动机，是因为这种发动机运转平顺且动力输出线性。随着技术的进步，能够解决涡轮迟滞问题了，4 缸发动机平顺性也提高了，所以宝马便推出了体积更小、质量更轻的 4 缸涡轮增压发动机。时至今日，借助平衡轴技术、轻质涡轮以及缸内直喷技术等，小排量 3 缸发动机具备了体积小、排放低、升功率高的优良特性，这也是小型发动机的发展方向。

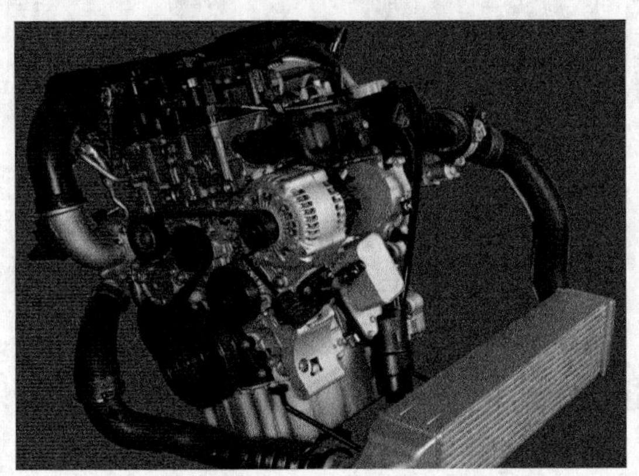

图 3-31　宝马 1.5L 涡轮增压发动机

3. 第 3 代大众 EA388 1.8T 发动机

第 3 代大众 EA388 1.8T 发动机如图 3-32 所示，发动机排量为 1.798L，气缸排列形式为直列 4 缸，压缩比为 9.6∶1，缸盖采用铝合金材料，缸体采用铸铁材料，最大功率达到 125kW/（4 800～6 200r/min），最大转矩达到 271N · m/（1 600～4 200r/min）。它除了采用涡轮增压、缸内直喷、可变气门正时技术外，还加入了新的技术，如可控开闭进气歧管翻板、可变排量机油泵、双对旋平衡轴等，这些新技术不但节约了燃料消耗，提高了发动机的输出功率，降低噪音和震动，还在一定程度上延长了发动机的寿命。

图 3-32　第 3 代大众 EA388 1.8T 发动机

4. 沃尔沃 Drive−E T5 2.0T 发动机

沃尔沃 Drive-E T5 2.0T 发动机如图 3-33 所示，发动机排量为 1.969L，气缸排列形式为直列 4 缸，压缩比为 10.8∶1，缸盖和缸体采用铝合金材料，最大功率达到 180kW/(5 500r/min)，最大转矩达到 350N·m/（1 500～4 800r/min）。它采用了涡轮增压和缸内直喷技术。

图 3-33　沃尔沃 Drive-E T5 2.0T 发动机

5. 斯巴鲁 2.0T 水平对置发动机

斯巴鲁 2.0T 水平对置发动机如图 3-34 所示，发动机排量为 1.998L，气缸排列形式为水平对置 4 缸，压缩比为 10.6∶1，缸盖和缸体采用铝合金材料，最大功率达到 200kW/（5 600r/min），最大转矩达到 350N·m/（2 000～5 200r/min）。它采用了涡轮增压、复合喷射和主动气门控制等新技术。另外，水平对置发动机的活塞均匀布置在曲轴两侧，在水平方向上左右运动，这使得发动机整体高度降低、长度缩短，进而令整车的质心随之降低，让行驶格外平稳。

图 3-34　斯巴鲁 2.0T 水平对置发动机

6. 道奇 3.0T 柴油 V6 发动机

道奇 3.0T 柴油 V6 发动机如图 3-35 所示，气缸排列形式为 V 型 6 缸，压缩比为 16.5∶1，缸盖和缸体采用铝合金材料，最大功率达到 179kW/（2 000～4 000r/min），最大转矩达到

569N·m。它配备了喷油压力达 200MPa 的喷油嘴，这使得柴油雾化的效果更好，充分发挥柴油发动机的压燃特性，提高了燃烧效率。在动力方面，还搭载可变截面涡轮增压器，可以根据发动机转速的不同，通过调节排气流通截面的方式，改善发动机低转速时的响应时间和加速能力。

图 3-35　道奇 3.0T 柴油 V6 发动机

7. 雪佛兰 6.2L V8 发动机

雪佛兰 6.2L V8 发动机如图 3-36 所示，发动机排量为 6.162L，气缸排列形式为 V 型 8 缸，压缩比为 11.5∶1，缸盖和缸体采用铝合金材料，最大功率达到 338kW/（6 000r/min），最大转矩达到 630N·m/（1 500～4 500r/min）。它采用了缸内直喷和可变正时技术。

8. 道奇 6.2L 机械增压 V8 发动机

道奇 6.2L 机械增压 V8 发动机如图 3-37 所示，发动机排量为 6.2L，气缸排列形式为 V 型 8 缸，缸盖采用铝合金材料，缸体采用铸铁材料，最大功率达到 520kW/（6 000r/min），最大转矩达到 877N·m/（1 500～4 500r/min）。它采用了机械增压技术。

图 3-36　雪佛兰 6.2L V8 发动机

图 3-37　道奇 6.2L 机械增压 V8 发动机

3.2　汽车底盘新技术

3.2.1　传动系统技术

传动系统新技术主要有电控多片离合器、9AT 自动变速器、碳纤维传动轴、限速差速器以及纯电动汽车传动系统、插电式混合动力电动汽车传动系统和燃料电池电动汽车传动系统。

1. 电控多片离合器

电控多片离合器主要用于四轮驱动汽车，如图 3-38 所示。

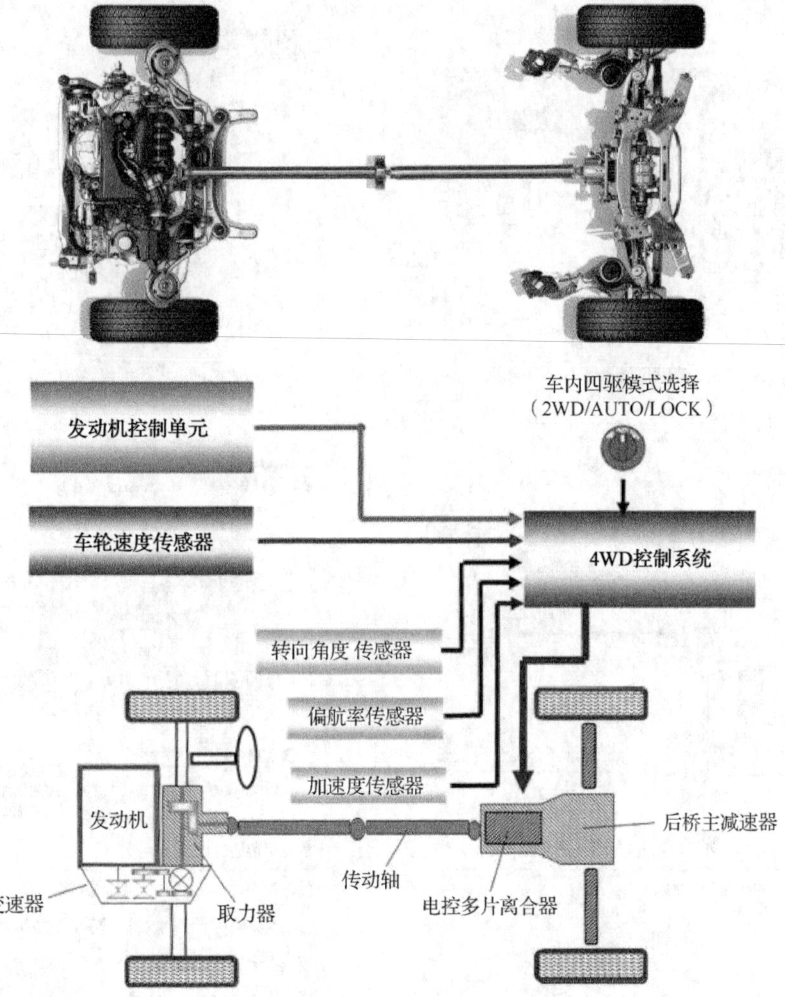

图 3-38　电控多片离合器在四驱汽车上的应用

电控多片离合器主要分为输入箱、主离合器部分、电磁离合器部分、凸轮机构和输出轴，如图 3-39 所示。

横断面图
主离合器部分
电磁离合器部分
输入箱
电磁线圈
凸轮机构
输出轴
润滑油
控制凸轮
主凸轮
电枢
后壳
控制离合器
主离合器部分
电磁离合器部分
输出轴
输入箱
凸轮机构

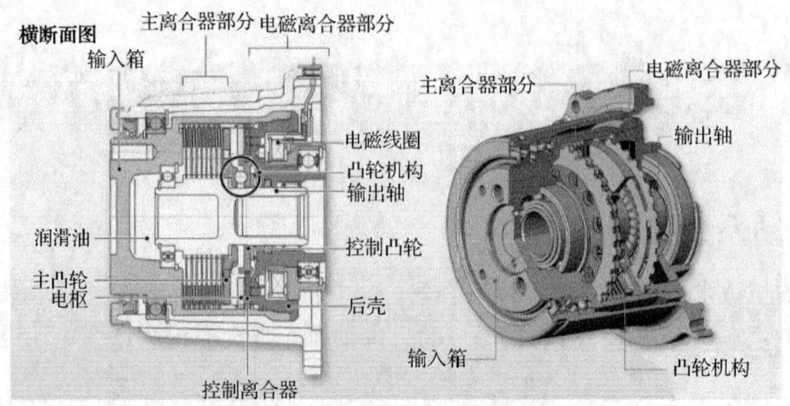

图 3-39　电控多片离合器的结构

电控多片离合器在四驱汽车上的工作过程如图 3-40 所示。

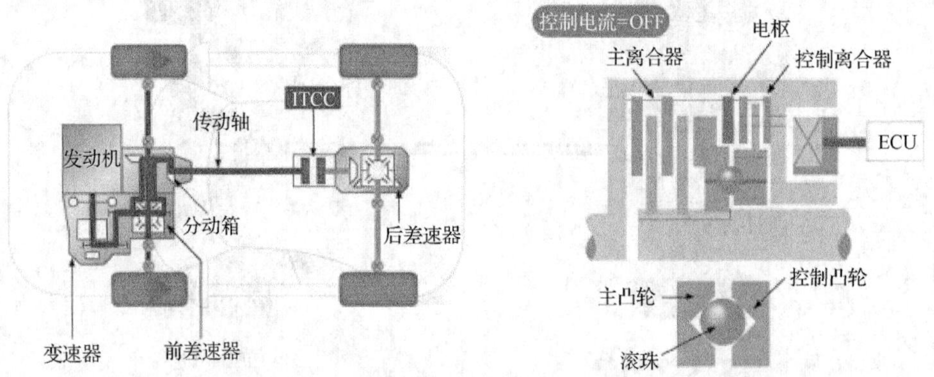

ITCC
传动轴
发动机
分动箱
后差速器
变速器
前差速器
控制电流=OFF
电枢
主离合器
控制离合器
ECU
主凸轮
控制凸轮
滚珠

（a）二驱状态

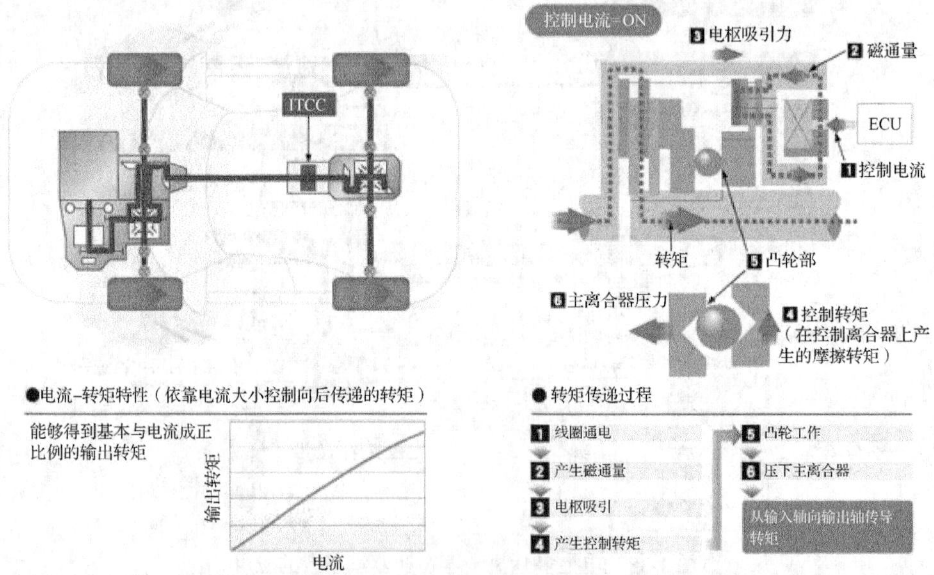

ITCC
控制电流=ON
3 电枢吸引力
2 磁通量
ECU
1 控制电流
转矩
5 凸轮部
6 主离合器压力
4 控制转矩
（在控制离合器上产生的摩擦转矩）
●电流-转矩特性（依靠电流大小控制向后传递的转矩）
能够得到基本与电流成正比例的输出转矩
输出转矩
电流
●转矩传递过程
1 线圈通电
2 产生磁通量
3 电枢吸引
4 产生控制转矩
5 凸轮工作
6 压下主离合器
从输入轴向输出轴传导转矩

（b）四驱状态

图 3-40　电控多片离合器在四驱汽车上的工作过程

2. 9AT 自动变速器

9AT 自动变速器是目前变速器中挡位最多的，有 9 个挡位，这 9 个挡位以 4 组行星齿轮以及 6 组变速组件来实现，因此也使传动比达到了 9.15。高传动比意味着汽车在日常行驶过程中，变速器可以帮助发动机始终保持在最理想的转速区间，以提升汽车燃油经济性，同时换挡过程也会更加平顺、不易察觉。

9AT 自动变速器内部结构如图 3-41 所示。

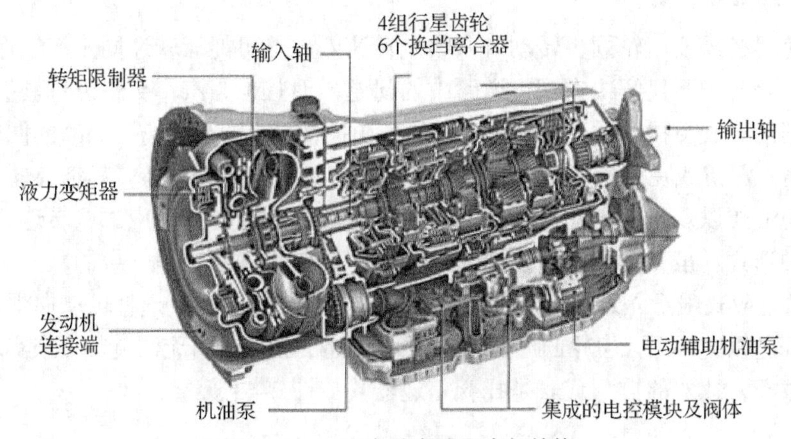

图 3-41　9AT 自动变速器内部结构

9AT 自动变速器具有以下特点。

（1）采用 9 挡，齿比分布更为细化，能够更好地将发动机动力转化为实际加速力；除了第 1、第 2 挡减速比较大，主要用于起步和拉动转速以外，从第 3 挡开始的衔接就逐渐紧密，特别是第 5～第 9 挡的齿比落差极小，因此在高速行驶时拥有更好、更顺畅的推力；而超速挡也多达三组，因此燃油经济性表现出色。

（2）使用了轻量化铝合金打造的转矩限制器，同时也采用质地更轻的镁铝合金作为变速器外壳的材料。

（3）所有开关部件、润滑系统以及控制操作部件全部集成在变速器壳体内，因此减少了一些不必要的部件；而控制阀、电磁阀以及速度、温度、压力、位置传感器则同样主体部分被安装在壳体内，减少了不必要的排线和故障率，尽可能高地提升可靠度。

（4）9 速变速系统当中的计算机控制组件将接收到 3 组速度传感器回传的各项参数，在高速运算之后，便根据这些参数来进行最符合当下效率的变速动作，尽可能减少动力传输间的不必要浪费。

（5）9 速变速系统在加速或是减速过程中可跳过中间的挡位，直接进入想要切换的挡位当中；变速器可以以 3 挡—5 挡—7 挡的方式升挡，以缩短换挡时程、提高效率。

（6）拥有出色的适应能力，它除了可以匹配在后驱车型、四驱车型上，也可以与混合动力车、插电式混合动力车等新能源车匹配。

3. 碳纤维传动轴

碳纤维传动轴如图 3-42 所示，与钢制传动轴相比，质量更轻，但传递的转矩更大。

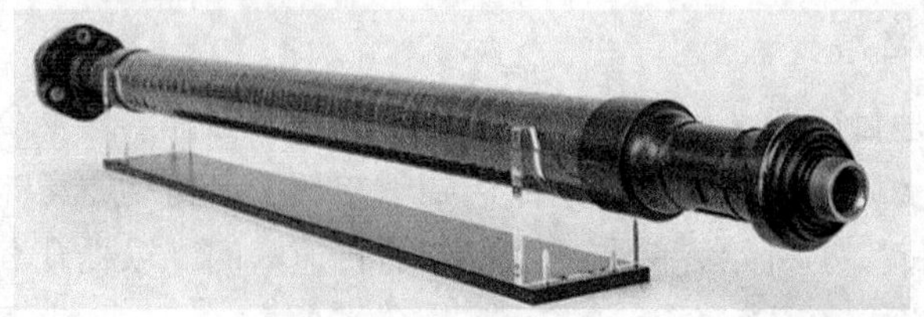

图 3-42　碳纤维传动轴

4. 限滑差速器

限滑差速器在需要车轮同步转动时，限制转速差，尽可能让转速同步，以保证车辆正常的行进。限滑差速器不仅解决在城市道路中的问题，而且也为汽车到野外行驶提供了便利。限滑差速器帮助驾驶员提高过弯的速度，加强了操控性能，以及赛场上炫酷的四轮横移动作。行驶路上，陷入泥沼或在雪地里“无法自拔”的汽车，也能轻松脱困，尽情体验驾驶的快感。

根据实现方式以及机件结构的不同，限滑差速器可分为转扭感应式、转速感应式、电子控制式等多种形式。虽然实现限滑差速的过程不同，但最终目的是一致的。

（1）转扭感应式限滑差速器。借由涡轮蜗杆传动的自锁功能（蜗杆可以向涡轮传递转矩，而涡轮向蜗杆施以转矩时，齿轮间摩擦力大于所传递的扭转，而无法旋转）来实现限滑功能。转扭感应式限滑差速器的典型代表是托森差速器，如图 3-43 所示。

图 3-43　转扭感应式限滑差速器

（2）转速感应式限滑差速器。转速感应式限滑差速器由多片离合器加上硅油组合而成。利用硅油摩擦受热膨胀后，迫使离合器片结合来锁定轮间速差。该类限滑差速器的典型代表是博格华纳的 Haldex 差速器，如图 3-44 所示。

图 3-44　转速感应式限滑差速器

（3）电子控制式限滑差速器。在普通开放式差速器基础上加装了多片离合器作为转矩的分配，由电子控制离合片组提供了变阻器般的开闭操控，每秒可执行上百次调节过程，如图 3-45 所示。

图 3-45　电子控制式限滑差速器

5. **纯电动汽车传动系统**

纯电动汽车主要由驱动电机系统、电源系统、整车控制器和辅助系统组成，有多种传动系统形式。图 3-46 所示为特斯拉前后轴独立驱动系统。

图 3-46　特斯拉前后轴独立驱动系统

6. **插电式混合动力电动汽车传动系统**

插电式混合动力汽车是可以利用电网对动力电池充电的混合动力汽车。它可以使用纯电模式驱动车辆行驶，且纯电动行驶里程较长；电能不足时，车辆仍然可以重度混合模式行驶。插电式混合动力电动汽车取消了变速器、传动轴等，结构更加简单，布置更加灵活，如图 3-47 所示。

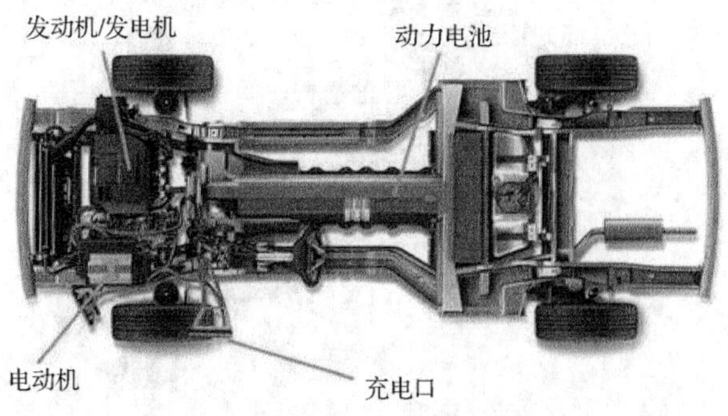

图 3-47　插电式混合动力汽车

7. **燃料电池电动汽车传动系统**

燃料电池电动汽车是以燃料电池作为动力源或主动力源的汽车，是通过氢气和氧气的化学作用产生的电能驱动车辆行驶。与传统汽车相比，燃料电池电动汽车增加了燃料电池和氢气罐，其电能来自于氢气燃烧，工作时只要加氢气就可以，不需要外部补充电能。

典型燃料电池电动汽车主要由燃料电池、高压储氢罐、辅助动力源、DC/DC 转换器、驱动电机和整车控制器等组成，如图 3-48 所示。

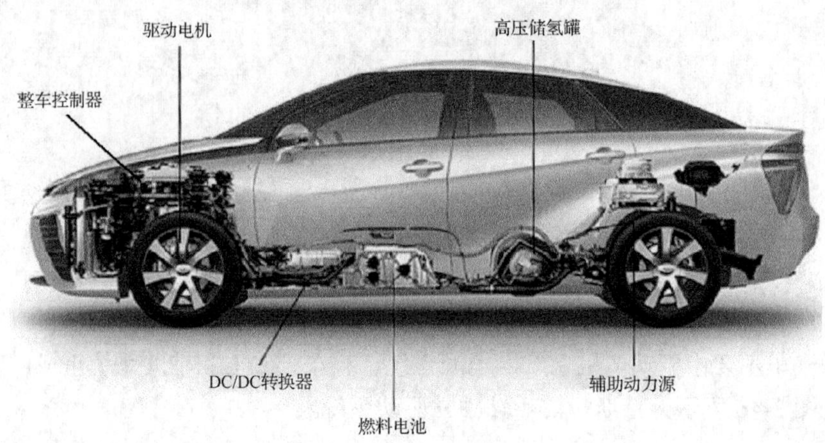

图 3-48　燃料电池电动汽车

3.2.2　行驶系统技术

汽车行驶系统新技术主要有空气悬挂、电控主动液压悬架和轮胎新技术。

1. **空气悬挂**

空气悬挂是指采用空气减震器的悬挂，主要是通过空气泵来调整空气减震器的空气量和压力，可改变空气减震器的硬度和弹性系数，如图 3-49 所示。通过调节泵入的空气量，可以调节空气减震器的行程和长度，可以实现底盘的升高或降低。空气悬挂相对于传统的钢制悬挂系统来说，具有很多优势。例如，车辆高速行驶时，悬挂可以变硬，以提高车身稳定性；而以低速或在颠簸路面行驶时，悬挂可以变软来提高舒适性。

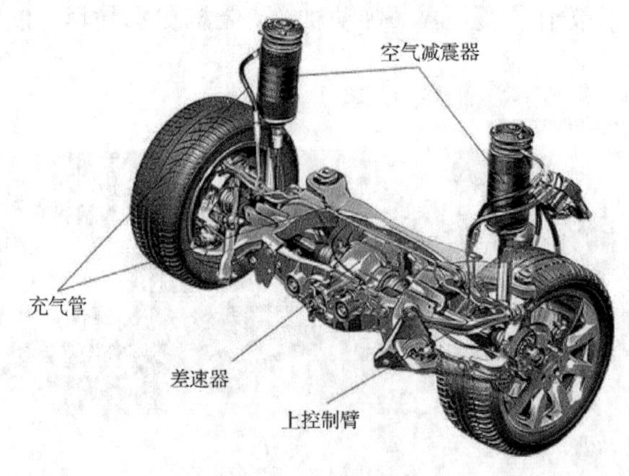

图 3-49　空气悬挂

2. 电控主动液压悬架

电控主动液压悬架最大的特点在于可手动调节悬架高度，并能自动调节减震器的刚度和阻尼，如图 3-50 所示。

图 3-50　电控主动液压悬架

3. 轮胎新技术

轮胎新技术有米其林无空气轮胎、米其林柔性车轮技术、倍耐力 Cyber Car 技术、赛轮 RFID 智能轮胎和玲珑绿色发电轮胎等。

（1）米其林无空气轮胎。米其林的无空气轮胎特尔（Tweel）SSL 产品适合全地形应用，比如建筑场地、园林绿化和农业等行业的越野工作环境，如图 3-51 所示。

图 3-51　米其林无空气轮胎

Tweel 产品不需要维护，不需要空气，消除了“爆胎”的风险，并允许用户持续不断地使用，以实现利润最大化。与标准充气轮胎相比，更易于安装，并具有抗损伤性，以及更高的生产率和更长的磨损寿命。

（2）米其林柔性车轮技术。米其林柔性车轮结合了柔性橡胶法兰，旨在吸收坑洼不平的路面和道路边缘的冲击，从而提高乘坐舒适度和安全性，如图 3-52 所示。

图 3-52 米其林柔性车轮

（3）倍耐力 Cyber Car 技术。Cyber Car 技术就是让轮胎直接连接车载电子系统，尤其是驾驶辅助系统，传递关于汽车运行的重要信息，从而为安全和性能保驾护航。Cyber Car 技术监控的参数有轮胎气压、内部温度、胎面花纹深度以及垂直载荷。根据具体运行情况，Cyber Car 技术可以干预并激活诸如防抱死制动系统和稳定控制系统等安全系统，例如，通过读取轮胎的类型，汽车可以相应地改变设置，增强驾驶的安全性和舒适性，如图 3-53 所示。

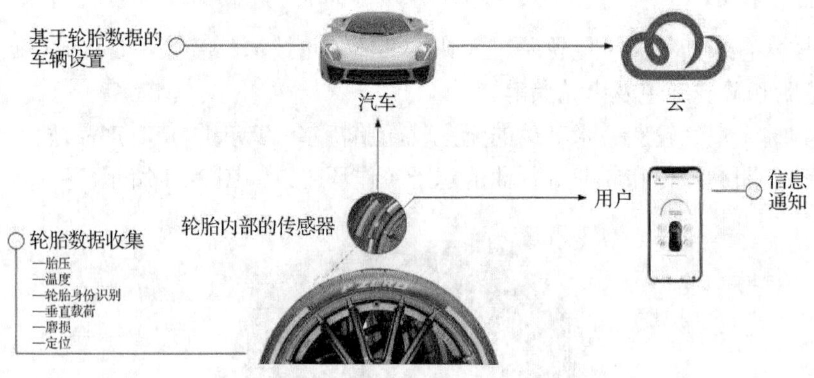

图 3-53 倍耐力 Cyber Car 技术

（4）赛轮 RFID 智能轮胎。赛轮轮胎研发出“带电子身份证”的轮胎，RFID 智能轮胎在制造过程中写入全生命周期的重要数据，可传输轮胎温度、压力、速度等数据，并对数据进行准确判断及应急处理，让轮胎更智能，会说话，如图 3-54 所示。

图 3-54 赛轮 RFID 智能轮胎

（5）玲珑绿色发电轮胎。玲珑绿色发电轮胎的结构如图 3-55 所示。在发电轮胎中，内置于轮胎胎面下的导电层在轮胎滚动的过程中，和地面的距离不断发生改变，进而发生电势的变化，当导电层接地或者和电势较低的地方相连后，就会形成交流的电信号。

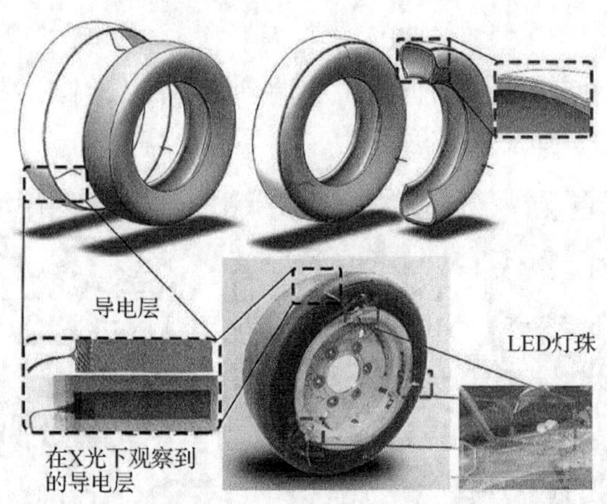

图 3-55　玲珑绿色发电轮胎

3.2.3　转向系统技术

转向系统新技术有四轮转向系统、90° 转向系统和线控转向系统等。

1.　四轮转向系统

四轮转向系统是一个电子控制后轮操纵系统。该系统有 4 个主要部分：前轮定位感应器、可操纵的固定偏轴伞齿轮后轴、电动机驱动的执行机构和控制单元，如图 3-56 所示。

图 3-56　四轮转向系统

转向盘位置和车辆速度传感器不断将数据传输给控制单元，控制单元据此确定后轮的转向角度。四轮转向系统有 3 种转向状态，即低速时，后轮与前轮方向相反；中速时，后轮保持直行；在高速时的正相，后轮与前轮方向相同。

通过电子化控制后轮的方向，可以减小汽车的转弯半径。按照通用汽车公司对使用四轮转向系统的大型 SUV 和卡车的测试，转变半径平均减小了 19%。一种重型卡车的转弯半径从 14m 减小到 11.4m。

2. 90° 转向系统

舍弗勒的 90° 转向系统主要由转向电机和调节齿轮、转向臂、减震器和下控制臂等部分组成，安装在电动汽车上，如图 3-57 所示。

图 3-57 90° 转向系统的电动汽车

该电动汽车每个车轮都可独立控制，除了基本的直行、转向之外，还可完成横向/斜向平移、原地调头等动作，如图 3-58 所示。

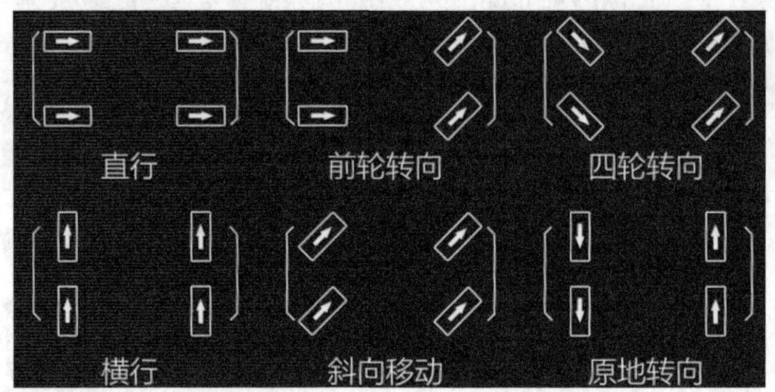

图 3-58 90° 转向系统的电动汽车的运动模式

3. 线控转向技术

汽车线控转向系统去掉了转向盘和转向轮之间的机械连接，具有操纵性、稳定性更优的特点，且作为主动转向干预的一种方式，得到汽车厂商和研究机构的极大重视，是当前转向系统的研究热点之一。

汽车线控转向系统结构如图 3-59 所示，主要由转向盘系统、电子控制系统和转向系统组成。

（1）转向盘系统。转向盘系统包括转向盘、转矩传感器、转向角传感器、转矩反馈电动机和机械传动装置。

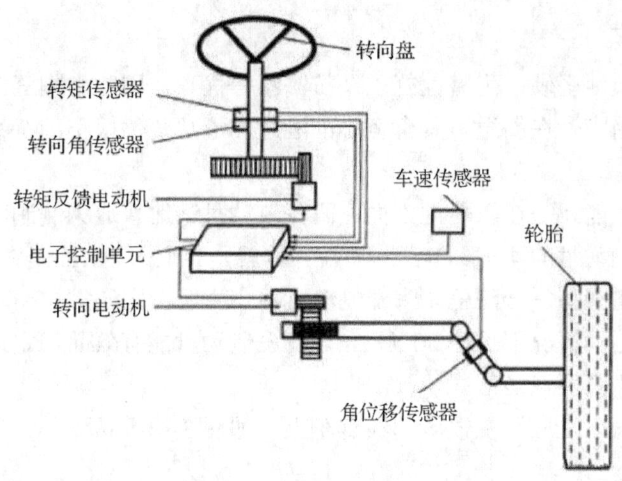

图 3-59　汽车线控转向系统

（2）电子控制系统。电子控制系统包括车速传感器，也可以增加横摆角速度传感器、加速度传感器和电子控制单元以提高车辆的操纵稳定性。

（3）转向系统。转向系统包括角位移传感器、转向电动机、齿轮齿条转向机构和其他机械转向装置等。

英菲尼迪的线控转向系统如图 3-60 所示。从转向盘到转向齿条采用直接数字信号输入，整个系统中没有转向万向节等可能造成“转向延迟”的机械部件，通过三组 ECU 的信号处理，对驾驶员的驾驶意图快速做出判断，实现更灵活的转向，驾驶的感受更加直接，转向盘也不会接收到来自地面对前轮的冲击。

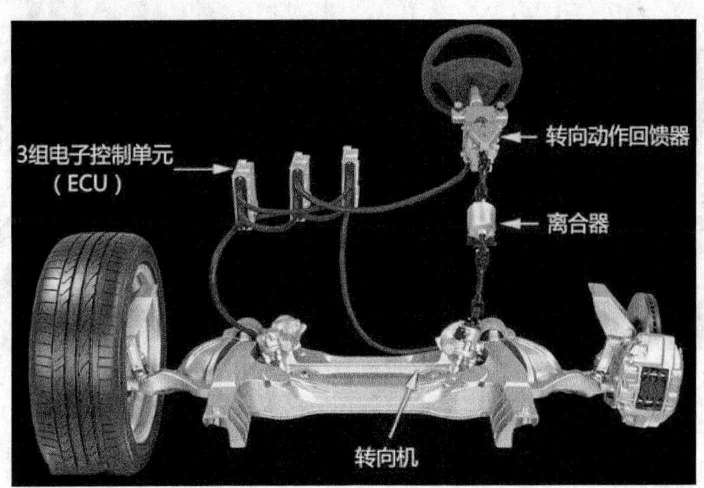

图 3-60　英菲尼迪的线控转向系统

各大 OEM 在概念车上使用线控转向系统的很多，比如奔驰的 F400 Carving、宝马的 BMW Z22 和雪铁龙 C_Crosser 概念车等。

3.2.4　制动系统技术

汽车制动系统新技术有陶瓷制动盘、电传制动系统和线控制动等。

1. **陶瓷制动盘**

由于陶瓷具有质地坚硬、耐磨性好以及抗高温等优点，因此由陶瓷制成的产品在汽车上不断得到应用。利用陶瓷在高温下具有良好的刚度和形状变化很小的特性，陶瓷被制成了制动盘。

无论是在制动性能还是在散热性方面，陶瓷制动盘都比普通钢制制动盘优异很多，其使用寿命是普通钢制制动盘的 4 倍。陶瓷制动盘并非就是普通陶瓷，而是在 1 700℃高温下碳纤维与碳化硅合成的增强型复合陶瓷。陶瓷制动盘不会生锈，比通常的制动盘轻约 50%，而它的使用寿命在正常运行情况下长达 30 万 km。陶瓷制动盘能有效而稳定地抵抗热衰退，其耐热效果比普通制动盘高出许多倍。

目前陶瓷制动盘广泛应用在很多超级跑车上，如图 3-61 所示。

（a）法拉利 F430Scuderia

（b）兰博基尼 Gallardo

（c）奥迪 V10 版 R8

（d）保时捷 911GT2

图 3-61　安装陶瓷制动盘的高性能车型

2. **电传制动系统**

电传制动系统是利用传感器感知驾驶员踩下刹车的力度和速度，并将信号处理之后传给制动泵中的电机，在机电放大机构的驱动下，推动制动泵工作，从而实现电控制动，如图 3-62 所示。

踏板行程传感器探测助力器输入杆的位移，并将该位移信号发送至控制单元。控制单元计算出电机应产生的转矩要求，再由二级齿轮装置将该转矩转化为助力器阀体的伺服制动力。助力器阀体的输出力和助力器输入杆的输入力在制动主缸内共同转化为制动液压。

图 3-62　电传制动系统

电传制动系统不需要消耗发动机动力，对燃油经济性有极大的提升。

3. 线控制动

意大利著名的高性能制动系统及部件厂商布雷博（Brembo）表示，未来 10 年内，线控刹车系统（Brake-By-Wire）将会进一步普及，并且这将成为未来智能车不可或缺的一部分。

线控制动简单理解就是电开关版的碟式刹车，不需要再经过油压转换，直接让电控单元驱动活塞，夹紧制动片以达到刹车制动效果，从而直接实现“电”信号对制动系统更直接的管理。布雷博的线控制动系统如图 3-63 所示。

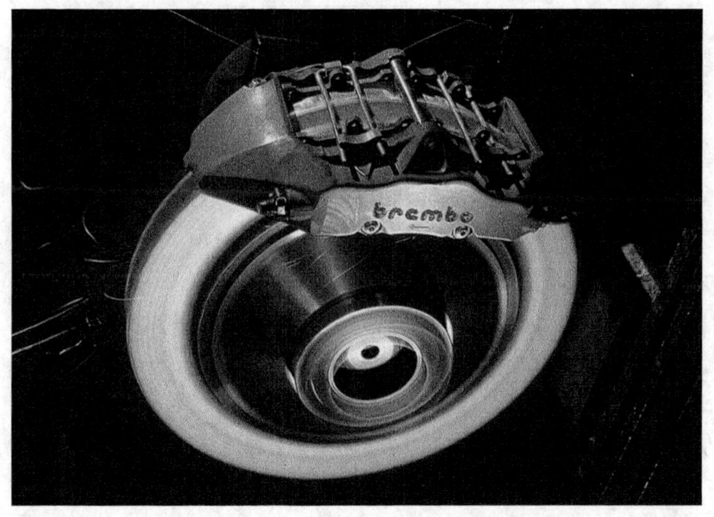

图 3-63　布雷博的线控制动系统

相比液压制动系统，线控制动不仅可以降低重量，响应也更加敏捷，还能根据驾驶模式灵活调整制动踏板的感觉以及响应速度，有效解决电动汽车再生制动和摩擦制动间的切换问题。据传由 Brembo 研发的线控制动系统响应时间是 90ms，相比传统的液压制动系统整整快了 210s。

3.3 汽车车身新技术

随着对汽车性能的要求越来越高，轻量化、节能降耗和降低排放污染是汽车发展的趋势，而轻量化必须从改进汽车的材料出发，研制性能更好更轻的汽车材料，从而减少能源消耗，进而降低排放污染。汽车材料的发展是汽车技术发展的重要方面，新材料工艺对汽车工业的发展至关重要，而汽车车身轻量化并非是简单地将汽车重量减轻，而是在保证车身的强度和安全的前提下，尽可能地降低汽车车身质量，同时将汽车车身的制造成本控制在合理范围内。

汽车车身新材料如图 3-64 所示。

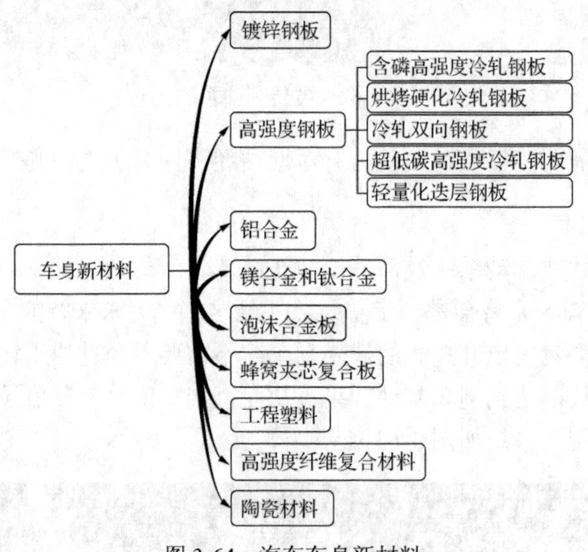

图 3-64　汽车车身新材料

1. 镀锌钢板

随着汽车工业的发展，为了提高车体使用寿命和车体材料的抗腐性能，镀锌钢板得到广泛使用。但目前在汽车车身制造中，主要采用电阻点焊方法，与无镀层钢板相比，镀锌钢板的点焊过程中还存在以下问题。

（1）先于钢板融化的锌层容易分流，致使焊接电流密度减小。

（2）镀锌表面烧损，污染电极而使电极寿命降低。

（3）锌层电阻率低，接触电阻小。

（4）容易产生焊接飞溅、裂纹及气孔等缺陷。

2. 高强度钢板

高强度钢板是在低碳钢内加入适当的微量元素，经各种处理轧制而成，其抗拉强度高达 420N/mm^2，是普通低碳钢的 2～3 倍，深拉延性能极好，可轧制很薄的钢板，是车身轻量化的重要材料，对减重和改进车身性能起动了良好的作用。

低合金高强度钢板的品种主要有含磷高强度冷轧钢板、烘烤硬化冷轧钢板、冷轧双向钢板和超低碳高强度冷轧钢板、轻量化迭层钢板等，车身设计师可根据板制零件受力情况和形状复杂程度来选择钢板品种。

（1）含磷高强度冷轧钢板。含磷高强度冷轧钢板主要用于轿车外板、车门、顶盖和行李箱盖升板，也可用于载货汽车驾驶室的冲压件，其主要特点为：

① 具有较高强度，比普通冷轧钢板高 15%~25%；

② 良好的强度和塑性平衡，即随着强度的增加，伸长率和应变硬化指数下降甚微；

③ 具有良好的耐腐蚀性，比普通冷轧钢板提高 20%；

④ 具有良好的点焊性能。

（2）烘烤硬化冷轧钢板。经过冲压、拉延变形及烤漆高温时效处理，屈服强度得以提高。这种简称为 BH 钢板的烘烤硬化钢板既薄又有足够的强度，是车身外板轻量化设计首选材料之一。

（3）冷轧双向钢板。冷轧双向钢板具有连续屈服、屈强比低和加工硬化高、兼备高强度及高塑性的特点，经烤漆后其强度可进一步提高，适用于形状复杂且要求强度高的车身零件，主要用于要求拉伸性能好的承力零部件，如车门加强板、保险杠等，如图 3-65 所示。

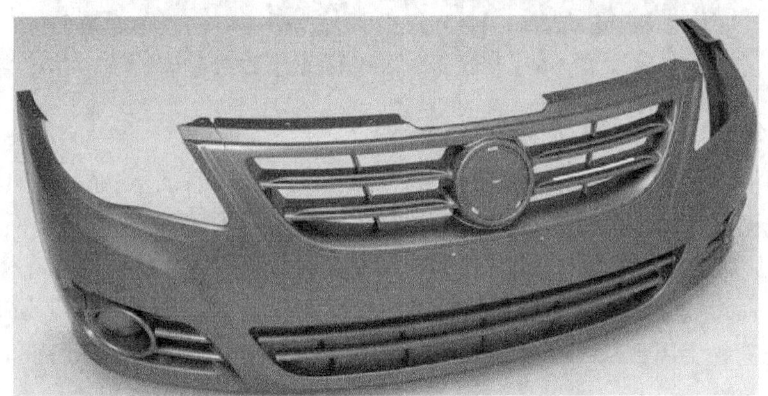

图 3-65　冷轧双向钢板在汽车上的应用

（4）超低碳高强度冷轧钢板。在超低碳钢（C≤0.005%）中加入适量的钛或铌，以保证钢板的深冲性能，再添加适量的磷以提高钢板的强度。实现了深冲性与高强度的结合，特别适用于一些形状复杂而强度要求高的冲压零件，如图 3-66 所示。

图 3-66　超低碳高强度冷轧钢板在汽车上的应用

（5）轻量化迭层钢板。这种钢板是在两层超薄钢板之间压入塑料的复合材料，表层钢板厚度为 0.2～0.3mm，塑料层的厚度占总厚度的 25%～65%。与具有同样刚度的单层钢板相比，质量只有 57%。隔热防震性能良好，主要用于发动机罩、行李箱盖、车身底板等部件，如图 3-67 所示。

图 3-67　轻量化迭层钢板在汽车上的应用

3. 铝合金

与汽车钢板相比，铝合金具有密度小（$2.7g/cm^3$）、比强度高、耐锈蚀、热稳定性好、易成形、可回收再生等优点。德国大众公司的新型奥迪 A2 型轿车，采用了全铝车身骨架和外板结构，使其总质量减少 135kg，比传统钢材料车身减轻 43%，使平均油耗降至 3L/100km 的水平。全新奥迪 A8 通过使用性能更好的大型铝铸件和液压成型部件，车身零件从 50 个减至 29 个，车身框架完全闭合。这种结构不仅使车身的扭转刚度提高 60%，还比同类车型的钢制车身车重减少 50%。

根据车身结构设计的需要，采用激光束压合成型工艺，将不同厚度的铝板或者用铝板与钢板复合成型，再在表面涂覆防腐蚀材料使其结构轻量化且具有良好的耐腐蚀性。

铝合金在汽车上的应用如图 3-68 所示。

图 3-68　铝合金在汽车上的应用

4. **镁合金和钛合金**

镁合金的密度为1.8g/cm³，仅为钢材密度的35%，铝材密度的66%。此外它的比强度、比刚度高，阻尼性、导热性好，电磁屏蔽能力强，尺寸稳定性好，因此在航空工业和汽车工业中得到了广泛的应用。镁的储藏量十分丰富，镁可从石棉、白云石、滑石中提取，特别是海水的盐分中含3.7%的镁。近年来镁合金在世界范围内的增长率高达20%。

铸造镁合金的车门由成型铝材制成的门框和耐碰撞的镁合金骨架、内板组成。另一种镁合金制成的车门，由内外车门板和中间蜂窝状加强筋构成，每扇门的净质量比传统的钢制车门轻10kg，且刚度极高。随着压铸技术的进步，已可以制造出形状复杂的薄壁镁合金车身零件，如前后挡板、仪表盘、转向盘等，如图3-69所示。

图3-69　镁合金在汽车上的应用

钛的比重为4.6g/cm³，仅是铁的1/2，但强度和硬度超过了钢，且不易生锈。用钛合金铸造的汽车发动机部件更轻、更坚固和更耐腐蚀，钛合金车身可以承受更大的作用力，如图3-70所示。

图3-70　钛合金在汽车上的应用

5. **泡沫合金板**

泡沫合金板由粉末合金制成，其特点是密度小，仅为0.4～0.7g/cm³，弹性好，当受力压缩变形后，可凭自身的弹性恢复原料形状。泡沫合金板种类繁多，除了泡沫铝合金板外，还有泡沫锌合金、泡沫锡合金、泡沫钢等，可根据不同的需要选择。泡沫合金板的特殊性能，特别是出众的低密度、良好的隔热吸振性能，深受汽车制造商的青睐。目前，用泡沫铝合金制成的零部件有防撞A柱、防撞B柱、防撞保险杠等，如图3-71所示。

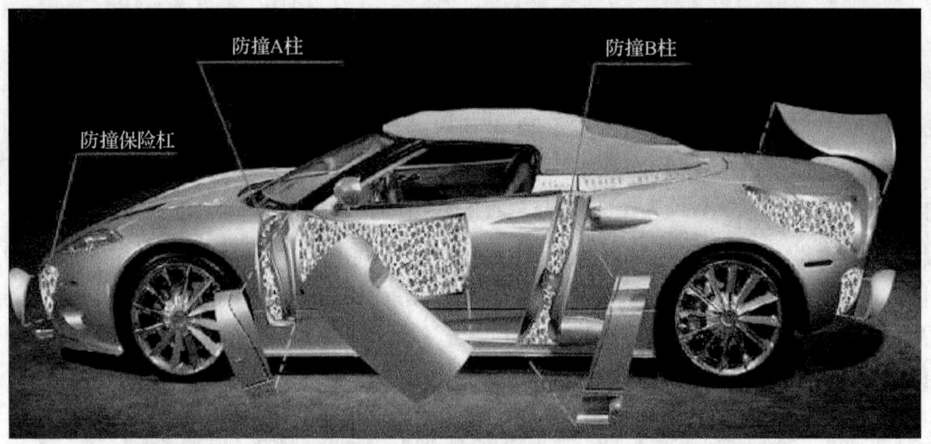

图 3-71　泡沫合金板在汽车上的应用

6. **蜂窝夹芯复合板**

蜂窝夹芯复合板是两层薄面板中间夹一层厚而极轻的蜂窝组成。根据夹芯材料的不同，可分为纸蜂窝、玻璃布蜂窝、玻璃纤维增强树脂蜂窝、铝蜂窝等；面板可以采用玻璃钢、塑料、铝板和钢板等材料。由于蜂窝夹芯复合板具有轻质、比强度和比刚度高、抗震、隔热、隔音和阻燃等特点，故在汽车车身上获得较多应用，如车身外板、车门、车架、保险杠、座椅框架等。英国发明了一种以聚丙烯做芯，钢板为面板的薄夹层板用以替代钢制车身外板，使零件质量减轻了 50%～60%，且易于冲压成型。

7. **工程塑料**

与通用塑料相比，工程塑料具有优良的机械性能、电性能、耐化学性、耐热性、耐磨性、尺寸稳定性等特点，且比要取代的金属材料轻、成型时能耗少。工程塑料在汽车工业中被广泛采用，如图 3-72 所示。

图 3-72　工程塑料在汽车上的应用

8. 高强度纤维复合材料

高强度纤维复合材料，特别是碳纤维复合材料（Carbon Fiber Reinforced Polymer/Plastic，CFRP），其质量小，而且具有高强度、高刚性，有良好的耐蠕变与耐腐蚀性，是很有前途的汽车用轻量化材料。

复合材料车身外覆件得到大量的应用和推广，如发动机罩、翼子板、车门、车顶板、导流罩、车厢后挡板等，甚至出现了全复合材料的卡车驾驶室和轿车车身，如图 3-73 所示。

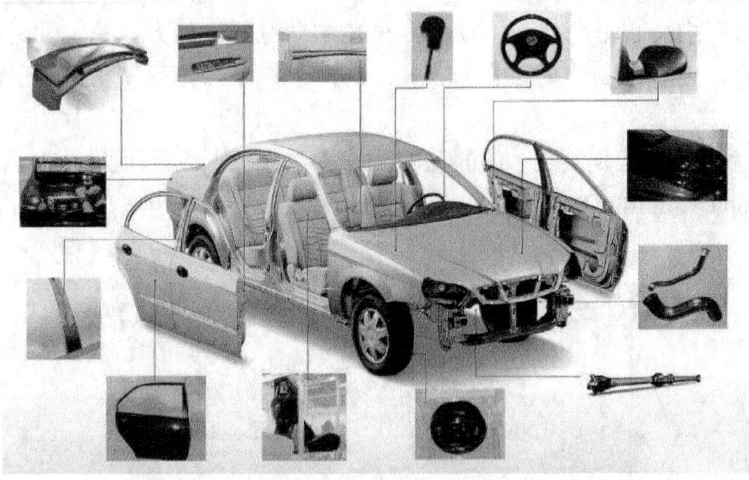

图 3-73　高强度纤维复合材料在汽车上的应用

据统计，在欧美等国汽车复合材料的用量约占本国复合材料总产量的 33%左右，并继续呈增长态势，复合材料作为汽车车身的外覆件来说，无论是设计还是生产制造、应用，都已成熟，并已从车身外覆件的使用向汽车的内饰件和结构件方向发展。

9. 陶瓷材料

由于陶瓷本身具有的特殊力学性能以及对热、电、光等的物理性能，陶瓷材料特别是特种陶瓷在汽车上的应用日益受到人们的重视。我国已成功研制钛酸铝陶瓷-铝合金复合排气管、氮化硅陶瓷柴油机涡轮增压转子和陶瓷轴承等汽车部件，如图 3-74 所示。

图 3-74　陶瓷轴承

3.4 汽车电子电控技术

3.4.1 汽车防抱死制动系统

汽车防抱死制动系统（Antilock Brake System，ABS）是汽车主动安全装置的代表，其作用是在制动过程中防止车轮抱死，提高汽车在制动过程中的方向稳定性、转向控制能力和缩短制动距离，使汽车制动更为安全有效。目前，汽车防抱死制动系统已成为乘用车的标准配置。

汽车 ABS 系统是在常规制动系统的基础上加装了轮速传感器、制动压力调节器和电子控制单元（Electronic Control Unit，ECU）等，如图 3-75 所示。

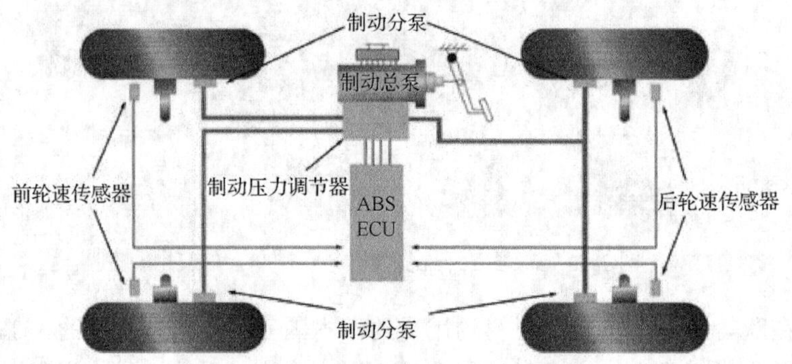

图 3-75 汽车 ABS 结构简图

汽车紧急制动时，一旦发现某个车轮要抱死，ECU 立即指令压力调节器使该轮的制动分泵减压，使车轮恢复转动。ABS 系统的工作过程实际上是保压—减压—增压的循环控制过程，使车辆始终处于临界抱死的间隙滚动状态，有效克服紧急制动时的跑偏、侧滑、甩尾，防止车身失控等情况发生。

某汽车 ABS 的实物如图 3-76 所示。

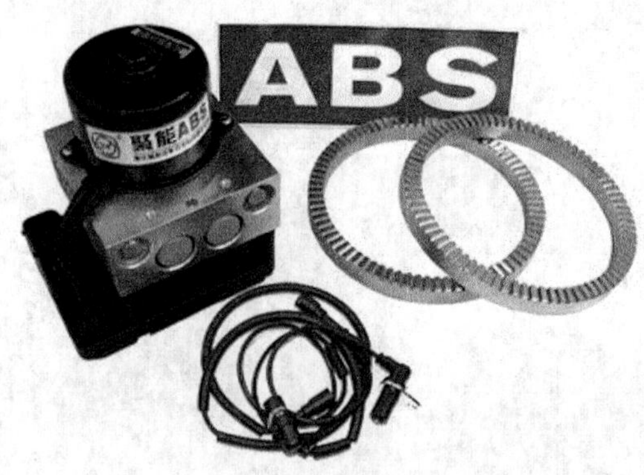

图 3-76 汽车 ABS 实物

汽车 ABS 可以分为液压 ABS 和气压 ABS，其中液压 ABS 主要用于轿车和轻型载货汽车上，气压 ABS 主要用于中、重型载货汽车。

3.4.2　汽车电子制动力分配系统

汽车电子制动力分配（Electronic Brakeforce Distribution，EBD）系统是在 ABS 原有的基础上发展而来的系统。它可以在制动时控制制动力在各轮间的分配，更好地利用车轮的附着系数，不仅提高了汽车制动的稳定性和操纵性，而且使各个车轮能够获得更好的制动性能，缩短制动距离，提高安全性。

汽车 EBD 系统的制动力调节如图 3-77 所示，当汽车载荷发生变化时，理想的前、后轮制动力分配关系会随之发生变化，如果制动系统只安装了 ABS，虽然可以避免出现后轮先抱死，但制动力调节曲线与理想的制动力分配曲线相差较大，导致制动效率不高。如果制动系统安装了汽车 EBD 系统，其制动力调节曲线在各种载荷下均能与理想的制动力分配曲线靠近，获得较高的制动效率。另外，汽车 EBD 系统还可根据汽车的行驶工况，实时、合理地分配制动力给左、右车轮，防止汽车发生跑偏。当汽车出现失稳趋势时，EBD 系统还可通过调节某车轮的制动压力，来主动遏制此失稳状态，从而避免汽车发生倾斜甚至侧翻。

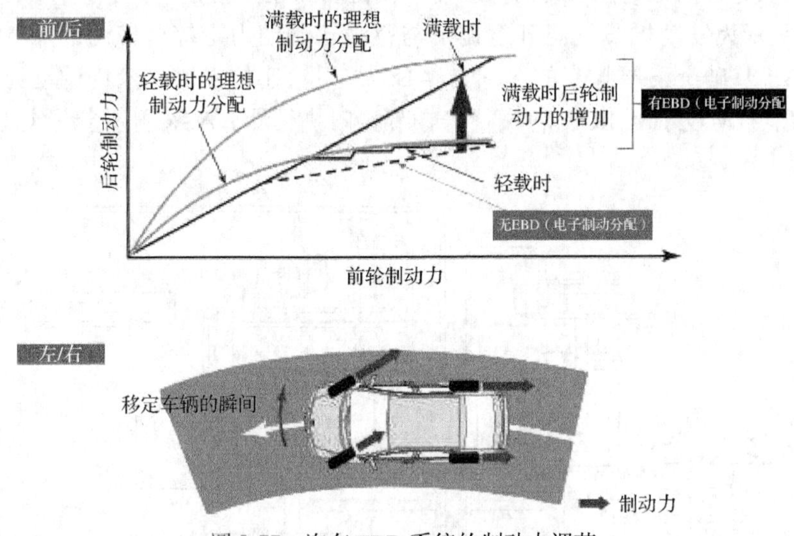

图 3-77　汽车 EBD 系统的制动力调节

汽车 EBD 系统是辅助 ABS 系统完成最佳制动过程，其效果如图 3-78 所示。对于未安装 ABS+EBD 系统的汽车，制动时，容易失去方向稳定性。对于安装 ABS+EBD 系统的汽车，根据汽车的运动学参数和制动强度，实时计算出理想的制动器制动力分配系数，合理分配制动力给每个车轮来实施制动，并控制每个车轮的滑移率，使其保持在最佳滑移率范围之内，保证后轮不先于前轮抱死。这样，可平衡每个车轮的制动力，缩短制动距离并保持制动时的方向稳定性。

装有 ABS+EBD 系统的 SUV 汽车，在不同路面上制动，没有出现跑偏线性，说明 EBD 系统发挥了作用。如果没有 ABS+EBD 系统，在这种路面刹车会非常危险，即使速度很低不是全力踩下去，车辆也会向摩擦力高的一边偏转。如果全力制动，则车辆会完全失控并打转，以 40km/h 左右的时速演示了一次，车辆转了四五圈后才停下，此时车辆处于完全不可控状态，这在实际情况中是非常危险的。

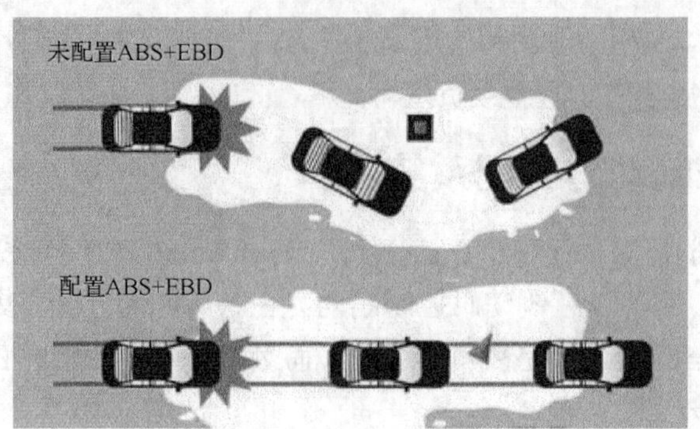

图 3-78　汽车 ABS+EBD 制动效果

3.4.3　汽车驱动防滑系统

汽车驱动防滑系统（Acceleration Slip Regulation，ASR）是 ABS 技术的延伸和扩展，可根据汽车的行驶行为使汽车驱动轮在恶劣路面或复杂路面条件下得到最佳纵向驱动力，能够是在驱动过程中，特别是在起步、加速、转弯等过程中防止驱动车轮发生过度滑转，使汽车在驱动过程中保持方向稳定性和转向操纵能力及提高加速性能等。

图 3-79 所示为发动机节气门开度调节与驱动轮制动力矩综合应用的 ASR 示意图。该系统是在 ABS 基础上发展起来的，它与 ABS 共用轮速传感器、液压驱动元件等，并扩展了 ECU 功能，增设了 ASR 制动执行器、节气门执行器、ASR 开关指示灯以及 ASR 诊断系统等。

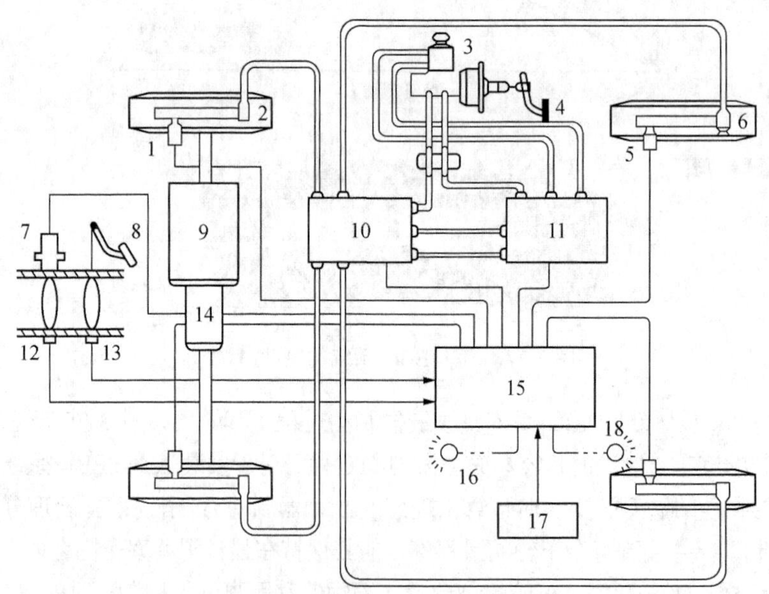

图 3-79　汽车典型 ASR 示意图

1—前轮速传感器；2—前轮制动器；3—液压元件；4—制动踏板；5—后轮速传感器；6—后轮制动器；7—副节气门执行器；8—加速踏板；9—变速器；10—ABS 制动执行器；11—ASR 制动执行器；12—副节气门位置传感器；13—主节气门位置传感器；14—发动机；15—ABS+ASR ECU；16—ASR 警报灯；17—ASR 切断开关；18—ASR 工作指示灯

汽车行驶时，当车轮速度高于 10km/h 时，ASR 便开始监测驱动轮的驱动特性，各轮速传感器将采集到的信号传给 ECU，经 ECU 处理后，得到各驱动轮的速度和加速度。当车速小于逻辑门限速度（一般取 40～50km/h）时，再进一步识别驱动轮的滑转率，如果发现某一驱动车轮发生过度滑转，ECU 就指令 ASR 制动系统制动滑转轮，并根据滑转轮的滑转情况改变制动力，直至滑转率在要求范围内。如果另一驱动轮也发生滑转，当其滑转率刚好超过逻辑门限值后，ECU 便指令节气门执行器减小节气门开度，降低发动机输出转矩。若车速大于逻辑门限值，如果驱动轮发生滑转，ECU 便指令节气门执行器减小节气门开度，从而使汽车驱动轮始终处于最佳的滑转范围内。如果 ASR 系统的某个部件发生故障，ASR 诊断系统将通过仪表盘上的指示灯指示。

防滑控制分为两部分：发动机控制和制动差速控制。它们的作用范围如下：当一个驱动轮打滑（即车轮滑转率超过它们的逻辑门限值），且车速低于 40～50km/h 时，采用制动控制；当车速大于 40～50km/h 时，采用发动机控制。当两个驱动轮同时打滑时，采用发动机控制，在某些路况下两种控制要同时起作用。

3.4.4　汽车电子稳定控制系统

汽车电子稳定控制系统很多品牌的汽车都有，只是各厂家的叫法不同而已，比如大众称其为车身电子稳定（Electronic Stability Program，ESP）系统、本田叫车辆稳定辅助（Vehicle Stability Assist，VSA）系统、丰田叫车辆稳定控制（Vehicle Stability Control，VSC）系统、日产叫车辆动态控制（Vehicle Dynamic Control，VDC）系统、宝马叫动态稳定控制（Dynamic Stability Control，DSC）系统等，广义上的电子稳定控制系统称为 ESP 才严谨。

汽车电子稳定控制系统是汽车新型的主动安全系统，是汽车 ABS 和 ASR 功能的进一步扩展，并在此基础上，增加了车辆转向行驶时横摆率传感器、横向加速度传感器和转向盘转角传感器，通过电子控制单元控制前后、左右车轮的驱动力和制动力，确保汽车行驶的侧向稳定性，如图 3-80 所示。

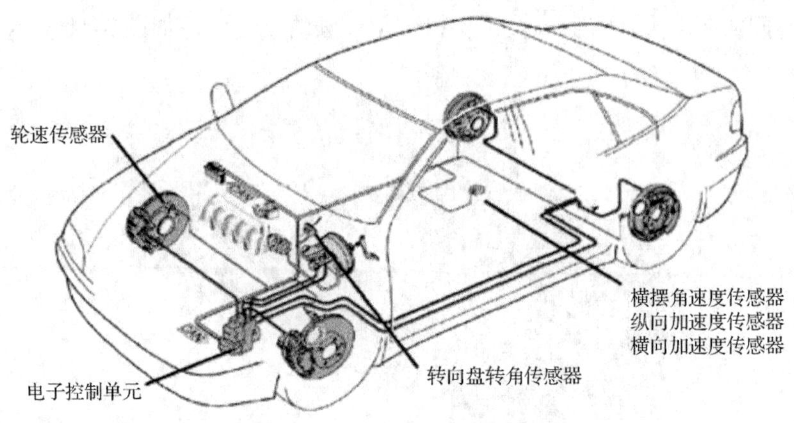

图 3-80　汽车 ESP 系统的组成

汽车 ESP 系统实物如图 3-81 所示。

汽车 ESP 系统的作用效果如图 3-82 所示，汽车在 ESP 系统的作用下，能最大限度地保证汽车不跑偏、不甩尾、不侧翻和转向盘在任何状态下都能操纵自如。

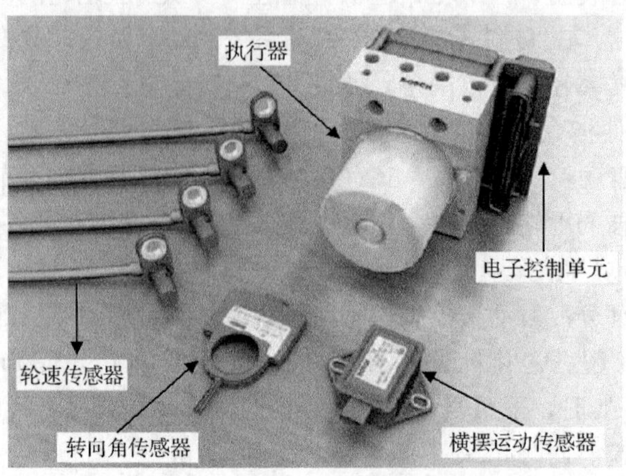

图 3-81　汽车 ESP 系统实物

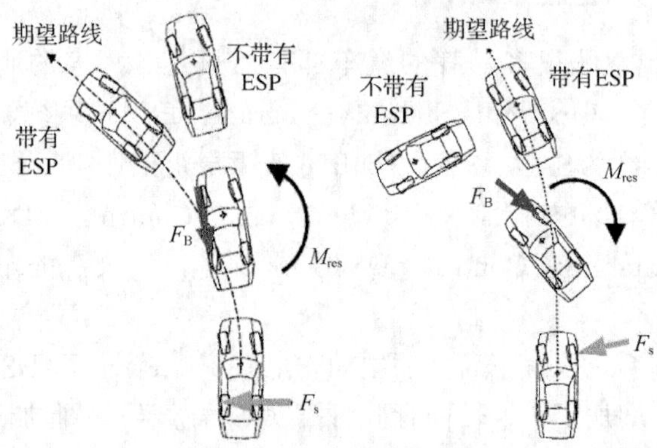

图 3-82　汽车 ESP 系统的作用效果

大众系列汽车采用德国博世公司的 ESP 系统，在汽车上的布置如图 3-83 所示，通过对各车轮施加不同的制动力，避免失控，保持汽车行驶的稳定性，如图 3-84 所示。

图 3-83　大众系列汽车 ESP 系统的布置

1—ESP 电子控制单元；2—轮速传感器；3—转向角传感器；4—横摆角速度传感器；5—发动机 ECU

汽车 ESP 系统的 ECU 与发动机、传动系的 ECU 通过 CAN 互连，使其能更好地发挥控制功能。

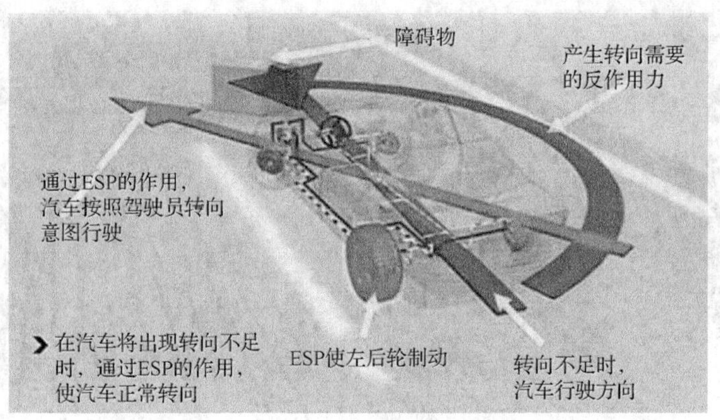

图 3-84　大众系列汽车 ESP 系统的作用

3.4.5　汽车自适应巡航控制系统

汽车自适应巡航控制（Adaptive Cruise Control，ACC）系统的主要作用是通过对车辆纵向运动进行自动控制，以减轻驾驶员的劳动强度，保障行车安全，并通过方便的方式为驾驶员提供辅助支持。

汽车 ACC 系统工作示意图如图 3-85 所示，共有 4 种典型的操作，即巡航控制、减速控制、跟随控制和加速控制。

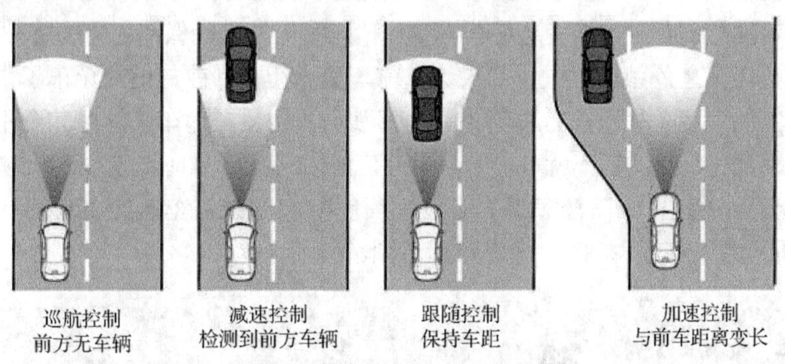

图 3-85　汽车 ACC 系统工作示意图

假设当前车辆设定车速为 100km/h，目标车辆行驶速度为 80km/h。当前车辆前方无行驶车辆时，当前车辆将处于普通的巡航行驶状态，ACC 系统按照设定的行驶车速对车辆进行巡航控制。当前车辆前方有目标车辆，且目标车辆的行驶速度小于当前车辆的行驶速度时，ACC 系统将控制当前车辆减速，确保两车间的距离为所设定的安全距离。当 ACC 系统将当前车辆车减速至理想的目标值之后采用跟随控制，与目标车辆以相同的速度行驶。当前方的目标车辆发生移线，或当前车辆移线行驶使前方又无行驶车辆时，ACC 系统将对当前车辆进行加速控制，使当前车辆恢复到设定的车速。在恢复行驶速度后，ACC 系统又转入对当前车辆的巡航控制。当驾驶员参与车辆驾驶后，ACC 系统自动退出对车辆的控制。

汽车 ACC 系统的指令通过控制开关由驾驶员设定，如图 3-86 所示。其中模式选择主要有限速巡航和自适应巡航。车速有设定区间，如 30～150km/h，在高速公路，设定的速度不要超过高速公路的限速，一般在 80～120km/h。车距一般由远及近有 5 个挡位供选择，选择多大的

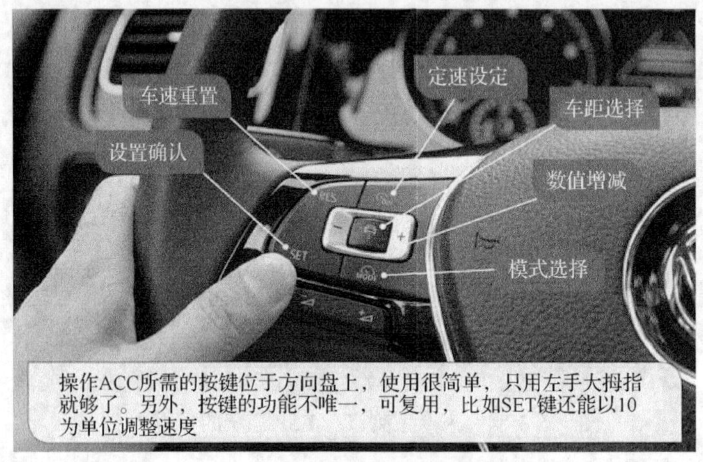

图 3-86　汽车 ACC 系统的控制开关

车距，要根据车速和路况决定，比如在高速公路，建议距离设定在较远的两个挡位。设定完这些参数，ACC 系统就可以工作了。当汽车进入自适应巡航状态后，右脚不用一直踩着油门，只要握好转向盘，控制行驶方向即可。如果当前的车速不足设定的车速，汽车会自动加速到设定的车速，并保持巡航。车头的测距传感器持续工作，探测前方是否有车辆；如果前方有车辆，在设定的距离之外，汽车仍然保持设定的速度行驶；如果前方车辆速度较慢，当前车辆接近了预设的安全距离范围，ACC 系统就会马上做出反应，主动进行制动，让汽车在预定的安全距离之外。如果驾驶员不人为实施变道超车等动作，同时前方车辆保持之前的行驶状态，当前车辆会一直在安全距离之外跟车行驶。如果这时前车变道让行，前方道路无车了，ACC 系统会马上加速到预定的速度。如果前方车辆不让，驾驶员决定变道超车，这时完全不用理会 ACC 系统，直接深踩油门，变道超车就可以了。另外，如果驾驶员预见前方的路况比较复杂，担心 ACC 系统不能正确处理，只需轻踩刹车就可以解除 ACC 系统对车速的控制权。

图 3-87 所示为某汽车 ACC 系统工作示意图。

图 3-87　某汽车 ACC 系统工作示意图

未来汽车 ACC 系统将同其他的汽车电子电控系统相互融合，形成智能汽车电子控制系统，在卫星导航系统的指引下，借助公路两旁的电子标志牌，无须人为参与就可安全驶达目

的地，实现完全的自动驾驶功能。

3.4.6　轮胎气压监测系统

汽车高速行驶时轮胎故障是驾驶员最难以预料的危险，轮胎故障造成了大量的交通事故。胎压监测系统能实时针对轮胎胎压过低、胎压过高、快速漏气、胎温过高等故障进行自动监测与报警，保持足够的胎压，预防爆胎事故发生，增加驾驶汽车的安全性，减少因胎压不足额外产生的油耗，并延长轮胎的使用寿命。胎压监测系统（Tire Pressure Monitoring System，TPMS）如图 3-88 所示。

图 3-88　胎压监测系统

TPMS 实物如图 3-89 所示。不同类型的 TPMS 具体组成有差异。

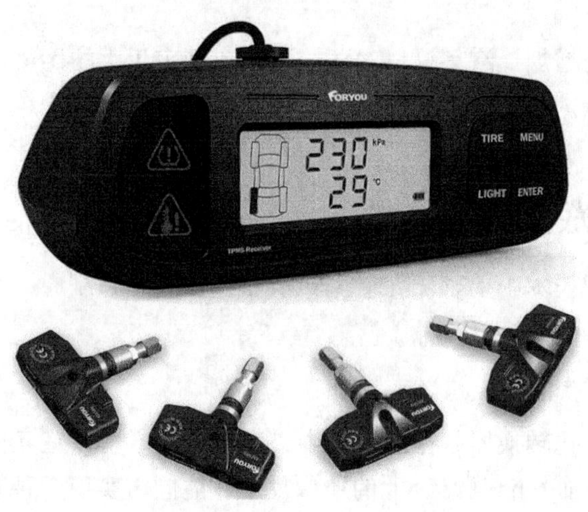

图 3-89　TPMS 实物

TPMS 对汽车安全行驶有非常重要的意义，从目前市场来看，合资品牌汽车基本已经装配 TPMS，但自主品牌多数还没有将此项新技术作为汽车安全系统的标准配置，其强制性标准正在制订中。

某汽车采用直接式 TPMS，其胎压显示位于仪表盘显示屏，如图 3-90 所示。通过转向盘的控制按钮对菜单进行切换能直接进入胎压显示界面。除了在仪表盘中查看外，拥有 TPMS 及安吉星系统的通用车型更能通过手机客户端查看。当车辆胎压出现异常时，显示屏会自动切换至胎压显示并提醒。

图 3-90　某汽车 TPMS

随着科学技术的发展，TPMS 也在不断地发展，未来 TPMS 的发展将会实现无源化、智能化和车载局域网共享等。

3.5　汽车排放后处理技术

汽车排放是指从发动机尾气中排出的一氧化碳（CO）、碳氢化合物（HC）、氮氧化物（NO_x）和颗粒物（PM）等有害物质，这些一次污染物还会通过大气化学反应生成光化学烟雾、酸沉降等二次污染物。另外，汽车排出的 CO_2 将产生全球性的温室效应，使大气气候异常，气候异常又将引发飓风等自然灾害，如果大气中的 CO_2 浓度增加一倍，温室效应气温将上升 1.5℃～4.5℃。

随着汽车保有量的增加，汽车排放对环境造成了越来越大的污染，对人类健康造成了越来越大的损害。为了保护环境和人类健康，世界各国通过制定越来越严格的排放法规或标准来限制汽车排放。

3.5.1　汽油车排放后处理技术

汽油车排放后处理技术主要有三元催化转换器、曲轴箱强制通风系统和燃油蒸发排放控制系统等。

1. 三元催化转换器

目前，安装三元催化转换器是排放控制中最为有效的方法。三元催化转换器不仅能促使 CO、HC 的氧化反应，而且能促使 NO_x 的还原反应，能同时实现 3 种有害成分的净化，如图 3-91 所示。

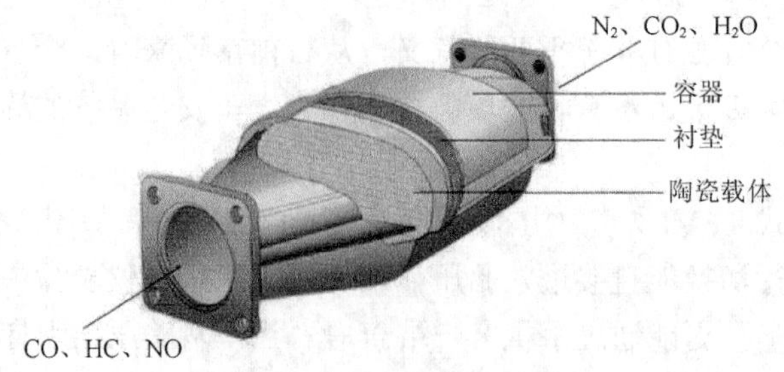

图 3-91　三元催化转换器

2. 曲轴箱强制通风系统

曲轴箱强制通风（Positive Crankcase Ventilation，PCV）系统如图 3-92 所示，PCV 阀是曲轴箱强制通风系统中的重要部件，一般由阀体、阀门、阀盖、弹簧组成，不可分解，主要作用是将曲轴箱内的气体（从燃烧室窜入曲轴箱的混合气与机油蒸汽）通过 PCV 阀导入进气歧管，这就避免了排放恶化等现象，防止机油蒸气直接进入大气，同时防止机油变质。在发动机做功燃烧过程的末端，一些未燃混合气在高压下从活塞环漏入曲轴箱内，混合气会从曲轴箱内排入大气中造成污染。不排除这些混合气，还会稀释曲轴箱内的机油，使机油变质造成发动机机件过早磨损。现在 PCV 已经成为汽车的标准配置。

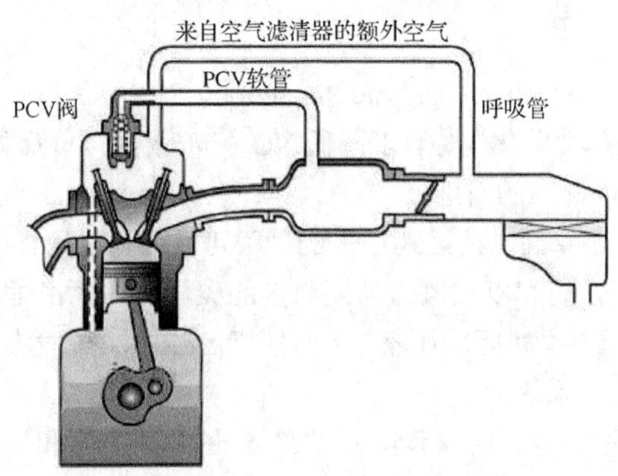

图 3-92　曲轴箱强制通风系统

3. 燃油蒸发排放控制系统

有资料表明，一般汽油车在良好状况下运行一天排放出 560 余克污染物（HC、CO、NO_x、少量 SO_2 和铅化物），其中 60%来自尾气，20%来自油箱，20%来自曲轴箱。因此，控制来自油箱的燃油蒸气泄漏对于减少排放量具有重要意义。

燃油蒸发排放控制系统主要由炭罐、倾倒阀和吸附管等构成，其工作原理如图 3-93 所示。

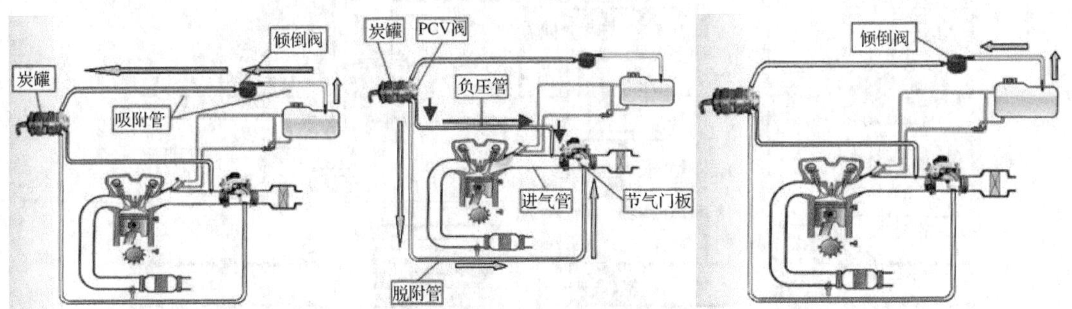

图 3-93　燃油蒸发排放控制系统工作原理

环境温度升高会加速油箱内的汽油蒸发，汽油蒸发气体（HC）通过吸附管、倾倒阀等流入炭罐，其内的活性炭将燃气吸收、储存；当发动机运转时，进气管内产生负压，PCV 阀打开，使炭罐内储存的燃气通过脱附管吸入节气门板前方，并进入气缸燃烧。节气门开度不同，PCV 阀开度和脱附的燃气量也不同；当车辆倾倒大于 60° 时，倾倒阀关闭，使汽油无法流入炭罐。

3.5.2 柴油车排放后处理技术

柴油车排气后处理技术是指在柴油车发动机排气系统中，能通过各种理化作用来降低排气中污染物排放量的装置，目前主要有选择性催化还原器、氧化型催化转化器、颗粒过滤器、颗粒氧化催化转化器、稀燃 NO_x 捕集器和联合控制技术等。

QC/T829—2010《柴油车排气后处理装置试验方法》规定了柴油车排气后处理装置的术语和定义、试验条件和试验方法；适用于柴油车排气后处理装置，包括选择性催化还原器、氧化型催化转化器、颗粒过滤器。

1. **选择性催化还原器**

选择性催化还原器（Selective Catalytic Reduction，SCR）是指安装在发动机排气系统中，将排气中的 NO_x 进行选择性催化还原，以降低 NO_x 排放量的排气后处理装置。SCR 技术被认为是满足柴油机更高排放标准的首选。

SCR 系统需要外加还原剂，按照还原剂的种类可以分为以尿素分解产生的氨气（NH_3）作为还原剂的尿素 SCR 系统和以碳氢作为还原剂的碳氢 SCR 系统两类。目前碳氢 SCR 系统技术仍在进一步的研究当中，实际应用不多；而尿素 SCR 系统技术较为成熟，实际应用较多。下面主要介绍指尿素 SCR 系统。

典型的尿素 SCR 系统主要由尿素喷射系统、催化转换器和控制单元等组成，其中尿素喷射系统包括尿素箱、尿素泵、尿素喷射管、喷嘴等；催化转换器包括 DOC、混合器、SRC 催化剂、氨氧化催化器等，如图 3-94 所示。其中，DOC、混合器、氨氧化催化器、质量传感器、NH_3 传感器是必需的；如果无空气辅助喷射系统，则不需要空气罐和空气压缩机。

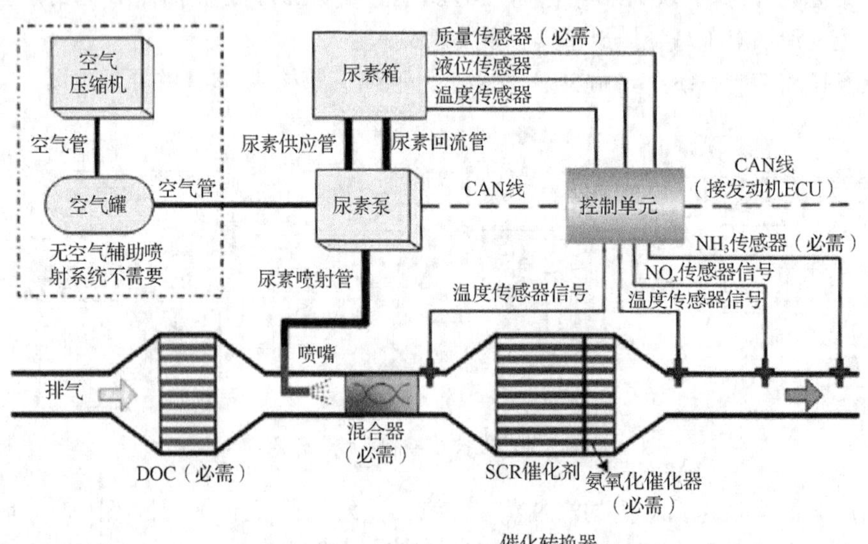

图 3-94 SCR 系统结构简图

图 3-95 所示为 SCR 系统实物图。

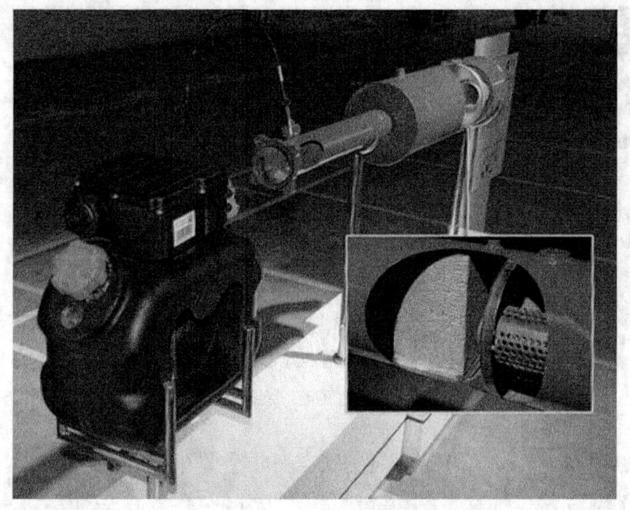

图 3-95　SCR 系统实物

SCR 系统的主要工作原理是通过控制单元采集催化器温度等信号，并与发动机的 ECU 通信获取发动机的转速、转矩等信号共同分析，计算该工况下实际所需尿素溶液喷射量并把信号发送给尿素泵，尿素泵按照要求用压缩空气将尿素溶液均匀地吹入尾气中，尿素溶液被气化并释放出氨气，在 SCR 系统的催化转换器中使 NO_x 加速转换成纯净的氮气和水，降低 NO_x 以达到目标的排放水平。NO_x 的降低量与尿素的用量成比例。

SCR 系统催化还原反应原理如图 3-96 所示。

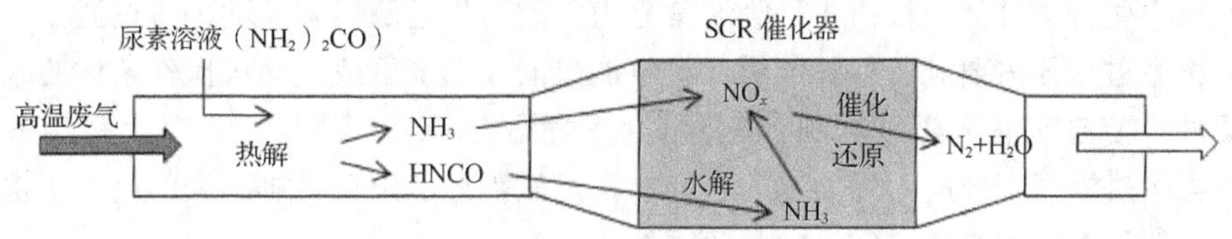

图 3-96　SCR 系统催化还原反应原理

可以看出，尿素溶液在与高温的废气混合后，尿素溶液先热解释放出氨气（NH_3）和异氰酸（HNCO），HNCO 在催化转换器内的催化剂作用下水解继续释放出 NH_3 并与废气中的 NO_x 在一定的温度范围和催化剂的作用下，发生催化还原反应生成无毒害的 N_2 和 H_2O。SCR 催化还原反应需要在催化剂的作用下才能使反应充分地进行，催化剂的性能将影响 NO_x 的去除。

SCR 是欧Ⅳ/欧Ⅴ和国Ⅳ/国Ⅴ的主要后处理解决方案。

2. 氧化型催化转化器

氧化型催化转化器（Diesel Oxidation Catalyst，DOC）是指安装在柴油车发动机排气系统中，通过催化氧化反应，能降低排气中 CO、THC 和 PM 等污染物排放量的排气后处理装置。DOC 主要是以铂（Pt）、钯（Pd）为催化剂。

图 3-97 所示为 DOC 系统实物图。

图 3-97　DOC 系统实物

DOC 主要用于满足欧Ⅳ和国Ⅳ整车排放认证的轻型车产品，常作为采用 EGR 技术的柴油发动机排放处理解决方案。DOC 采用氧化催化转化技术降低柴油机排气污染重的 CO、HC 成分，同时也能去除细颗粒物（Particulate Matter，PM）中的一部分总颗粒可溶性有机成分（Solable Organic Fractions，SOF）成分。

3. 颗粒过滤器

颗粒过滤器（Diesel Particulate Filter，DPF）是指安装在发动机排气系统中，通过过滤来降低排气中 PM 的装置。当 DPF 载体的表面涂覆有催化剂，称为催化型颗粒过滤器（Catalysis Diesel Particulate Filter，CDPF）。

柴油颗粒过滤器有 2 种分类方法：一是按再生种类分类，二是按有无催化分类。

（1）按再生种类分类。按再生种类通常分为主动再生过滤器和被动再生过滤器。

主动再生过滤器需要利用外加能量（如电加热器、燃烧器或发动机操作条件的改变以提高排气温度）使 DPF 内部温度达到 PM 的氧化燃烧温度。

被动再生过滤器工作时不需要输入任何能量，只需要从发动机排出来的尾气所携带的能量即可，一般针对 CDPF 或 DOC+DPF 等系统。

DPF 的再生是指 DPF 使用一段时间以后，收集在 DPF 中的 PM 需要定期去除掉，从而恢复过滤性能的过程。与主动再生相比，被动再生需要的温度较低，可以实现 DPF 的连续再生，而主动再生需要的温度较高，故需要额外的升温措施或利用催化剂来降低碳烟的燃烧温度。为了使柴油机在全部工况下都能实现 DPF 的可靠再生，通常需要将主动再生和被动再生结合起来使用，将机内燃烧和机外再生技术结合，比如 DOC+DPF 结合燃烧器的再生方法，以及缸内后喷结合燃油催化剂的再生方法。

（2）按有无催化分类。按有无催化剂通常分为无催化型过滤器和有催化型过滤器，无催化型过滤器一般需要采用主动再生技术，而有催化型过滤器可以是被动再生，也可以是主动再生。

目前市面上应用最多的主要有被动带催化型颗粒过滤器和主动无催化型颗粒过滤器 2 种。被动带催化型柴油颗粒过滤器可以降低 PM 排放 85%左右，可以降低 HC 和 CO 排放 60%～90%；主动无催化型柴油颗粒过滤器可以降低 PM 排放 85%左右，可以降低 HC 和 CO 排放 10%～20%。

图 3-98 所示为某汽车安装的 DPF 结构示意图。它在捕集了一定量的微粒后，系统通过燃烧堆积的碳颗粒达到清洗过滤器的效果，并且能够使催化剂连续再生。

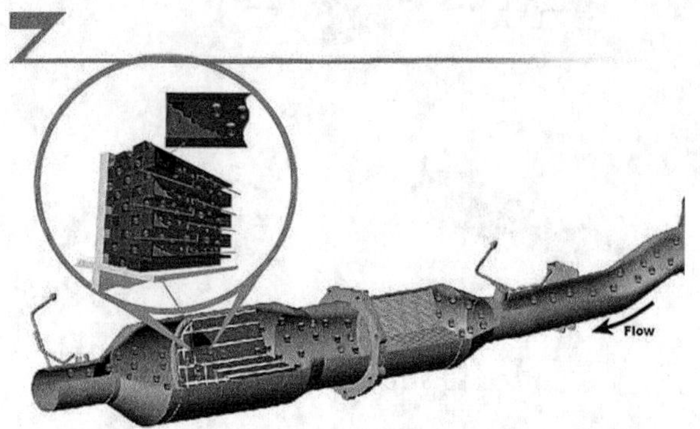

图 3-98　DPF 结构示意图

图 3-99 所示为 DPF 实物图。

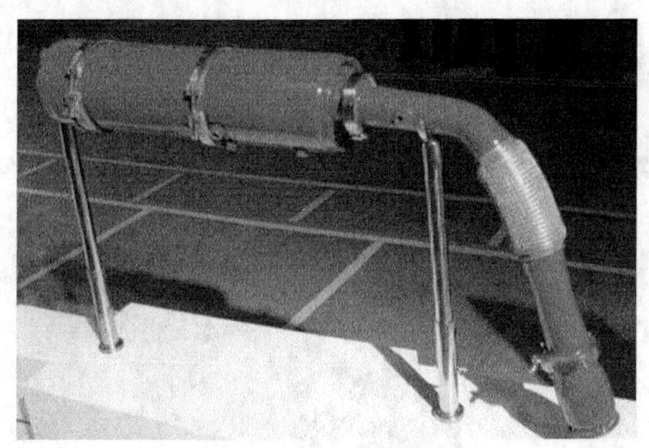

图 3-99　DPF 实物

DPF 的过滤程度可以用过滤效率来表示，即试验车辆或发动机按照指定的工况运行时，单位时间 DPF 颗粒物捕集量（质量）与 DPF 入口中气体所含颗粒物量（质量）的比值。

DPF 能够有效净化柴油机排气中 70%～90%的微粒，是净化柴油机微粒物最有效、最直接的方法之一，目前国际上已实现了商品化。

4. 颗粒氧化催化器

颗粒氧化催化器（Particlc Oxidation Catalyst，POC）是一种没有堵塞现象的柴油颗粒过滤器，可以捕捉柴油车尾气排放中的 PM，其原理和 DPF 类似，不同之处在于它多褶皱的孔道结构。POC 完全采用不锈钢结构，载体上有专门的化学涂层。由于 POC 需要较高的再生温度，因此需要与 DOC 配合使用，如图 3-100 所示。另外，POC 质量轻，体积小，尺寸可变，易于集成到排气系统中。

POC 在柴油车辆中消除 PM 的主要机理是：在前端 DOC 的氧化作用下，NO 与 O_2 结合生成 NO_2，加上柴油机本身缸内的燃烧，生产一定量的 NO_2。NO_2 进入 POC，在含有贵金属的特殊化学涂层的催化作用下，NO_2 分子键在较低温（250℃左右）时断裂，产生的 O_2 与被捕捉到的碳颗粒燃烧，生成 CO_2。大部分普通行驶工况都能满足 POC 中的再生温度（250℃～500℃），从而有效去除颗粒物。

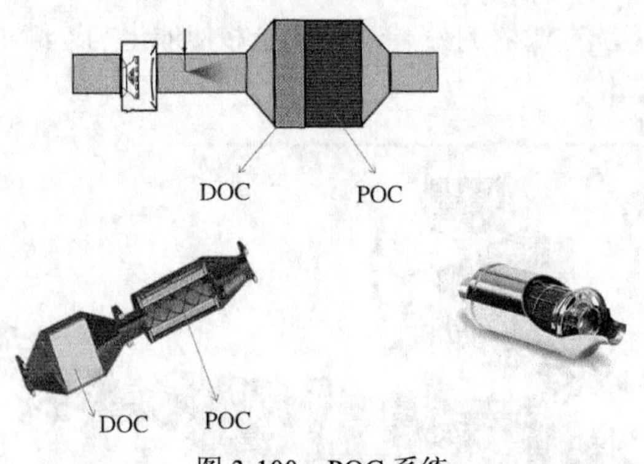

图 3-100 POC 系统

POC 可以用于许多无法使用 DPF 的地方，如轻负荷条件和旧的柴油机。其一般要求燃料硫含量在 0.005%下应用，最好在 0.001 5%以下。POC 可以降低 PM 排放 50%～70%，可以降低 HC 和 CO 排放 60%以上。

5. 稀燃 NO_x 捕集器

稀燃 NO_x 捕集器（Lean NO_x Trap，LNT）技术是利用发动机混合气浓度变化而进行 NO_x 吸附—催化还原的一种净化技术。图 3-101 所示为其结构剖面示意图。

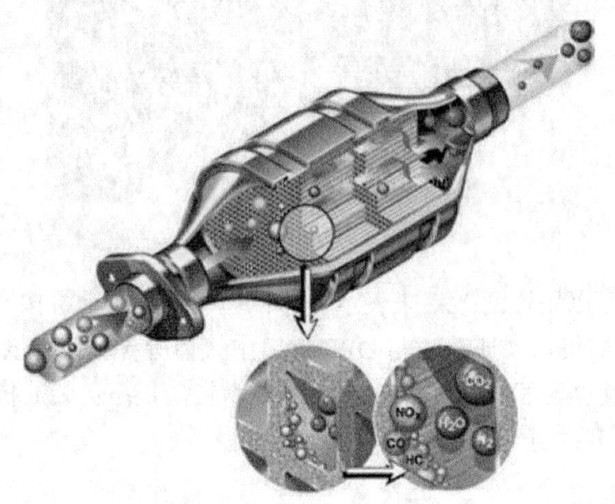

图 3-101 LNT 结构示意图

LNT 反应原理为：在稀燃状态时，尾气处于氧化气氛中，在铂的催化作用下，柴油机中的 NO 与 O_2 反应生产 NO_2，并以硝酸盐的形式吸附在催化器表面。当柴油机在浓燃条件下工作时，柴油机排气中的 HC 和 CO 的含量增加，把硝酸盐分解释放出的 NO_x，在催化剂铑的作用下与 CO、HC 和 H_2 反应生成 N_2、CO_2 和 H_2O，并使碱金属再生。

LNT 的工作效率可达到 70%，虽然转化效率没有 SCR 的高，但对于轻型柴油车还是比较主流的，特别是对于一些空间不足以安装 SCR 系统的应用场合。目前，LNT 技术在我国应用较少，因为该技术需要很高的发动机控制技术，并且需要对 NO_x 的吸附量有较为准确的估计，以此来严格控制进气量、喷油量和加浓频率。另外，LNT 的抗硫老化性能较弱，需要使用低硫含量柴油。同时，LNT 使用一段时间后，会在催化剂表面积累大量的硫酸盐，需要

进行催化器脱硫。

当前，LNT 技术的研究方向主要是如何减少贵金属用量，提高其转化效率。

6. 联合控制技术

现代柴油车的排放控制，需要机内净化技术与后处理技术结合使用。随着日趋严格的排放法规，柴油车后处理技术必须能够同时降低 NO_x 和 PM 的排放，这就需要同时安装能够降低 NO_x 和 PM 的后处理装置，同时还需要考虑各装置之间的影响与协同作用。联合控制技术是柴油车排放控制的发展方向。

对于重型柴油车来说，国际上满足欧Ⅳ和欧Ⅴ排放法规的技术路线主要有两条。一条是 EGR+DOC/DPF 技术路线，即在燃烧优化基础上采用 EGR 技术降低 NO_x 排放到法规限值内，并耦合 DOC/DPF 后处理器以降低 PM 和其余气体排放，从而使各项排放指标达到法规限值要求。以美国为代表的一些国家和地区倾向于采用该技术路线，因此也称“美国路线”。采用 EGR 通常会导致经济性变差，同时 DPF 需再生且抗硫中毒能力差，对燃油硫含量要求较高。

另一条是优化燃烧+SCR 技术路线，即通过燃烧系统优化、喷油系统升级、高增压中冷等技术改善柴油机的燃烧历程，使 PM 和其余气体排放满足法规要求，再利用 SCR 后处理技术降低 NO_x 到法规限值内。由于欧洲地区大多数发动机制造商倾向于采用该路线，因此也称为“欧洲路线”。基于 SCR 的技术路线需要基础设施建设，同时控制策略复杂，必须根据工况变化精确实时控制尿素喷射量，避免过多喷射尿素造成二次污染。

随着排放法规的日益严格，欧Ⅵ对重型柴油机的 NO_x 和 PM 排放提出了极其苛刻的要求，NO_x 较欧Ⅴ降低幅度高达 80%左右（几何接近零排放），这给 SCR 后处理系统提出了较高的要求，其转化效率必须从现在的 75%左右提高到 90%以上。

图 3-102 所示为某重型柴油发动机欧Ⅵ后处理方案之一，首先用 EGR 技术处理 NO_x，再通过 DOC 处理 HC 和 CO，随后利用主动再生的 DPF 捕集 PM 并定期烧掉，最后用 SCR 催化器对 NO_x 做进一步处理，由于尿素溶液的喷射量要更大，所以在 SCR 催化器后部设置氨泄漏催化器，对多余的 NH_3 进行氧化处理。以上的组合后处理技术措施，可以使柴油机满足欧Ⅵ排放标准要求。

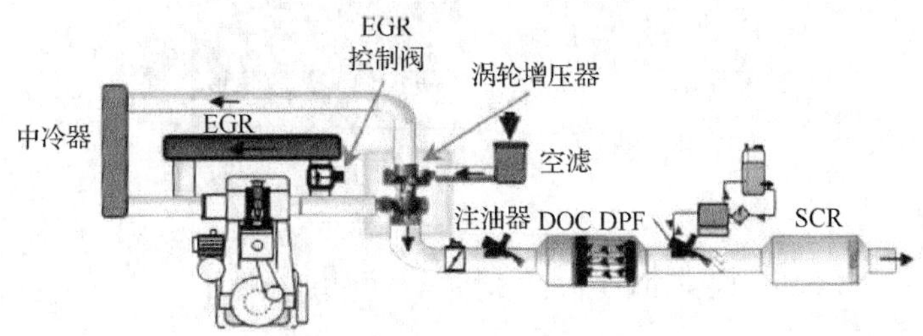

图 3-102　重型柴油发动机欧Ⅵ后处理方案

欧Ⅴ、欧Ⅵ阶段柴油机后处理系统采用 DOC、DPF 及 SCR 等多个后处理单元，如何构成完善的处理系统，最大限度提高系统利用率是关键。针对欧Ⅵ标准的后处理系统，方案的主要差异是 DPF 和 SCR 催化剂布置位置不同，如图 3-103 所示。

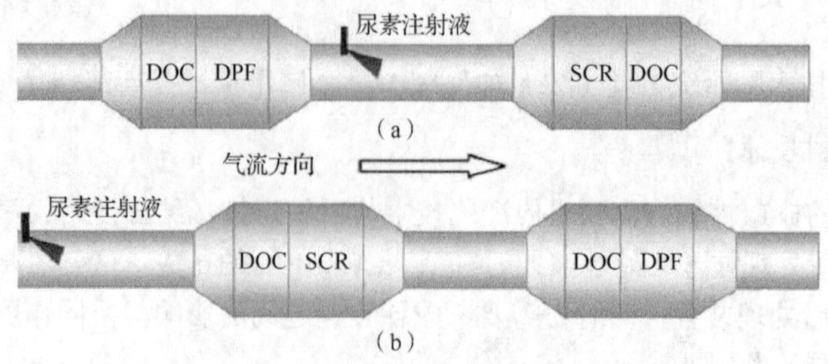

图 3-103　重型柴油发动机欧Ⅵ后处理方案比较

图 3-103（a）将 DPF 布置在 SCR 的上游，DOC 产生大量的热，DPF 再生所需的额外能量较少；同时 DOC 将部分 NO 氧化为 NO_2，提高了 DPF 的被动再生能力。剩余的 NO_x 会被 SCR 系统处理，保证了整个系统除去 PM 和 NO_x 的高效率；这种系统布置的缺点是 SCR 需要承受发动机运行及 DPF 再生时产生的高温，影响 SCR 的使用寿命。

图 3-103（b）将 SCR 放在 DOC 后，DPF 放在气流的最下游。这样布置，使 SCR 避免经受 DPF 再生时的高温，但由于 DOC 布置靠后，冷启动时转化效率不高，同时在较低温度的工况下，系统的净化效率很低，对于某些低速行驶的车辆，如城市公交，可能无法达到满意的处理效果。

不论是图 3-103（a）所示的方案还是图 3-103（b）所示的方案，都需要采用辅助技术来快速提高 DOC 的温度。

在欧洲主流的解决方案中，DPF 布置在 SCR 上游是主流方式，在 DPF 之前布置 DOC，能够有效地提升 DPF 入口温度，利用 SCR 再处理 NO_x 排放，利用氨逃逸催化剂（Ammonia Slip Catalyst，ASC）完成对氨泄露的转化，使整个系统都达到了很高的效率，且能有效利用 NO_2 进行被动再生。

采用联合控制技术时，后处理系统采用集成化设计，可以最大程度减小后处理系统的体积，如图 3-104 所示。未来排气后处理系统将向智能化、集成化、通用化方向发展。

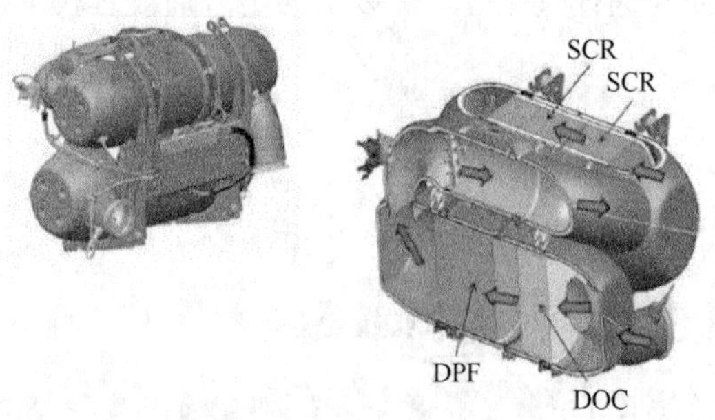

图 3-104　柴油发动机后处理集成化设计

我国为满足排放法规提升所采用的典型技术路线如下。

（1）国Ⅳ轻型柴油车：采用 EGR+DOC 技术。

（2）国Ⅳ重型柴油车：采用 SCR 或 EGR+DPF 及 DOC+POC 技术。

（3）国Ⅴ轻型柴油车：采用 DPF 或 DOC+DPF。

（4）国Ⅴ中重型柴油车：采用 DOC+DPF+SCR 技术。

柴油机颗粒物控制技术，特别是 DPF 应用技术，是柴油机满足未来法规要求的关键技术。在当前的柴油机排放污染物控制技术中，DPF 是减少颗粒物排放的最佳路线。DPF 对微粒排放总量和微粒数量减少，都有明显作用，能够实现颗粒物减排 85%～95%。

油品问题是导致我国 DPF 研究落后的主要原因。高硫燃料造成 DPF 碳烟过载和不受控的 DPF 再生损坏 DP。在被动再生的 DPF 中，硫通过 DPF 时被氧化为硫酸盐，增加 PM 排放量，同时硫氧化物占据反应空间，影响 NO 向 NO_2 的转化效率，提高再生温度且降低 DPF 效率。在主动再生的 DPF 中，硫酸盐的生成会增加颗粒物排放，背压升高，导致系统更频繁的再生，增加燃料消耗量，缩短保养间隔。

国Ⅲ和国Ⅳ阶段各厂家对 DOC 和 SCR 技术的应用都有了一定的积累，DPF 的应用技术将是满足国Ⅴ和国Ⅵ法规的攻关重点。

练习与实训

一、名词解释

1．进气歧管喷射

2．缸内直喷

3．发动机增压

4．汽车防抱死系统

5．汽车驱动防滑系统

二、填空题

1．涡轮增压技术主要有________、________和________。

2．实现可变压缩比的方法大致可分为 3 类：________、________、________。

3．电传制动系统是利用________感知驾驶员踩下刹车的________，并将信号处理之后传给________，在机电放大机构的驱动下，推动________工作，从而实现电控制动。

4．汽车排放是指从发动机尾气中排出的________、________、________和________等有害物质，这些一次污染物还会通过大气化学反应生成________、________等二次污染物。

5．汽油车排放后处理技术主要有________、________和________等。

三、选择题

1．不属于汽油机燃油喷射技术的是（　　）。

A．进气歧管喷射技术　　B．缸内直喷技术

C．复合喷射技术　　D．高压共轨技术

2．利用发动机可变气缸技术，V6 发动机不能独立工作的缸有（　　）个。

A．2　　B．3　　C．4　　D．6

3．稀薄燃烧是指发动机的空燃比大于（　　）。

A．10∶1　　B．15∶1　　C．18∶1　　D．25∶1

4．下面对汽车电子制动力分配系统的描述，错误的是（　　）。

A．控制制动力在各轮间的分配　　B．更好地利用车轮的附着系数

C．获得更好的制动性能　　D．防止车轮打滑

5．下列材料密度最小的是（　　）。

A．铝合金　　B．镁合金　　C．泡沫合金板　　D．碳纤维

四、问答题

1．发动机自动启停技术有什么作用？

2．汽车自适应巡航控制系统有什么作用？

3．汽车电子稳定控制系统有什么作用？

4．汽车车身新材料主要有哪些？

5．柴油车排气后处理技术主要有哪些？

五、实训题

分析新技术在二款高级轿车上的应用情况，这些新技术不限于本书所讲的，并填写实训报告。

实训报告

实训题目	新技术在高级轿车上的应用分析				
学生姓名		班级		学号	
实训地点		学时		日期	
实训结果					
轿车型号		发动机型号			
发动机新技术					
底盘新技术					
车身新技术					
汽车电子控制技术					
其他新技术					
轿车型号		驱动形式			
发动机新技术					
底盘新技术					
车身新技术					

续表

<table>
<tr><td>汽车电子控制技术</td><td colspan="3"></td></tr>
<tr><td>其他新技术</td><td colspan="3"></td></tr>
<tr><td colspan="4">实训结果分析</td></tr>
<tr><td colspan="4"></td></tr>
<tr><td colspan="4">实训心得</td></tr>
<tr><td colspan="4"></td></tr>
<tr><td>指导教师</td><td></td><td>成绩</td><td></td></tr>
</table>

第4章
国内外主要汽车企业与品牌

【教学目标】

通过本章的学习，学生能够了解美国、德国、日本、中国、韩国、法国、英国和意大利等国家的汽车工业特点、主要汽车企业与品牌，拓宽学生的视野。

【教学要求】

知识要点	能力要求
美国主要汽车企业与品牌	了解美国汽车工业特点、主要汽车企业与品牌
德国主要汽车企业与品牌	了解德国汽车工业特点、主要汽车企业与品牌
日本主要汽车企业与品牌	了解日本汽车工业特点、主要汽车企业与品牌
中国主要汽车企业与品牌	了解中国汽车工业特点、主要汽车企业与品牌
其他主要国家汽车企业与品牌	了解韩国、法国、英国、意大利等国家的主要汽车企业与品牌

【导入案例】

汽车工业经过120多年的发展，已经形成了以美国、德国、日本等为代表的传统汽车制造中心，以中国、韩国、印度、巴西等为代表的新兴汽车市场。其中美国、德国、法国、英国、意大利、瑞典生产汽车历史悠久，日本和韩国算是后起之秀，它们都有著名的国际汽车品牌。中国、印度、巴西、墨西哥、泰国、加拿大等国家以合资或外国独资为主，成为国际著名汽车公司向外扩张的生产基地，自主品牌比较薄弱。

图4-1所示为一些汽车品牌车标。

图4-1　汽车品牌车标

4.1　美国汽车工业

4.1.1　美国汽车工业特点

美国是汽车轮子上的国家，汽车普及率居全球前列，人均汽车拥有量约 800 辆/千人。美国汽车工业始于 18 世纪末 19 世纪初，是世界上最早开始汽车工业的国家之一，因此良好的历史底蕴铸就了它至今在世界上的汽车地位。

1909 年，福特汽车公司生产的福特 T 型汽车为汽车制造开创了新纪元，它是世界上第一条生产线上装配而成的汽车，如图 4-2 所示。从第一辆 T 型车面世到它的停产，共计有 1 500 多万辆被销售。它的生产是当时先进工业生产技术与管理的典范，为汽车产业及制造业的发展做出了巨大贡献，在 20 世纪世界最有影响力汽车的全球性投票之中，福特 T 型车荣登榜首。

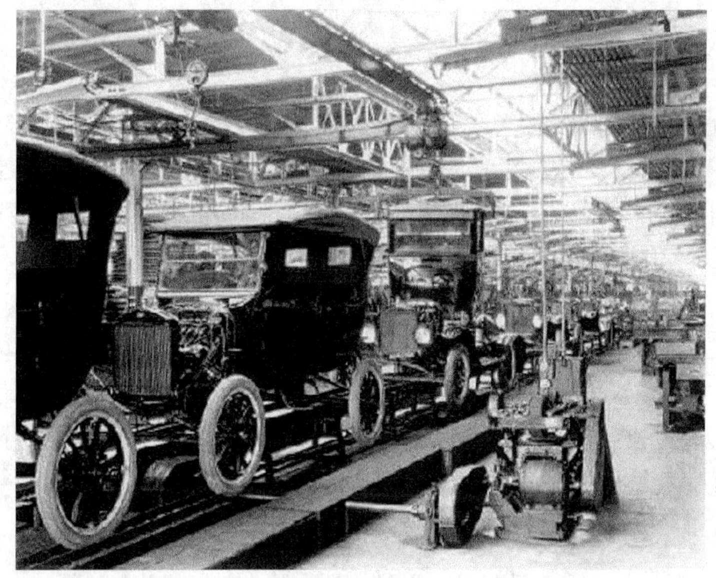

图 4-2　福特 T 型车下线

美国采用流水作业的生产方式生产汽车，使汽车生产成本大幅度下降，汽车需求大幅度增长，汽车逐渐成为普及性商品，这是美国对世界汽车工业的贡献，后期流水作业又扩展到欧洲、日本直至全世界。

美国汽车的特点是车身较为庞大，悬挂系统和隔音设计非常出色，发动机强调大排量、大功率，安全性也非常好；但对于汽车的细节、内饰、油耗等方面反而不会很刻意去注重。

4.1.2　美国主要汽车企业与品牌

美国汽车工业经过长期的竞争和兼并，目前主要的整车制造商为通用汽车公司、福特汽车公司和克莱斯勒汽车公司。

1. **通用汽车公司**

通用汽车公司（General Motors Corporation），简称“通用”（GM），创始人为威廉·杜兰特，成立于1908年，总部设在美国底特律。旗下品牌主要有别克、雪佛兰、凯迪拉克、欧宝、悍马、土星、庞蒂克以及大宇等，如图4-3所示。

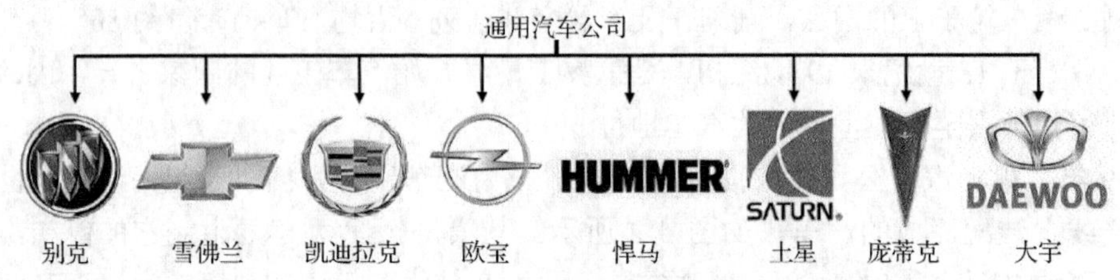

图4-3 通用汽车公司旗下品牌

通用汽车公司在中国汽车业务主要有上海通用汽车有限公司、上汽通用五菱汽车股份有限公司、上海通用北盛汽车有限公司、上海通用东岳汽车有限公司、上海通用东岳动力总成有限公司以及泛亚汽车技术中心有限公司等。

2. **福特汽车公司**

福特汽车公司（Ford Motor Company），简称“福特”（Ford），创始人为亨利·福特（Henry Ford），成立于1903年，总部位于美国密歇根州迪尔伯恩市。旗下品牌主要有福特、林肯、路虎、捷豹以及水星等，如图4-4所示。

图4-4 福特汽车公司旗下品牌

福特汽车公司在中国汽车业务主要有福特汽车（中国）有限公司、长安福特马自达汽车有限公司以及长安福特马自达发动机有限公司等。

3. **克莱斯勒汽车公司**

克莱斯勒公司（Chrysler Corporation）成立于1925年，创建人是瓦尔特·克莱斯勒，总部设在美国密歇根州海兰德帕克。1998年，克莱斯勒公司被德国戴姆勒集团收购，成立戴姆勒·克莱斯勒汽车公司；2007年，戴姆勒·克莱斯勒公司又完成分解；2014年，克莱斯勒公司与意大利菲亚特重组，成立菲亚特克莱斯勒公司。克莱斯勒汽车公司旗下品牌主要有克莱斯勒、道奇、吉普以及普利茅斯等，如图4-5所示。

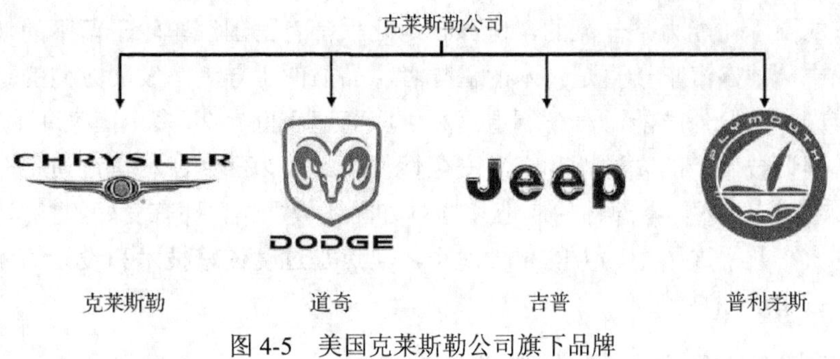

图 4-5　美国克莱斯勒公司旗下品牌

4.2　德国汽车工业

4.2.1　德国汽车工业特点

德国是汽车工业的发源地，是生产汽车历史最悠久的国家，已有 120 多年的历史。1886 年，德国人卡尔・本茨发明制造的世界上第一辆三轮汽车获得专利权。这一天通常被认为是汽车诞生日，图 4-6 所示为卡尔・本茨和他发明的世界上第一辆三轮汽车。

图 4-6　卡尔・本茨和他发明的世界上第一辆三轮汽车

汽车工业是德国国民经济的主要支柱产业，为德国创造了最多的就业、税收和技术创新成果。德国是世界上汽车制造强国，坚持技术领先是德国汽车工业发展战略的核心，无论是生产高档豪华车的奔驰、宝马，还是生产普通乘用车的大众，都始终将追求技术领先作为企业发展的战略基点。重视技术研发和产品储备是德国汽车工业保持技术领先的重要原因，德国汽车工业研发工作的重点是提高汽车质量、改善安全性能、降低能耗。德国主要汽车公司具有显著的专业化发展特点，奔驰、宝马集中生产高档豪华乘用车，大众集中生产各种普通乘用车。

德国汽车的国际化能力是一流的，世界各地几乎都有德国汽车轮子留下的痕迹。在世界汽车竞争格局中，德国汽车一直是技术的倡导者、品质的主导者、发展方向的定调者。德国汽车厂商拥有庞大的海外产能，汽车制造商和供应商遍布世界 20 多个国家和地区。

德国汽车强调技术上的先进性和高度安全性，设计较为严谨、科学，质量非常可靠，技术非常先进，在制造技术、零部件的制造和选材方面比较严格，拥有良好的技术性和耐久性。造世界一流的汽车几乎成了德国人的精神追求，缺点是过度依赖技术和设计的先进性，选材不计成本，所以车价偏高。

4.2.2 德国主要汽车企业与品牌

德国主要整车制造商有大众汽车公司、宝马公司、戴姆勒公司等。

1. 大众汽车公司

大众汽车（德语：Volkswagen）成立于 1937 年，总部位于德国沃尔夫斯堡。旗下品牌主要有大众、奥迪、斯柯达、布加迪、兰博基尼以及宾利等，如图 4-7 所示。

图 4-7 大众汽车公司旗下品牌

大众汽车公司在我国的汽车业务主要有上海大众汽车有限公司、一汽大众汽车有限公司、大众汽车变速器（上海）有限公司、大众汽车自动变速器（大连）有限公司、大众汽车自动变速器（天津）有限公司、上海大众动力总成有限公司以及大众一汽发动机（大连）有限公司等。

2. 宝马公司

宝马公司创建于 1916 年，总部设在德国慕尼黑。旗下品牌有宝马、迷你和劳斯莱斯 3 个，如图 4-8 所示，这些品牌占据了从小型车到大型豪华轿车各个细分市场的高端，使宝马集团成为世界上唯一一家专注于高档领域的汽车和摩托车制造商。

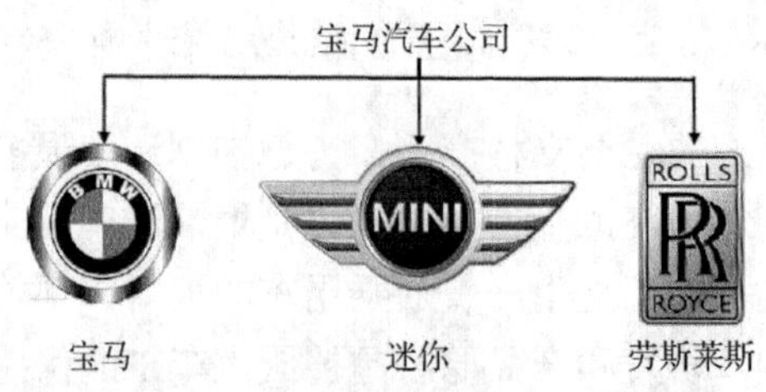

图 4-8 宝马汽车公司旗下品牌

宝马公司在我国的汽车业务主要有华晨宝马汽车有限公司和宝马集团中国技术中心。

3. **戴姆勒公司**

戴姆勒公司也称奔驰汽车公司，它成立于 1926 年，创始人是卡尔·本茨和戈特利布·戴姆勒，总部设在德国的斯图加特；旗下品牌是奔驰。现在，奔驰汽车公司除以高质量、高性能豪华汽车闻名外，它也是世界上最著名的大客车和重型载重汽车的生产厂家之一。

奔驰汽车公司在中国的汽车业务主要有北京奔驰汽车有限公司、比亚迪戴姆勒新技术有限公司和北京福田戴姆勒汽车有限公司等。

4.3　日本汽车工业

4.3.1　日本汽车工业特点

相比较德国和美国，日本进入汽车业稍晚一步，但却有后来者居上之趋势。日本汽车工业在 20 世纪 50 年代形成完整体系，60 年代是突飞猛进的时期，1961 年日本汽车产量超过意大利跃居世界第 5 位；1965 年超过法国居第 4 位；1966 年超过英国升为第 3 位，1980 年日本汽车产量首次突破 1 000 万辆大关，达 1 104 万辆，一举击败美国成为世界第一。

日本对世界汽车工业的最大贡献就是丰田公司开创了精益生产方式。这种精益生产方式就是用精益求精的态度和科学的方法来控制和管理汽车的设计开发、工程技术、采购、制造、贮运、销售和售后服务的每一个环节，从而达到以最小的投入创造出最大价值的目的。这其中的每一个环节以及各环节之间的衔接都是经过精心筹划和计算的。

日本汽车的设计理念是两小一大，即油耗最小、使用成本最小，舒适性和使用便利性最大。日本汽车往往都是小排量的发动机，而且节油技术非常先进，保养和维护成本都比较小，使用成本非常低。在汽车的设计方面，特别是驾驶舱的设计方面，选材非常科学，善于营造舒适、温馨的氛围，各种储物格和舒适性电子装备非常多，强调最大的舒适性、便利性。缺点是成本控制做得很好，导致一些不容易被发现的零部件质量比较低，设计方面对安全性的重视程度不够好。

4.3.2　日本主要汽车企业与品牌

日本主要整车制造商有丰田汽车公司、本田汽车公司、日产汽车公司、铃木汽车公司、三菱汽车业公司以及马自达汽车公司等。以下主要介绍丰田汽车公司和本田汽车公司。

1. **丰田汽车公司**

丰田汽车公司（Toyota Motor Corporation），简称“丰田”（TOYOTA），创始人为丰田喜一郎，成立于 1933 年，总部设在日本爱知县丰田市。旗下品牌有丰田、雷克萨斯和斯巴鲁以及大发等，如图 4-9 所示。

丰田汽车公司在中国的汽车业务主要有天津一汽丰田汽车有限公司、四川一汽丰田有限公司、天津一汽丰田发动机有限公司、一汽丰田（长春）发动机有限公司、丰田一汽（天津）模具有限公司、广汽丰田汽车有限公司、广汽丰田发动机有限公司和长春一汽丰越汽车有限公司等。

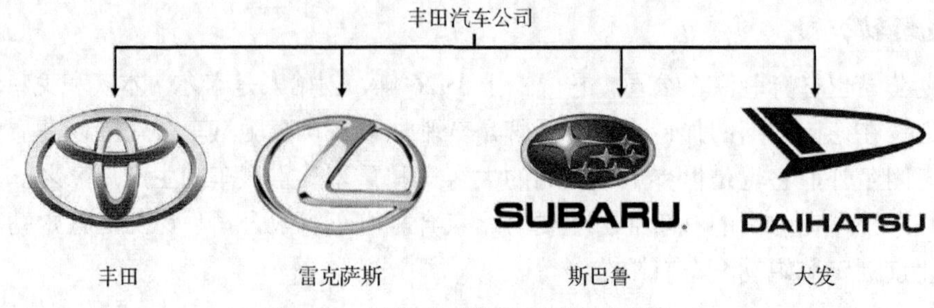

图 4-9　日本丰田汽车公司旗下品牌

2. **本田汽车公司**

本田汽车公司简称“本田”（HONDA），创始人是本田宗一郎，成立于 1946 年，总部设在日本东京。旗下品牌有本田和讴歌，如图 4-10 所示。

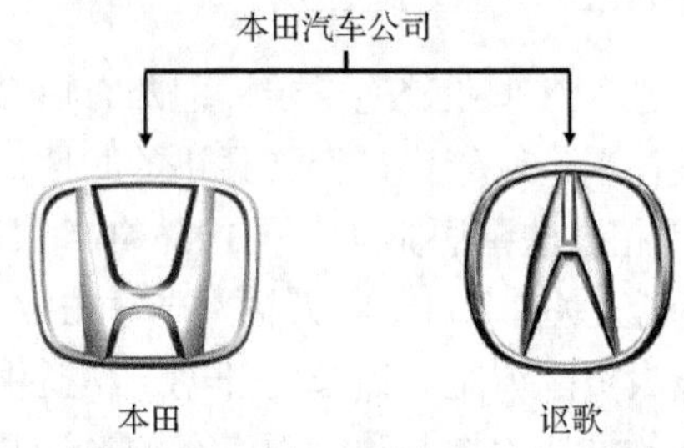

图 4-10　日本本田汽车公司旗下品牌

本田汽车公司在中国的汽车业务主要有广汽本田汽车有限公司、东风本田汽车有限公司、本田汽车（中国）有限公司、本田生产技术（中国）有限公司、东风本田发动机有限公司、东风本田汽车零部件有限公司和本田汽车零部件制造有限公司等。

4.4　中国汽车工业

4.4.1　中国汽车工业特点

我国随着私人汽车消费的普及和汽车市场的快速发展，各地方纷纷引入汽车整车制造项目。

中国主要汽车生产省（直辖市、自治区）有广东省、吉林省、上海市、北京市、重庆市、广西壮族自治区、湖北省、辽宁省、山东省、安徽省等。

1. **广东省**

广东省汽车工业的崛起速度在国内是最快的，从 1998 年本田重组广州轿车项目，目前已经成为全国第一大汽车生产区。目前，广东省汽车整车制造业产品结构总体以轿车为主导，形成了具有鲜明的日系汽车产业集群的特点。

目前广东省汽车整车企业主要有广州汽车集团股份有限公司、广汽本田汽车有限公司、广汽丰田汽车有限公司、广汽日野汽车有限公司、广州汽车集团乘用车有限公司、广州汽车集团客车有限公司、比亚迪汽车有限公司、北汽（广州）汽车有限公司、东风日产乘用车公司以及长安标致雪铁龙汽车有限公司等。

2. 吉林省

吉林省是中国汽车工业的摇篮，汽车产业是吉林省最大的支柱产业。1953 年 7 月 15 日，第一汽车制造厂（今中国第一汽车集团公司）在长春动工兴建，开创中国汽车工业之先河，象征着中国汽车就此起步。经过 60 多年的发展，以长春为中心的汽车产业集群区域已成形。

目前吉林省汽车整车企业主要有中国第一汽车集团公司（简称一汽集团）、一汽-大众汽车有限公司、一汽轿车股份有限公司、一汽解放汽车有限公司、一汽客车有限公司、一汽专用汽车有限公司、长春一汽四环汽车股份有限公司、一汽吉林汽车有限公司、长春一汽华凯汽车有限公司以及四川一汽丰田汽车有限公司长春丰越公司等。

3. 上海市

上海市拥有目前我国最大的轿车生产基地和全国三大汽车集团之一的上汽集团。1985 年，中国最早的轿车合资企业—上海大众成立，上海汽车工业由此找到了一条捷径，走上了高速发展的道路。

目前上海市汽车整车企业主要有上海汽车集团股份有限公司、上海大众汽车有限公司、上海通用汽车有限公司、上海汽车集团股份有限公司乘用车分公司、上海汽车商用车有限公司、上海申沃客车有限公司、上海汇众汽车制造有限公司、上海万象汽车制造有限公司、上海华普汽车有限公司以及上海申龙客车有限公司等。

4. 北京市

北京市汽车制造业的发展主要依托于“一个基地，三大板块”的形成与发展。一个基地是指顺义汽车制造基地，三个板块则是以北京现代为代表的轿车板块，以吉普为代表的轻型越野车板块和以福田汽车为代表的商用车板块。北京市汽车产业的产品结构齐全，包含了载货车、客车、SUV、轿车以及专用车。其中以轻型载货车、重型载货车、轻型客车、轿车以及各类专用车为主导产品。

目前北京市汽车整车企业主要有北京汽车股份有限公司、北京奔驰汽车有限公司、北京现代汽车有限公司、北京汽车股份有限公司北京分公司、北京吉普汽车有限公司、北汽福田汽车股份有限公司、北京轻型汽车有限公司、北京汽车制造厂有限公司、北京北旅汽车制造有限公司以及北京北方华德尼奥普兰客车股份有限公司等。

5. 重庆市

重庆市的汽车工业适于 1965 年，经过 50 多年的发展，已经成为国内重要的汽车生产基地，是最大微车生产基地。重庆汽车产业的产品结构齐全，商用车从载质量 0.5t 的微型货车到载质量 20t 以上的重型货车，从载人数 7 人以下的微型客车到 60 人以上的大型客车，基本实现了所有细分市场的全面覆盖。乘用车能生产排量 1.0～3.0L 的轿车、多功能乘用车（Multi-Purpose Vehicles，MPV）、运动型多用途乘用车（Sport Utility Vehicle，SUV）等不同种类及各种价位的产品。

目前，重庆市汽车整车企业主要有重庆长安汽车股份有限公司、长安福特马自达汽车有限公司、重庆长安铃木汽车有限公司、庆铃汽车（集团）有限公司、重庆力帆汽车有限公司、重庆力帆乘用车有限公司、重庆宇通客车有限公司、重庆安凯客车有限公司、重庆红岩汽车有限公司以及上汽依维柯红岩商用车有限公司等。

6. 广西壮族自治区

广西壮族自治区汽车产业主要集中在柳州，柳州是目前唯一同时拥有上汽、一汽、东风、重汽等国内四大汽车集团整车生产基地的城市，微车国内市场占有率列全国首位，中重轻型载货车、多功能乘用车、客车也具有一定的竞争力。

目前广西壮族自治区汽车整车企业主要有柳州五菱汽车有限责任公司、上汽通用五菱汽车有限公司、东风柳州汽车有限公司、一汽解放柳州特种汽车有限公司、中国重汽集团柳州运力专用汽车有限公司、桂林大宇客车有限公司以及桂林客车工业集团有限公司等。

7. 湖北省

1969年，中国第二汽车在湖北省十堰市落成，20世纪90年代更名为“东风汽车”，与一汽、上汽并称我国“三大汽车集团”。经过50年的发展，湖北省已经建成十堰市、襄阳市、武汉市沿汉江沿线，荆州市、黄石市沿长江沿线两条汽车产业聚集带，逐步形成武汉乘用车制造基地、十堰市中重型商用车制造基地、襄阳市轻型商用车及中高档轿车制造基地和随州专用汽车产业基地。

目前湖北省汽车整车企业主要有东风汽车公司、神龙汽车有限公司、东风本田汽车有限公司、东风乘用车公司、东风商用车公司、东风电动车辆股份有限公司、东风特种汽车有限公司、东风（十堰）特种商用车有限公司、东风越野车有限公司以及三环集团公司等。

8. 辽宁省

辽宁省汽车工业产品主要有轿车，大、中、轻型客车，SUV，轻型货车，以及汽油和柴油两大系列车用发动机。

目前辽宁省汽车整车企业主要有华晨汽车集团控股有限公司、华晨宝马汽车有限公司、沈阳金杯车辆制造有限公司、沈阳华晨金杯汽车有限公司、上海通用（沈阳）北盛汽车有限公司、丹东黄海汽车有限责任公司、辽宁曙光汽车集团股份有限公司、一汽客车大连客车厂、奇瑞大连生产基地以及东风日产大连分公司等。

9. 山东省

山东省汽车工业产品主要是重、中、轻型载货类汽车。经过近几年的发展，山东省汽车产业产品结构有了明显优化，产品门类已比较齐全，轿车，重、中、轻微型货车，大、中型客车，轻型客车和微型客车等均能生产，在全国汽车产业中的影响也进一步扩大。

目前山东省汽车整车企业主要有中国重汽集团有限公司，一汽解放青岛汽车厂、北汽福田诸城车辆厂、中通客车控股股份有限公司、上海通用东岳汽车公司、上汽通用五菱青岛分公司、济南吉利汽车有限公司、荣成华泰汽车有限公司、中集车辆（山东）有限公司以及一汽大众华东生产基地等。

10. 安徽省

安徽省汽车工业起步于1968年，经过50多年的发展，走自主品牌之路，产品覆盖乘用车、商用车和专用车。

目前安徽省汽车整车企业主要有奇瑞汽车股份有限公司、江淮汽车股份有限公司、合肥昌河汽车有限公司、安徽华菱重型汽车有限公司、安徽星马汽车股份有限公司、安徽江淮专用汽车有限公司、安徽安凯汽车股份有限公司、奇瑞商用车（安徽）有限公司、安徽江淮客车有限公司以及安徽长安专用汽车制造有限公司等。

4.4.2　中国主要汽车企业与品牌

国内主要汽车整车制造企业有中国第一汽车集团公司、东风汽车公司、上海汽车集团股份有限公司、中国长安汽车集团股份有限公司、北京汽车集团有限公司、广州汽车集团股份有限公司、华晨汽车集团控股有限公司、奇瑞汽车股份有限公司、浙江吉利控股集团有限公司、长城汽车股份有限公司以及安徽江淮汽车集团有限公司等。

1. 中国第一汽车集团公司（简称一汽集团）

1953 年 7 月 15 日，第一汽车制造厂破土动工，中国汽车工业从这里起步，经过 60 多年的发展，一汽集团已经成为国内最大的汽车企业集团之一，形成了东北、华北、华南和西南四大基地，分布在哈尔滨、长春、吉林、大连、北京、天津、青岛、无锡、成都、柳州、曲靖、佛山、海口等城市。公司业务覆盖汽车研发、乘用车、商用车、零部件和衍生经济等。

一汽集团合资品牌有大众、奥迪、丰田、马自达等；自主品牌有红旗、一汽、夏利等，如图 4-11 所示。

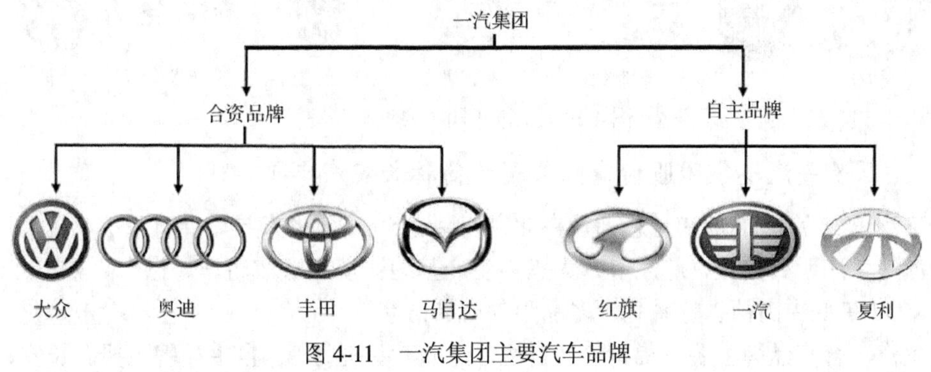

图 4-11　一汽集团主要汽车品牌

2. 东风汽车公司（简称东风汽车）

东风汽车前身是第二汽车制造厂，成立于 1969 年，总部设在湖北武汉。经过 50 年的发展，已陆续建成了十堰（主要以中、重型商用车，零部件，汽车装备事业为主）、襄阳（以轻型商用车、乘用车为主）、武汉（以乘用车为主）、广州（以乘用车为主）四大基地，在上海、广西柳州、江苏盐城、四川南充、河南郑州等地设有分支企业。公司业务范围涵盖全系列商用车、乘用车、校车、汽车零部件和汽车装备等。

东风汽车合资品牌有日产、本田、雪铁龙、标致、起亚等；自主品牌有风神和裕隆等，如图 4-12 所示。

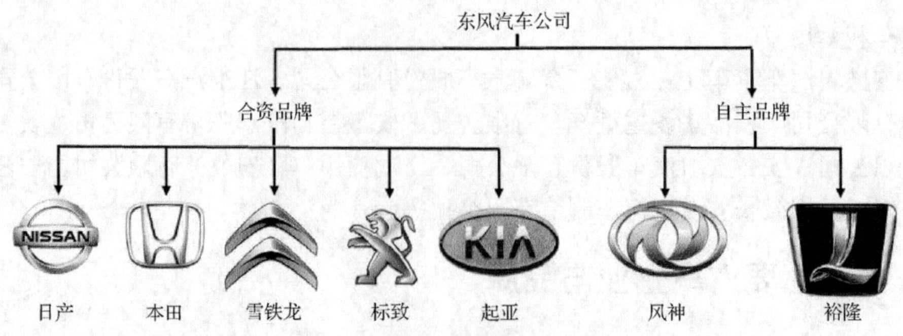

图 4-12　东风汽车主要汽车品牌

3. 上海汽车集团股份有限公司（简称上汽集团）

上汽集团成立于 2004 年，总部设在上海。公司主要业务涵盖整车（包括乘用车、商用车）、零部件（包括发动机、变速器、动力传动、底盘、内外饰、电子电器等）的研发、生产、销售，以及汽车服务贸易业务和汽车金融业务等。

上汽集团合资品牌有大众、别克、雪佛兰、斯柯达等；自主品牌有荣威、五菱和宝俊等，如图 4-13 所示。

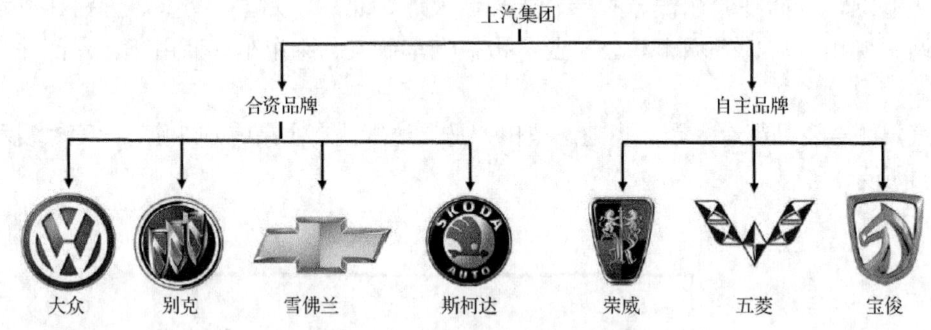

图 4-13　上汽集团主要汽车品牌

4. 中国长安汽车集团股份有限公司（简称长安汽车）

长安汽车成立于 2005 年，总部设在北京，经过 50 多年的发展，拥有重庆、北京、江苏、河北、浙江、江西、安徽、广东等八大国内生产基地；现已形成轿车、微车、客车、卡车、SUV、MPV 等低中高档、宽系列、多品种的产品谱系。

长安汽车合资品牌主要有福特、马自达、铃木、雪铁龙等；自主品牌主要有长安、昌河、哈飞、陆风等，如图 4-14 所示。

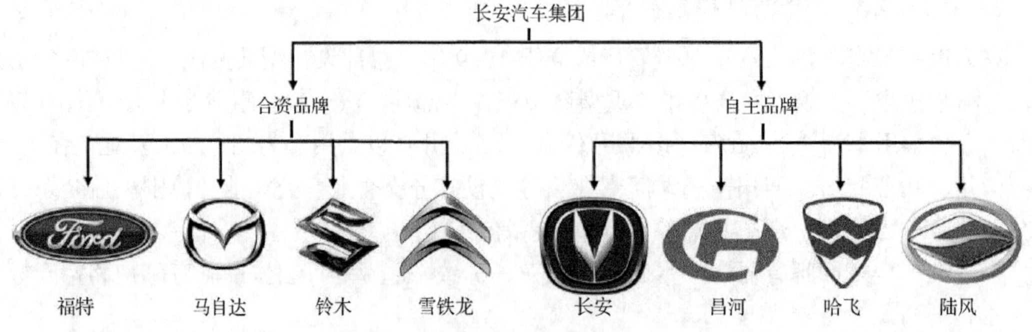

图 4-14　长安汽车主要汽车品牌

5. 北京汽车集团有限公司（简称北汽集团）

北汽集团始建于 1958 年，2010 年成立北京汽车集团有限公司，总部设在北京。北汽集团先后自主研制生产了中国第一代轻型越野车 BJ212 和第一代轻型载货车 BJ130，建立了中国汽车工业第一家整车制造合资企业——北京吉普汽车有限公司和中国加入 WTO 以后第一家整车制造合资企业——北京现代汽车有限公司，收购了瑞典萨博汽车相关知识产权等，创造了中国汽车工业的多个第一。经过 60 多年的发展，业务已涵盖整车研发与制造、通用航空产业、汽车零部件制造、汽车服务贸易、投融资等。

北汽集团合资品牌主要有现代、奔驰、铃木、吉普等；自主品牌主要有北京、福田等，如图 4-15 所示。

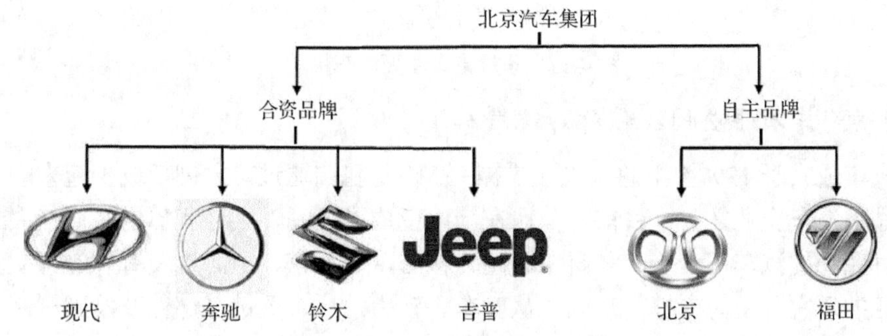

图 4-15　北汽集团主要汽车品牌

6. 广州汽车集团股份有限公司（简称广汽集团）

广汽集团成立于 2005 年，总部设在广州，主要业务有面向国内外市场的汽车整车及零部件设计与制造，汽车销售与物流，汽车金融、保险及相关服务，具有独立完整的产、供、销及研发体系。

广汽集团合资品牌主要有本田、丰田、三菱、日野、菲亚特等；自主品牌有广汽、吉奥和中兴等，如图 4-16 所示。

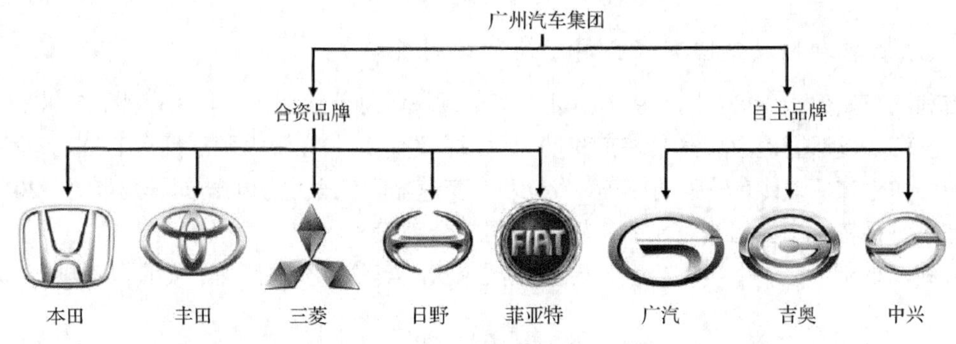

图 4-16　广汽集团主要汽车品牌

7. 华晨汽车集团控股有限公司（简称华晨汽车）

华晨汽车成立于 2002 年，总部设在辽宁沈阳，是我国汽车工业高起点“自主创新、自有技术、自主品牌”的主力军，是一个集整车、发动机、核心零部件研发、设计、制造、销售以及资本运作于一体的大型企业集团，产品覆盖中、轻、轿、客、微多品种款系列的整车、发动机和零部件等。

华晨汽车合资品牌主要有宝马；自主品牌主要有中华和金杯，如图 4-17 所示。

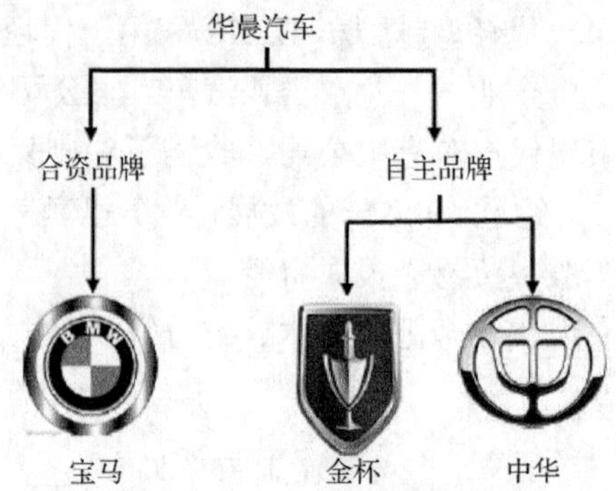

图 4-17　华晨汽车主要汽车品牌

8. 奇瑞汽车有限公司（简称奇瑞汽车）

奇瑞汽车成立于 1997 年，总部设在安徽芜湖，是我国通过自主创新成长起来的最具代表性的自主品牌汽车企业之一。目前，公司在国内建成了芜湖、大连和鄂尔多斯三大乘用车生产基地，以芜湖的汽车工程研究和研发总院为核心，以北京、上海以及海外的意大利、日本和澳大利亚的研究分院为支撑，形成了从整车、动力总成、关键零部件开发到试制、试验较为完整的产品研发体系。

奇瑞汽车以自主品牌为主，主要有奇瑞、开瑞、威麟、瑞麒等，如图 4-18 所示。

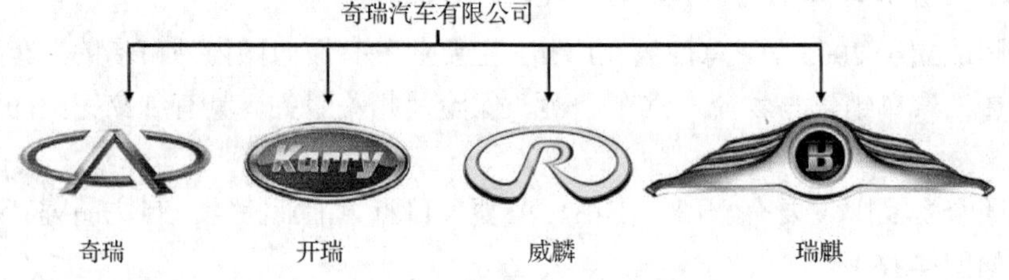

图 4-18　奇瑞汽车主要汽车品牌

9. 浙江吉利控股集团有限公司（简称吉利汽车）

吉利汽车始建于 1986 年，1997 年进入汽车领域，总部设在杭州，在台州、宁波和兰州、湘潭、济南、成都等地建有汽车整车和动力总成制造基地，在澳大利亚拥有 DSI 自动变速器研发中心和生产厂，具有较强的整车、发动机、变速器和汽车电子电器的开发能力。2010 年，吉利完成对福特汽车公司旗下沃尔沃轿车公司的全部股权收购。

吉利汽车旗下品牌主要有吉利、帝豪、沃尔沃、英伦、全球鹰等，如图 4-19 所示。

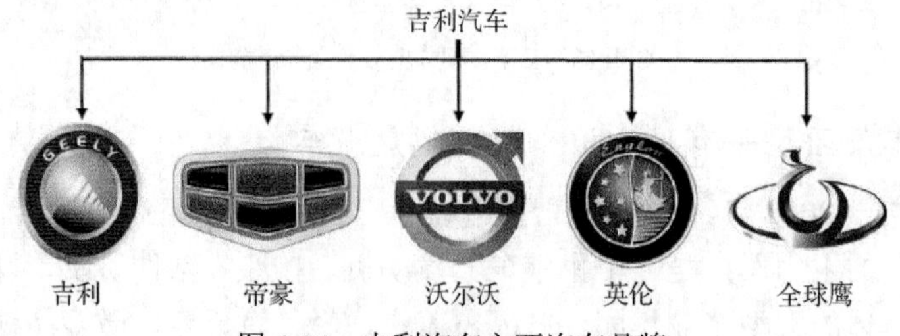

图 4-19　吉利汽车主要汽车品牌

10. **长城汽车股份有限公司**

长城汽车成立于 1984 年，总部设在河北省保定市，是中国最大的 SUV 和皮卡制造企业，产品涵盖 SUV、轿车、皮卡三大品类，拥有 4 个整车生产基地，具备发动机、变速器等核心零部件的自主配套能力。

长城汽车自主品牌有“哈弗”和“长城”。

4.5 其他国家主要汽车企业与品牌

4.5.1 韩国主要汽车企业与品牌

韩国汽车工业是从 20 世纪 50 年代中期开始起步的，仅用了 40 多年时间就走完了发达国家百余年的历程，并成为当今世界汽车生产大国，其成就举世瞩目。韩国汽车工业选择的是引进跨越模式，沿着 KD 装配—以零部件国产化为核心的汽车产业自主创新—自主开发的发展道路而成功实现跨越。韩国汽车最大的特点就是设计新潮，价格低廉，同时集欧美各国汽车技术于一身，充分利用了别国的技术、自身的特点和优势；配置一般都很齐全，内饰也十分精细。

韩国主要整车制造商为现代起亚汽车集团。起亚汽车公司成立于 1944 年，现代汽车公司成立于 1967 年，现代起亚汽车集团成立于 1999 年，总部设在韩国首尔，旗下品牌有现代和起亚，如图 4-20 所示。

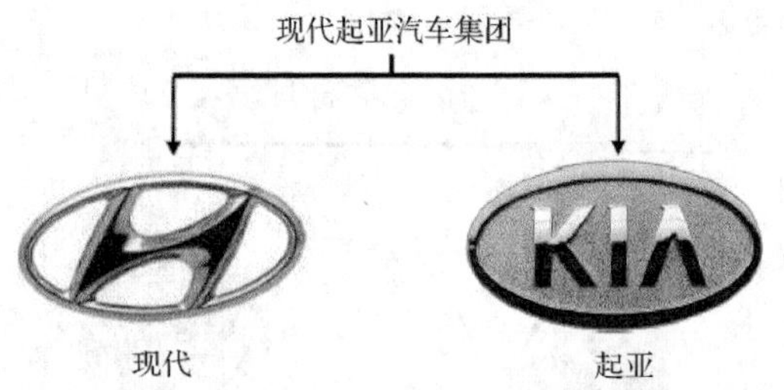

图 4-20 现代起亚汽车集团旗下品牌

现代起亚汽车集团在中国主要有北京现代汽车有限公司和东风悦达起亚汽车有限公司。北京现代汽车有限公司成立于 2002 年，由北京汽车投资有限公司和韩国现代自动车株式会社共同出资设立，主要生产现代品牌的系列车型。东风悦达起亚汽车有限公司成立于 2002 年，由东风汽车公司、江苏悦达投资股份有限公司、韩国起亚自动车株式会社共同组建，总部位于江苏盐城，主要生产起亚品牌的系列车型。

4.5.2 法国主要汽车企业与品牌

汽车产业是法国的经济支柱之一，在历史上曾经为法国带来过一个个辉煌，也曾经把法兰西的浪漫文化撒播到全世界，2006 年法国汽车总产量为 317 万辆，位居世界第 6 位。法国汽车最大的特点就是在欧洲设计理念的平台上，突出人性化，其内部储物箱非常多，非常便捷。另外法国是个浪漫的国家，这一点也体现到了法国汽车身上，前卫的设计、浪漫的车身线条等，构成了法国大街上一道道美丽的风景线。法国本土整车制造商主要有标致-雪铁龙集团和雷诺集团，另外还有大众、福特、菲亚特、戴姆勒-克莱斯勒、丰田、宝马和尼桑等国外厂商，但本土汽车厂商在法国汽车市场占主导地位。

标致雪铁龙集团成立于 1976 年，总部设在法国巴黎，旗下品牌是标致和雪铁龙，如图 4-21 所示。

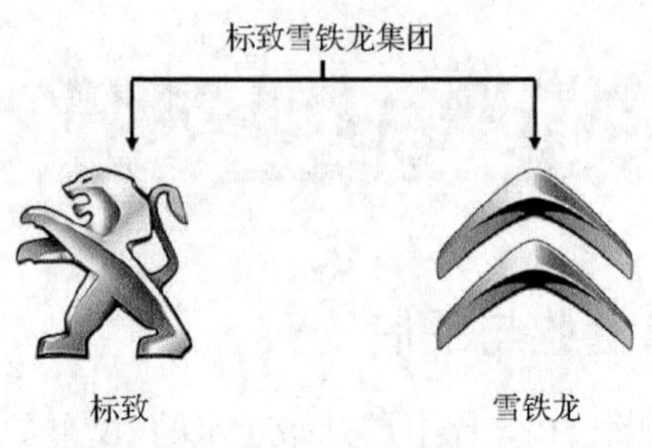

图 4-21 标致雪铁龙集团旗下品牌

标致雪铁龙集团在中国主要有神龙汽车有限公司和长安标致雪铁龙汽车有限公司。神龙汽车有限公司成立于 1992 年，是由东风汽车公司与法国标致雪铁龙集团合资兴建的汽车生产经营企业，总部位于湖北武汉；主要生产东风雪铁龙和东风标致两个品牌的系列车型。长安标致雪铁龙汽车有限公司成立于 2011 年，是由中国长安汽车集团股份有限公司和法国标致雪铁龙集团共同出资组建，总部设在深圳；主要生产雪铁龙 DS 系列车型。

雷诺汽车公司成立于 1898 年，创始人是路易斯·雷诺三兄弟，总部设在法国的布洛涅-比扬古，是世界上最悠久的汽车公司；旗下品牌有雷诺和日产，如图 4-22 所示。2002 年，设立了雷诺-日产汽车公司。

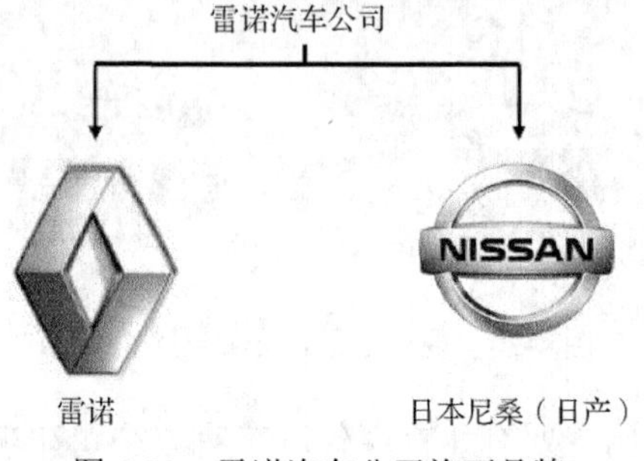

图 4-22 雷诺汽车公司旗下品牌

4.5.3 英国主要汽车企业与品牌

在汽车发明的 120 多年里，英国汽车一直被认为是代表着汽车工艺的极致以及品位、价值、豪华、典雅这些诸多词语在汽车上最完美的体现。英国的汽车工业曾经有过无比的辉煌，从 20 世纪 20 年代起直到 20 世纪 50 年代，一直保持着世界第二汽车生产大国的地位。作为老牌制造大国，英国曾经在世界汽车工业发展史上扮演过十分重要的角色。英国打造了许多世界驰名的汽车品牌，如劳斯莱斯、宾利、捷豹、阿斯顿·马丁、陆虎、迷你、罗孚等。目前，这些汽车品牌除了劳斯莱斯还属于英国外，其余都被其他国家的汽车跨国公司所收购。英国的汽车制造业虽然在走下坡路，但其汽车研发业务却越来越红火，包括福特、大众、丰田、本田的重要研发项目，都拿到英国来做，沃尔沃、捷豹等都是由英国人在英国开发的。

4.5.4　意大利主要汽车企业与品牌

意大利主要汽车企业是菲亚特汽车公司。菲亚特汽车公司成立于 1899 年，总部设在意大利都灵；旗下品牌有菲亚特、法拉利等，如图 4-23 所示。

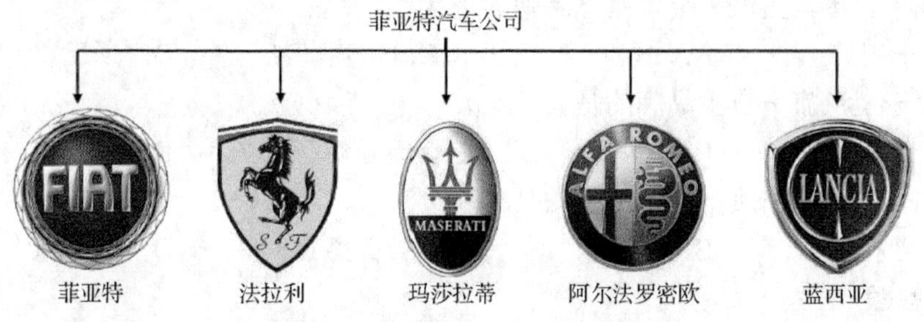

图 4-23　菲亚特汽车公司旗下品牌

在中国设有广汽菲亚特汽车有限公司，成立于 2010 年，由广州汽车集团股份有限公司和菲亚特汽车股份有限公司共同组建，总部位于湖南长沙，主要生产菲亚特品牌的系列产品。

练习与实训

一、判断题

1．美国是汽车轮子上的国家，人均汽车拥有量世界第一。（　　）

2．德国人获得了世界第一辆汽车专利权。（　　）

3．日本对世界汽车工业的最大贡献就是丰田公司开创了精益生产方式。（　　）

4．中国连续 10 年以上汽车产销量世界第一。（　　）

5．最早在中国设立汽车合资企业的是日本丰田公司。（　　）

二、填空题

1．1909 年，福特汽车公司生产的______________为汽车制造开创了新纪元，它是世界上____________上装配而成的汽车。从第一辆 T 型车面世到它的停产，共计有_______辆被销售。

2．美国汽车工业经过长期的竞争和兼并，目前主要整车制造商为__________________、______________和____________。

3．德国主要整车制造商有____________、____________、____________、____________、____________等。

4．日本主要整车制造商有____________、____________、____________、____________、____________、____________等。

5．中国六大汽车集团分别是______________、______________、______________、______________、______________、______________。

三、选择题

1．不属于美国通用汽车公司旗下品牌的是（　　）。

A．别克　　B．雪佛兰　　C．林肯　　D．凯迪拉克

2．不属于德国大众汽车公司旗下品牌的是（　　）。

A．大众　　B．奥迪　　C．斯柯达　　D．宝马

3．不属于日本丰田汽车公司旗下品牌的是（　　）。

A．丰田　　B．讴歌　　C．雷克萨斯　　D．斯巴鲁

4．不属于上汽旗下自主品牌的是（　　）。

A．荣威　　B．陆风　　C．五菱　　D．宝俊

5．不属于吉利汽车旗下自主品牌的是（　　）。

A．吉利　　B．帝豪　　C．吉奥　　D．沃尔沃

四、问答题

1．美国汽车工业有什么特点？

2．德国汽车工业有什么特点？

3．日本汽车工业有什么特点？

4．英国汽车工业有什么特点？

5．中国汽车工业有什么特点？

五、实训题

分析使用教材前一年或二年（如 2019 年）的国内外汽车工业情况，并写出实训报告。

实训报告

实训题目	国内外汽车工业情况				
学生姓名		班级		学号	
实训地点		学时		日期	
实训结果					
进入世界 500 强的前 10 位的汽车企业					
全球汽车销量前 10 位的汽车企业					
国内汽车销量前 10 位的汽车企业					
全球最有价值汽车品牌前 10 位					
全球十大车企					

续表

<table>
<tr><td rowspan="2">国内最受欢迎的汽车品牌前 10 位</td><td></td><td></td><td></td><td></td><td></td></tr>
<tr><td></td><td></td><td></td><td></td><td></td></tr>
<tr><td>国内汽车总销量</td><td></td><td>汽车保有量</td><td></td><td>千人保有量</td><td></td></tr>
<tr><td colspan="6">实训结果分析</td></tr>
<tr><td colspan="6"></td></tr>
<tr><td colspan="6">实训心得</td></tr>
<tr><td colspan="6"></td></tr>
</table>

指导教师		成绩	

第 5 章 汽车人才类型和岗位

【教学目标】

通过本章的学习，学生了解汽车人才培养类型和汽车行业人才需求类型，对汽车产品设计岗位、生产岗位、销售岗位以及汽车服务岗位有较全面的认识，为学好汽车专业和适应就业岗位奠定基础。

【教学要求】

知识要点	能力要求
汽车人才培养与需求类型	了解汽车人才培养类型、汽车企业类型以及人才要求与企业类型的关系
汽车产品设计岗位	了解汽车产品开发流程，以及汽车设计工程师、汽车分析工程师和汽车测试工程师的工作内容和能力要求
汽车产品生产岗位	了解汽车产品生产流程，以及汽车工艺工程师和汽车质量工程师的工作内容和能力要求
汽车产品销售岗位	了解汽车销售工程师、汽车技术支持工程师和汽车销售顾问的工作内容和岗位要求
汽车服务岗位	了解汽车维修服务流程以及汽车维修工的工作内容和岗位职责；了解二手车评估流程以及二手车评估师的工作内容和岗位职责

【导入案例】

我国高校应届毕业生人数 2019 年达到 834 万，再加上海归潮，造成就业难的现象，如图 5-1 所示。造成这种现象的原因是多方面的，其中企业需求和学校供给之间存在严重矛盾，企业求才若渴，大学毕业生求职艰难，这种矛盾必须解决，才能缓解大学生就业难问题。对于汽车专业的大学生，必须了解社会需要什么样的汽车人才，企业招聘岗位工作内容是什么，对应聘人员的能力有什么要求，通过本章的学习，读者可以获得答案，并为做好自己的就业规划奠定基础。

图 5-1　大学毕业生就业现象

5.1　汽车人才培养与需求类型

5.1.1　汽车人才培养类型

目前，学校培养学生的方向及学生应该学习的内容、掌握的技能还不能完全满足社会的实际需求，学生对社会实际需求不了解，特别是汽车类专业，实践性强，技术更新快。为了培养适应社会需求的人才，必须做好人才培养目标定位，了解企业主要招聘岗位对人才能力的要求。

汽车人才培养类型一方面与学校定位有关，另一方面要满足汽车工业对技术人才的需求，各学校应根据自己的定位和服务的领域等，确定具有特色的人才培养类型。

专业技术人才是指从事科学研究和专业技术工作的人员，可以分为学术型人才、应用型人才和复合型人才。

1. 学术型人才

学术型人才是发现和研究客观规律的人才，以学术研究为导向，偏重理论研究，为学校或科研单位培养教学或科研人员。

2. 应用型人才

应用型人才是把已经发现的一般自然规律转化为应用成果的人才，以专业实践为导向，偏重实践和应用，为企业培养高层次专门人才。应用型人才又包括工程型人才、技术型人才、技能型人才和服务型人才。

（1）工程型人才。工程型人才主要依靠所学专业基本理论、专门知识和基本技能，将科学原理及学科知识转化为技术方案或设计图纸。

（2）技术型人才。技术型人才主要从事产品开发、生产现场管理、经营决策等活动，将设计方案与图纸转化为产品。

（3）技能型人才。技能型人才主要依靠熟练的操作技能来具体完成产品的制作，把决策、设计、方案等变成现实，转化为不同形态的产品。

（4）服务型人才。服务型人才是基于我国当前产业结构转型，即在以现代服务业为重心的产业结构调整背景下，对应用型人才的进一步定位和细分。特别是在信息时代和互联网时代，服务型人才显得更为重要。

3. 复合型人才

随着科学技术的迅速发展以及学科分化与综合水平的不断提升，各专业之间、各岗位之间的交叉渗透也日益增多，因此社会对未来人才知识能力的复合性要求日趋强烈，相应地出现了许多复合型人才。复合型人才应该是在各个方面都有一定能力，在某一个具体的方面要能出类拔萃的人。复合型人才体现知识复合、能力复合和思维复合。

无论哪种人才，都需要具有相应的素质、知识、能力与技能。素质是就业的基础，知识是就业的条件，能力是就业的关键，技能是就业的根本。

学校定位不同、所在区域不同、服务企业范围不同，培养学生的标准也会有差异。各学校应该根据自己的实际情况，确定具有独自特色的培养方案。

5.1.2 汽车人才需求类型

汽车人才需求类型与企业性质密切相关。

1. 汽车企业类型

我国汽车企业类型如图 5-2 所示。在我国汽车行业开发过程中产生了 3 类汽车企业，即国有企业、合资企业和民营企业。国有汽车企业一直是国家重点管理的对象，现有国有汽车企业核心部分基本都中外合资化了，如一汽、东风、上汽、长安、广汽、北汽。合资企业是我国汽车产业利用外资的主要形式，目前国家放开了外资所占股比的限制，甚至允许独资，这将改变我国汽车工业的产业结构。民营企业从事汽车行业，必须搞产品开发，创造自主品牌，如比亚迪、奇瑞、吉利等。

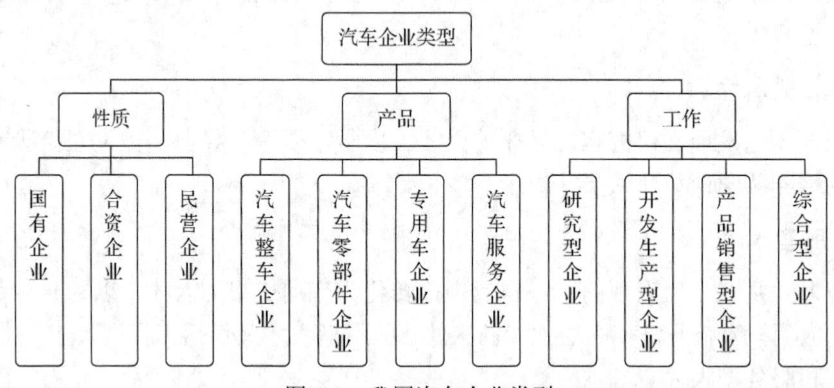

图 5-2 我国汽车企业类型

汽车企业按照产品又分为整车企业、零部件企业、专用车企业、汽车服务企业等。整车企业主要从事汽车整车及其零部件的开发、设计、生产制造和销售。零部件企业以汽车零部件为对象，进行开发、设计、生产制造和销售，技术实力强的零部件企业在行业中的某类零部件或某领域中具有主导和领导地位，如德国博世公司是全球第一大汽车技术供应商；一般零部件企业只是整车企业的制造基地，我国汽车零部件企业绝大多数属于这类企业。专用车企业主要从事专用车及其零部件的开发、设计、生产制造和销售。汽车服务企业主要是指汽车后市场，包括汽车销售、汽车维修等。

我国汽车工业从技术层面考虑，可以分为研究型、开发生产型、产品销售型和综合型企业等。研究型企业主要是指汽车和相关领域的科研机构，主要从事汽车理论和原理、标准研究，为国家产业政策制定提供理论依据，如中国汽车技术研究中心。开发生产型企业主要从事汽车产品开发研究、样机试制及工程化生产。产品销售型企业主要从事汽车及相关产品的销售等服务。综合型企业包含基础研究、技术开发、生产制造、产品销售等两类及以上业务。我国汽车行业目前以技术开发、生产制造为主体的综合型企业为主。

2. 汽车企业对人才的需求

汽车企业类型不同，对人才需求也不同，如图 5-3 所示。

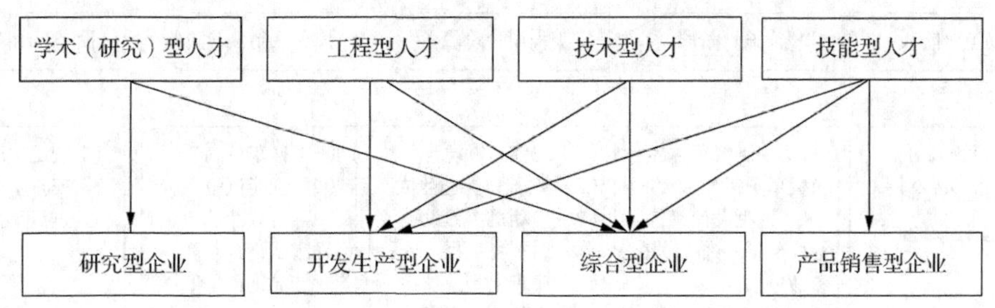

图 5-3 不同类型汽车企业对人才的需求

研究型企业需要研究型或学术型人才，要求其基础理论扎实、专业知识深厚，具有继续学习、探索未知和创新能力，该类人才主要由研究型大学和教学研究型大学培养。

开发生产型企业中的技术开发需要应用型工程技术人才，要求具有扎实的本专业学科理论知识和一定广度的相关专业知识信息，以知识应用为主，强调应用和借鉴，具有引进、学习、借鉴、应用和应用创新的能力，该类人才由应用型本科和高职院校培养。

开发生产型企业中的产品生产制造、产品销售型企业和汽车服务企业需要技术型人才、技能型人才和服务型人才，要求具有本专业一定专业知识和技能，了解相关学科知识和信息，掌握一技之长，该类人才主要由高职院校培养。

目前，国内大型汽车企业都属于综合型企业，对人才需求是多层次、多样化的，其岗位主要有技术研究、产品开发、产品生产、产品销售、产品服务等，这些岗位都需要大量的汽车人才。

5.2 汽车产品设计岗位

汽车产品设计岗位是我国汽车企业最重要的岗位之一，从业人员涉及汽车设计工程师、汽车分析工程师和汽车测试工程师等。

5.2.1 汽车产品开发流程

汽车产品开发设计是一个多学科平行、协同过程，不仅要考虑产品的设计工程，还需要考虑产品的制造工程。在汽车行业，整车开发流程是界定一辆汽车从概念设计经过产品设计、工程设计到制造，最后转化为产品的整个过程中各业务部门责任和活动的描述，整车产品开发流程是构建汽车研发体系的核心，直接体现研发模式的思想。

汽车整车企业都有自己的产品开发流程，独资企业、合资企业和民营企业，其产品开发流程是不尽相同的。汽车整车开发设计流程主要包括 5 个阶段，即产品策划阶段、概念设计阶段、工程设计阶段、样车试制试验阶段、投产启动阶段，如图 5-4 所示。

1. **产品策划阶段**

一个车型的开发风险非常大，如果不经过周密调查研究与论证，盲目启动新项目，会造成产品先天不足，投产后问题成堆；造成产品不符合消费者需求，没有市场竞争力。因此，在进行产品策划时必须进行市场调研和可行性分析研究，确定设计方案。

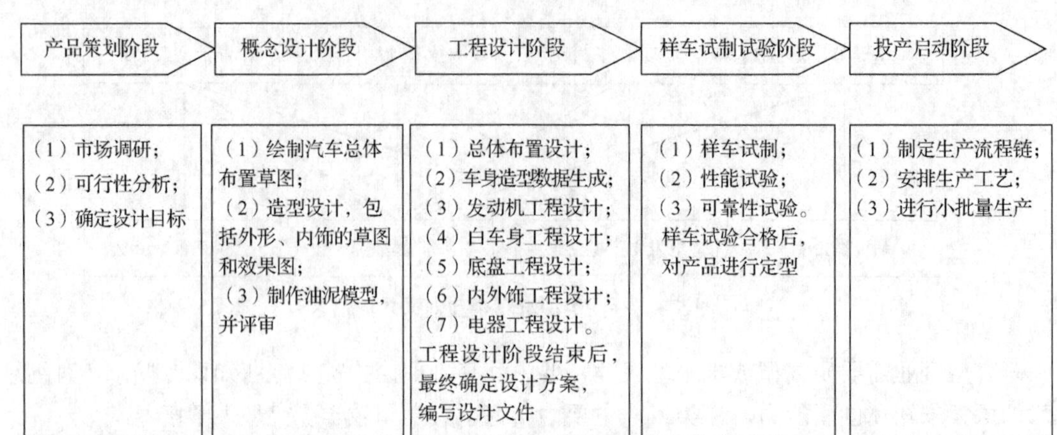

图 5-4　汽车整车开发流程

汽车市场调研包括市场细分、目标市场选择、产品定位等几个方面。通过市场调研对相关的市场信息进行系统的收集、整理、记录和分析，可以了解和掌握消费者的汽车消费趋势、消费偏好和消费要求的变化，确定顾客对新的汽车产品是否有需求，或者是否有潜在的需求等待开发，然后根据调研数据进行分析研究，总结出科学可靠的市场调研报告，为企业决策者的新车型研发项目计划，提供科学合理的参考与建议。

项目可行性分析是在市场调研的基础上进行的，根据市场调研报告生成项目建议书，进一步明确汽车形式以及市场目标。可行性分析包括外部的政策法规分析以及内部的自身资源和研发能力的分析，包括设计、工艺、生产以及成本等方面的内容。

在完成可行性分析后，就可以初步设定新车型的设计目标，设定的内容包括车辆形式、动力参数、底盘各个总成要求、车身形式及强度要求等。将初步设定的要求发放给相应的设计部门，各部门确认各个总成部件要求的可行性以后，确认项目设计目标，编制最初版本的产品技术描述说明书，将新车型的一些重要参数和使用性能确定下来。项目策划阶段的最终成果是一份符合市场要求、开发可行性能够保证得到研发各个部门确认的新车型设计目标大纲。该大纲明确了新车型的形式、功能以及技术特点，描述了产品车型的最终定位，是后续研发各个过程的依据和要求，是一份指导性文件。

2. 概念设计阶段

概念设计阶段的任务主要包括总体布置草图设计、造型设计和制作油泥模型。

（1）总体布置草图设计。绘制汽车总体布置草图是汽车总体设计和总布置的重要内容，其主要任务是根据汽车的总体方案及整车性能要求提出对各总成及部件的布置要求和特性参数等设计要求；协调整车与总成间、相关总成间的布置关系和参数匹配关系，使之组成一个在给定使用条件下的使用性能达到最优并满足产品设计目标大纲要求的整车参数和性能指标的汽车。总体布置草图确定的基本尺寸控制图是造型设计的基础。

总体布置草图的主要布置内容包括：车厢及驾驶室的布置，主要依据人机工程学来进行布置，在满足人体舒适性的基础上，合理布置车厢和驾驶室；发动机与离合器及变速器的布置，传动轴的布置，车架和承载式车身底板的布置，前后悬架的布置，制动系的布置，油箱、备胎和行李箱等的布置、空调装置的布置。图 5-5 是手绘的某汽车总体布置草图。

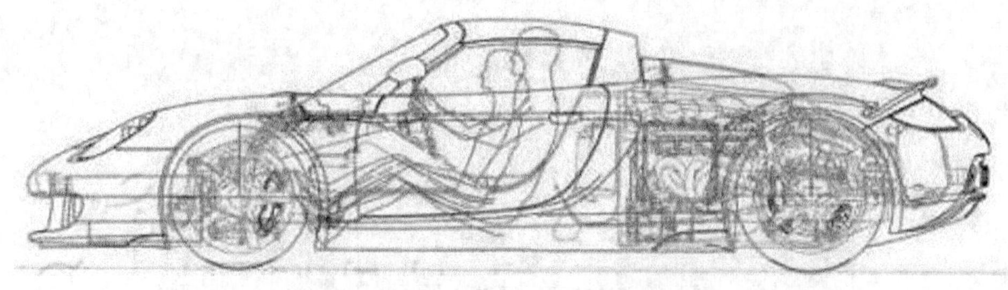

图 5-5　手绘的某汽车总体布置草图

（2）造型设计。在设计总体布置草图以后，就可以在其确定的基本尺寸的基础上进行造型设计了。汽车的造型设计现在已经成为汽车研发中至关重要的环节，包括外形和内饰设计两部分。设计阶段包括设计草图和设计效果图两个阶段，设计草图是设计师快速捕捉创意灵感的最好方法，最初的设计草图都比较简单，它也许只有几根线条，但是能够勾勒出设计造型的神韵，设计师通过设计大量的草图来尽可能多地提出新的创意，这个车到底是简洁，还是稳重，是复古，还是动感都是在此确定的。草图选中后，利用绘图软件设计效果图，以便看到更加清晰的设计表现效果，保证以后的模型能够更好地与设计师的设计意图相一致。图 5-6 是某汽车外形设计的草图和效果图，图 5-7 是某汽车内饰设计的草图和效果图。

图 5-6　某汽车外形设计的草图和效果图

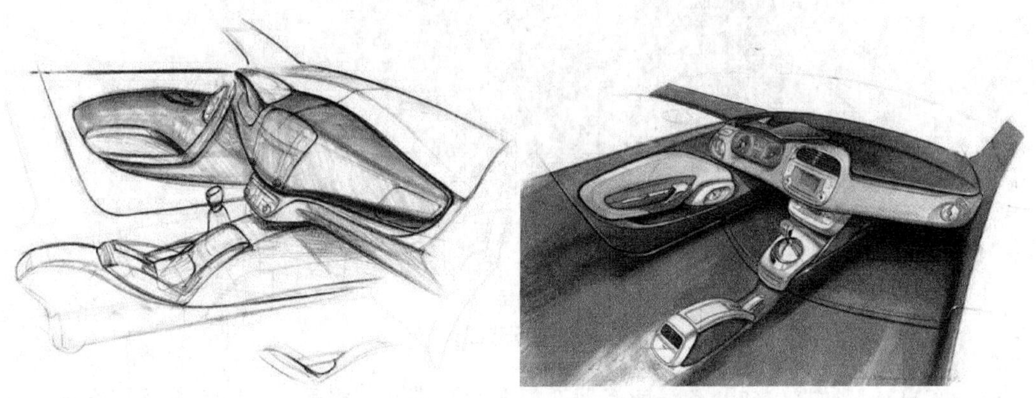

图 5-7　某汽车内饰设计的草图和效果图

（3）制造油泥模型。效果图制作完后，制作 1∶5 的油泥模型，并进行评审，综合考虑美学、工艺、结构等各种因素，如果评审通过，则制作 1∶1 的油泥模型。图 5-8 为某汽车油泥模型。

图 5-8 某汽车油泥模型

3. 工程设计阶段

在完成造型设计后，开始进入工程设计阶段，工程设计是对整车进行细化设计的过程，各个总成分发到相关部门分别进行设计开发，各部门按照开发计划规定的时间节点分批提交零部件的设计方案。工程设计阶段主要包括以下几个方面。

（1）总体布置设计。在前面总体布置草图的基础上，深入细化总体布置设计，精确描述各部件的尺寸和位置，为各总成和部件分配准确的布置空间，确定各个部件的详细结构形式、特征参数、质量要求等条件。主要工作包括设计发动机舱详细布置图、底盘详细布置图、内饰布置图、外饰布置图以及电器布置图。图 5-9 为某汽车三维总体布置图。

图 5-9 某汽车三维总体布置图

（2）车身造型数据生成。车身或造型部门在油泥模型完成后，使用专用三维测量仪器对油泥模型进行测量，测量的数据包括外形和内饰两部分。测量生成的数据称为点云，工程师根据点云使用汽车三维设计软件来构建汽车的外形和内室模型。在车身造型数据完成以后，通常要使用这些数据来重新铣削一个模型，目的是验证车身数据是否正确。图 5-10 为车身点云数据，图 5-11 为使用 CATIA 软件制作的车身表面。

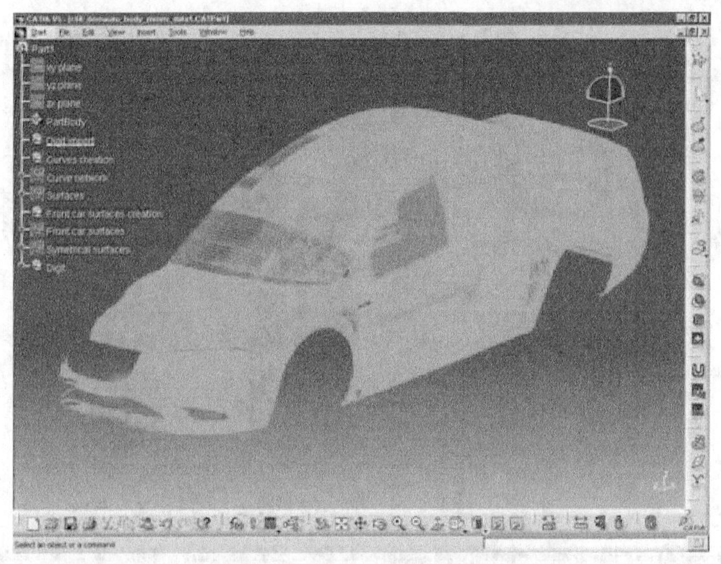

图 5-10　某汽车车身点云数据

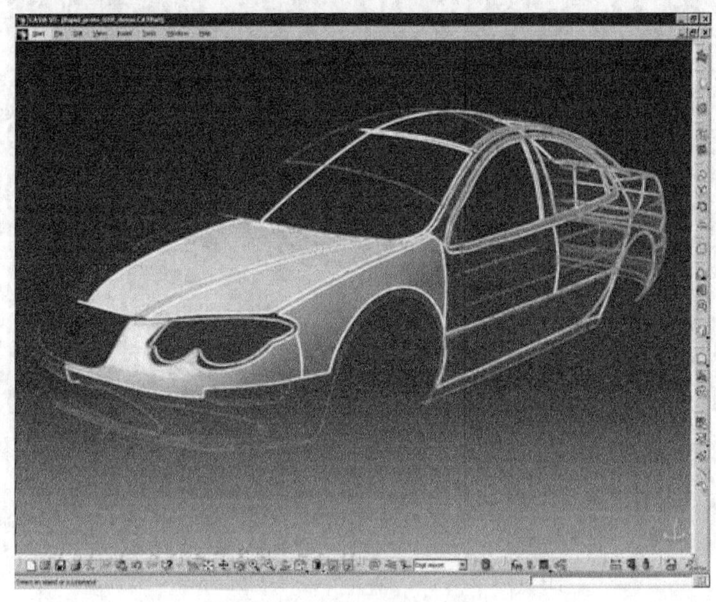

图 5-11　CATIA 软件制作的车身

（3）发动机工程设计。一般新车型的开发都会选用原有成熟的发动机动力总成，发动机部门的主要工作是针对新车型的特点以及要求，对发动机进行布置，并匹配发动机，这一过程一直持续到样车试验阶段，与底盘工程设计同步进行，如图 5-12 所示。

（4）白车身工程设计。白车身是指车身结构件以及覆盖件的焊接总成，包括发动机罩、翼子板、侧围、车门以及行李箱盖在内的未经过涂装的车身本体，是保证整车强度的封闭结构。白车身由车身覆盖件、梁、支柱以及结构加强件组成，该阶段的主要工作任务就是确定车身结构方案，对各个组成部分进行详细设计，使用 UG、CATIA 工程软件完成三维数模构建，并进行工艺性分析，完成装配关系图及车身焊点图。图 5-13 是用 CATIA 设计的白车身。

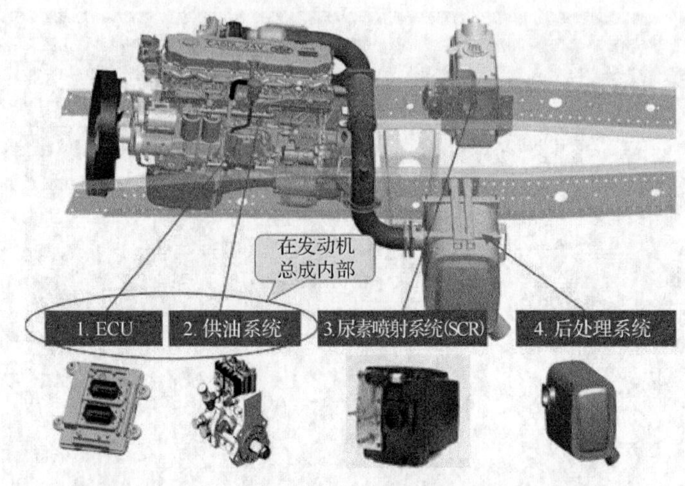

图 5-12　发动机布置

图 5-13　用 CATIA 设计的某汽车白车身

（5）底盘工程设计。底盘工程设计是对底盘的传动系统、行驶系统、转向系统以及制动系统进行详细设计，传动系统的主要设计内容为离合器、变速器、驱动桥的设计；行驶系统的主要设计内容为悬架设计；转向系统的主要设计内容为转向器以及转向传动机构的设计；制动系统的主要设计内容为制动器以及 ABS 的设计。主要工作包括：定义各个系统零部件的尺寸、结构、工艺、功能以及参数等方面；根据定义进行结构设计以及计算，完成三维数模；零部件样件试验；完成设计图和装配图。图 5-14 是某汽车底盘装配图。

（6）内外饰工程设计。汽车内外饰包括汽车外装件以及内饰件，外装件的设计主要包括前后保险杠、玻璃、车门防撞装饰条、进气格栅、行李架、天窗、后视镜、车门机构及附件和密封条；内饰件设计主要包括仪表板、转向盘、座椅、安全带、安全气囊、地毯、侧壁内饰件、遮阳板、扶手、车内后视镜等。图 5-15 是某汽车仪表板三维设计图。

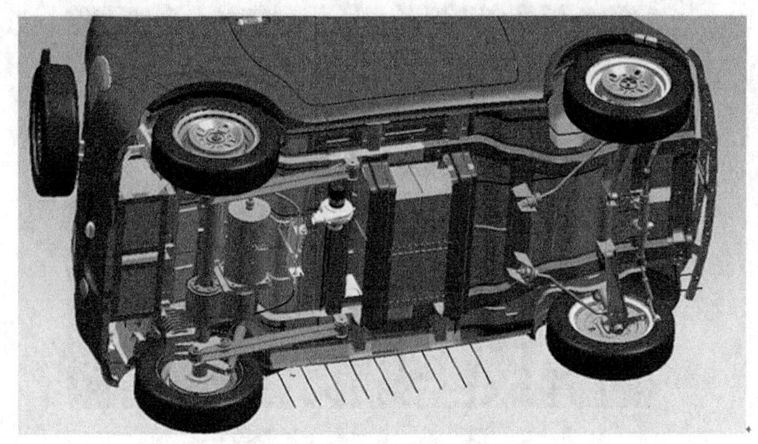

图 5-14　汽车底盘装配图

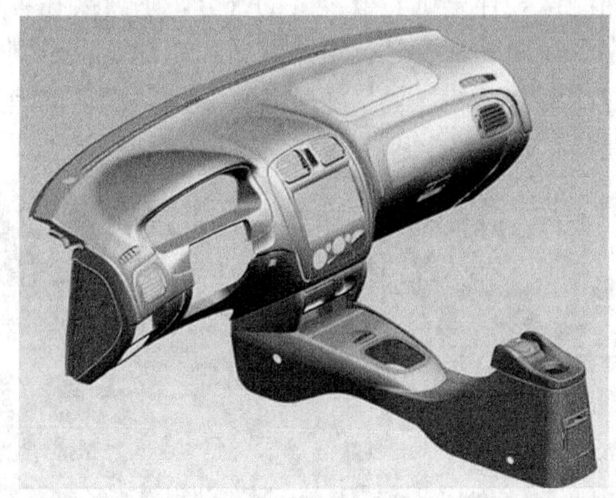

图 5-15　汽车仪表板三维设计图

（7）电器工程设计。电器工程负责全车的所有电器设计，包括雨刮系统、空调系统、各种仪表、整车开关、前后灯光以及车内照明系统等。

经过以上各个总成系统的设计，工程设计阶段完成，最终确认整车设计方案；开始绘制产品零件图、部件装配图和总装配图；编写产品零件、标准件明细表，外购件、外协件目录；编写文件目录和图样目录；进行标准化审查和工艺性审查，为样车试制做准备。

4. 样车试制试验阶段

样车的试制由试制部门负责，根据工程设计的数据和试验需要制作各种试验样车。样车的试验包括性能试验和可靠性试验，性能试验是验证设计阶段各个总成以及零部件经过装配后能否达到设计要求，及时发现问题，做出设计修改完善设计方案。可靠性试验是验证汽车的强度以及耐久性。试验应根据国家制定的有关标准逐项进行，不同车型有不同的试验标准。根据试制、试验的结果进行分析总结，对出现的各种问题进行改进设计，再进行第二轮试制和试验，直至产品定型。

汽车的试验形式主要有试验场测试、道路测试、风洞试验、碰撞试验等。

（1）试验场测试。很多汽车企业都有自己的试验场，试验场的不同路段分别模拟不同路况，有沙石路、雨水路、搓板路、爬坡路等。图 5-16 为襄樊汽车试验场。

图 5-16　襄樊汽车试验场

（2）道路测试。道路测试是样车试验最重要的部分，通常要在各种不同的区域环境中进行，在我国北到黑龙江南到海南岛都要进行道路测试，以测定在不同气候条件下车辆的行驶性能以及可靠性。路试是比较复杂的，包括各种条件下的路试（高速路、沙尘路、水泥路、冰雪路等）。图 5-17 为汽车在卵石路上进行测试。

图 5-17　汽车在卵石路上进行测试

（3）风洞试验。在油泥模型阶段就已进行初步的试验了，这个涉及空气动力学方面的科学；样车制作好后会做进一步测试，如图 5-18 所示。

图 5-18　汽车风洞试验

（4）碰撞试验。碰撞试验主要测试汽车的结构强度，在新车上市前，企业要经过多次测试，测试主要是利用人体模型，通过各种传感器考察碰撞对人体模型的伤害，并有针对性地进行加强设计，如图 5-19 所示。

图 5-19　汽车碰撞试验

各个汽车企业根据实际情况进行汽车试验。

试验阶段完成以后，新车型的性能得到确认，产品定型。

5. **投产启动阶段**

投产启动阶段的主要任务是进行投产前的准备工作，包括制定生产流程链，各种生产设备到位、生产线铺设等。在试验阶段就同步进行的投产准备工作包括模具的开发和各种检具的制造。投产启动阶段需要半年的时间，在此期间要反复地完善冲压、焊装、涂装以及总装生产线，在确保生产流程和样车性能的条件下，开始小批量生产进一步验证产品的可靠性，在确保小批量生产 3 个月产品无重大问题的情况下，正式启动量产。

5.2.2　汽车设计工程师

汽车设计工程师是汽车企业产品开发最重要的技术岗位。

1. **汽车设计工程师岗位描述**

汽车设计工程师主要负责整车总体设计、总成设计和零部件设计，其任务是使设计的产品达到设计任务书规定的整车参数和性能指标的要求，并将这些整车参数和性能指标分解为有关总成的参数和功能。

汽车设计工程师的工作内容如下。

（1）制订汽车产品开发、设计、改进的有关工作计划。

（2）开展整车开发、配套、零部件设计工作，并提供创新建议。

（3）汽车零部件和系统的选型、布置、性能匹配优化。

（4）组织开展汽车设计开发项目的委托试制和验收工作。

（5）提供样机生产专业技术支持，协助改进产品设计，撰写分析报告。

（6）开发汽车新产品及工艺，完善现有汽车产品及其生产流程。

（7）为汽车工程设计、生产及采购汽车零部件提供建议，以免造成偏差。

2. 汽车设计工程师岗位要求

汽车设计工程师岗位要求如下。

（1）熟悉本企业开发所用的设计软件、计算软件和分析软件。

（2）充分了解拟开发产品的功能、材料、装配、工艺、性能要求等。

（3）熟悉产品相关设计标准和试验标准、法规等。

（4）熟悉本企业的产品开发流程和相关体系文件。

（5）具备良好的沟通、协调、问题处理以及满足客户需求的能力。

5.2.3 汽车分析工程师

汽车分析工程师包括碰撞安全分析师和NVH分析工程师等。

1. 汽车碰撞安全分析师

汽车碰撞被动安全性开发流程如图5-20所示。

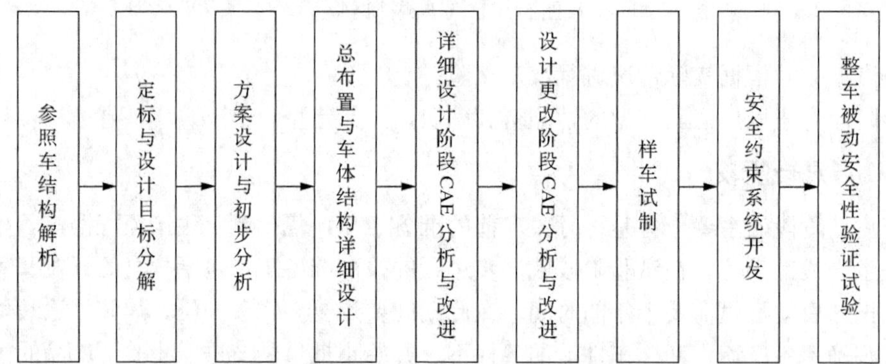

图5-20 汽车碰撞被动安全性开发流程

（1）参照车结构解析。参照车结构解析包括：参照车碰撞被动安全性总体方案解析、参照车碰撞被动安全性总体标准等级解析、参照车碰撞被动安全性分解到各分总成的分项标准等级解析、参照车碰撞被动安全性总体结构措施解析等。通过参照车CAE分析进行结构性能解析，可以分析出参照车在满足碰撞被动安全性方面、车身强度刚度等各个结构性能方面，采取哪些结构措施，这些措施的具体参数，一些重要件采用了何种材料等，作为车辆碰撞安全性设计时的参考。

（2）定标与设计目标分解。要保证设计车辆最终的总的设计目标，需要将总的设计目标分解细化。比如整车安全性总目标为达到NCAP四星以上标准，需要细化到车体、座椅、转向管柱、安全带、安全气囊各个系统相应的设计目标。而这些系统的设计目标，比如车体，又需要更进一步分解到车门、乘员舱、发动机舱等各总成、各个部位的目标。分解后的设计目标值是设计过程中的目标值，是设计过程控制参数，并不是产品的最终验收目标值。这些分解目标值很难通过参照车试验得到，而通过参照车CAE分析则比较方便得到。

（3）方案设计与初步分析。方案设计与初步分析包括被动安全性总体技术方案设计，以及对初步设计的结构断面、总体布置方案、内外观造型等的合理性进行分析，该阶段工作配合造型与总布置工作同步进行。

（4）总布置与车体结构详细设计。对于主机厂，在碰撞被动安全性方面，最重要的工作是设计具有高耐撞性、高强度的车体与满足被动安全性的总体布置，主要包括针对碰撞被动安全性总布置设计的发动机舱、乘员舱、底盘、车体结构等。

（5）详细设计阶段 CAE 分析与改进。CAE 分析作为设计阶段的设计验证手段与优化设计手段，对详细设计阶段所得的每个版本车身与整车 3D 数据，进行 CAE 分析，目的为：其一，验证设计是否满足性能要求；其二，以 CAE 分析结果为依据，针对各性能进行结构改进设计与结构优化设计，确保工程化设计完成后的车身与整车 3D 数据、材料选择、焊点设计满足规定的性能设计要求。这个阶段 CAE 与结构改进优化工作一直持续到数模冻结。

（6）设计更改阶段 CAE 分析与改进。设计更改主要是指数模冻结以后，因工艺、成本等各种原因引起的设计更改。对每一次设计更改后的车身与整车 3D 数据，完成相应性能项目 CAE 分析，以验证设计是否满足性能要求；并针对各性能进行结构改进设计与结构优化设计，确保每一次设计更改后的车身与整车 3D 数据、材料选择、焊点设计满足规定的性能要求。在这个阶段，CAE 与结构改进优化工作一直持续到产品上市正式销售。

（7）样车试制。设计阶段制造实物样车，采用快速成型模具、简易组装式夹具等简易工装制造车身，底盘等机械部件也采用开发样件。该样车主要有两个作用：其一，用于车体结构碰撞安全性设计要求的验证试验；其二，用于安全气囊、安全带等约束系统开发的匹配试验。

（8）安全约束系统开发。安全气囊、安全带等约束系统开发，主要包括约束系统零部件设计，零部件工装设计与制造，与整车装配设计、各控制程序设计与控制参数匹配，目标性验证试验。

（9）整车被动安全性验证试验。整车被动安全性验证试验包括：采用设计样车完成的以验证车体结构碰撞安全性设计要求为目的设计阶段验证试验；采用设计样车完成的约束系统开发的匹配试验；采用工装样车完成的产品整车被动安全性定型验证试验；以国家公告要求为目的整车被动安全性公告性法规要求试验。

汽车碰撞安全分析师主要是应用相关分析软件进行结构子系统、乘员约束系统以及整车的碰撞分析工作，并依据相关分析结果向工程设计提供有效解决方案，其工作内容如下。

（1）分析整车正面碰撞、侧面碰撞、后面碰撞及车顶压溃。

（2）对汽车碰撞安全进行仿真，并对工作进度和质量进行控制。

（3）对汽车底盘关键零部件的耐久性进行分析。

（4）分析汽车前后端保护装置的安全性。

（5）协助汽车设计和试验人员对模拟和试验结果进行对比分析。

（6）配合汽车设计部门进行汽车整体结构改进与优化。

（7）熟悉汽车碰撞安全的相关法规和分析流程，编制工程技术要求等。

汽车碰撞安全分析师岗位要求如下。

（1）了解汽车结构及整车碰撞动力响应特性，熟悉整车碰撞分析流程。

（2）熟练使用碰撞分析软件。

（3）熟悉汽车碰撞安全相关试验标准和法规要求。

（4）具备结构碰撞分析、乘员保护分析或安全系统开发能力。

（5）具备良好的沟通、协调、问题处理以及满足客户需求的能力。

2. **汽车 NVH 分析师**

NVH 是指 Noise（噪声）、Vibration（振动）和 Harshness（声振粗糙度），由于以上三者在汽车中是同时出现且密不可分的，因此常把它们放在一起进行研究。汽车 NVH 根据问题产生的来源又可分为发动机 NVH、车身 NVH 和底盘 NVH 三大部分，进一步还可细分为空气动力 NVH、空调系统 NVH、道路行驶 NVH、制动系统 NVH、内饰 NVH 等。NVH 控制是企业的核心技术之一，NVH 的好坏是顾客购买汽车的重要因素之一，在所有顾客不满意的问题中，约 1/3 与 NVH 有关，约 1/5 的售后服务与 NVH 有关，所以，汽车 NVH 分析师是汽车设计中非常重要的岗位。

汽车 NVH 设计主要分为以下阶段。

（1）对客户需求调研，建立用户需求定义库。汽车 NVH 设计以改善汽车乘坐舒适性，提高客户满意度为最终目标。为达到这一目标，首先必须对客户需求进行调研，并对主观的要求和评价做出客观的表述，建立需求定义库。

（2）测试汽车 NVH 性能参数，总结优化对象。充分测试市场上同类型竞争对手的汽车和本公司优化目标汽车在各种运行工况下的 NVH 性能参数，得出各种主、客观评价指标，包括振动参数、噪声参数、声振粗糙度以及声学 NVH 现象。再将 NVH 问题分类，主要的分类参数包括操作状态（空转、刹车、巡航等）、主观反应（隆隆声、摇晃）、客观衡量标准（声压、速度）、频率范围、来源（动力系统、公路、风等）、与机载相对的运载设备等；同时，为避免相连系统出现共振，规定各系统及主要部件的模态频率范围并制成规划表格；最后，列出优化对象清单，将存在 NVH 问题的模态重叠的系统和部件作为主要优化目标，并加入为满足客户 NVH 需求而要采取的行动措施。

（3）确定汽车 NVH 目标，并分解成各个系统及部件目标。在以上的工作基础上，结合政府法规要求和自身的技术水平、市场定位，以及成本、时间要求等综合因素，确定预计汽车 NVH 目标。当整车 NVH 目标制定后，就要将其分解到各个系统、子系统和零部件上。

（4）建模与优化。建模与优化的方法主要有整车 CAE 模型法和模态综合分析两种方法，一般较多采用模态综合分析法。为保证汽车 NVH 目标的实现，要求各子系统目标的确定也要符合试验设计和可靠性设计的要求。在这些子系统、零部件中，尤其要注意车身系统、车身声学空腔系统、转向柱管、轮胎和悬架系统等。

（5）制作虚拟模型车。在优化设计后，将最优结构安装在虚拟的模型车上，并检查安装空间、成本和质量等因素；如果不满足要求，就修改完善，直至满意为止。

（6）样车的试验与调整。设计完成后，再生产出样车，就可以在试验室中或道路上进行试验。一般是用三向加速度传感器测量人-车接触面之间的差异，从而进行必要的调整与修改，最后直至顺利批量生产。

汽车 NVH 分析师就是利用专用 NVH 分析软件，解决汽车存在的 NVH 问题，其工作内容如下。

（1）制定和分解 NVH 目标，协助试验验证，确保改进设计的有效性。

（2）负责编制 NVH 分析指导书。

（3）负责整车开发 CAE 合作的项目跟踪及技术协调工作。

（4）完成 NVH 分析工作，处理整车各项试验数据，并编制对应试验报告。

（5）完成 NVH 性能仿真分析工作，撰写分析报告，提出改进方案。

（6）仿真平台及设施设备的保持及维护。

汽车 NVH 分析师岗位要求如下。

（1）了解汽车结构、原理和性能，熟悉汽车 NVH 分析流程。

（2）熟练使用 NVH 分析软件。

（3）熟悉汽车 NVH 相关试验标准和法规要求。

（4）具备汽车 NVH 分析的能力。

（5）具备良好的沟通、协调、问题处理以及满足客户需求的能力。

5.2.4　汽车测试工程师

汽车测试工程师主要负责计划和实施汽车测试项目，对整车或汽车零部件进行功能、耐久性以及安全性的测试分析，并记录汽车测试结果，完成汽车测试报告。

1. 汽车测试工程师工作内容

汽车测试工程师主要工作内容如下。

（1）配合供应商对汽车的所有组件、装配进行测试。

（2）对汽车零部件进行功能、耐久性以及安全性测试，记录试验结果。

（3）制定汽车测试项目计划，并开展执行工作。

（4）深入分析汽车测试结果并撰写提交测试报告。

（5）识别故障，进行根源分析，与汽车设计团队共同协作来解决问题。

2. 汽车测试工程师岗位要求

汽车测试工程师岗位要求如下。

（1）熟练掌握汽车结构、原理和性能。

（2）熟练掌握测试方法，了解各种汽车测试设备。

（3）熟练使用各种汽车测试设备，制定汽车测试方案。

（4）掌握数据处理方法和相关软件操作。

（5）具备良好的沟通、协调、问题处理以及满足客户需求的能力。

5.3　汽车产品生产岗位

5.3.1　汽车产品生产流程

汽车企业性质、规模、技术、设备不同，汽车生产流程也不同，如图 5-21 所示。但对于综合型汽车企业，冲压、焊接、涂装和总装四大工艺是必不可少的。图 5-22 是广汽丰田车间四大工艺整体布局。

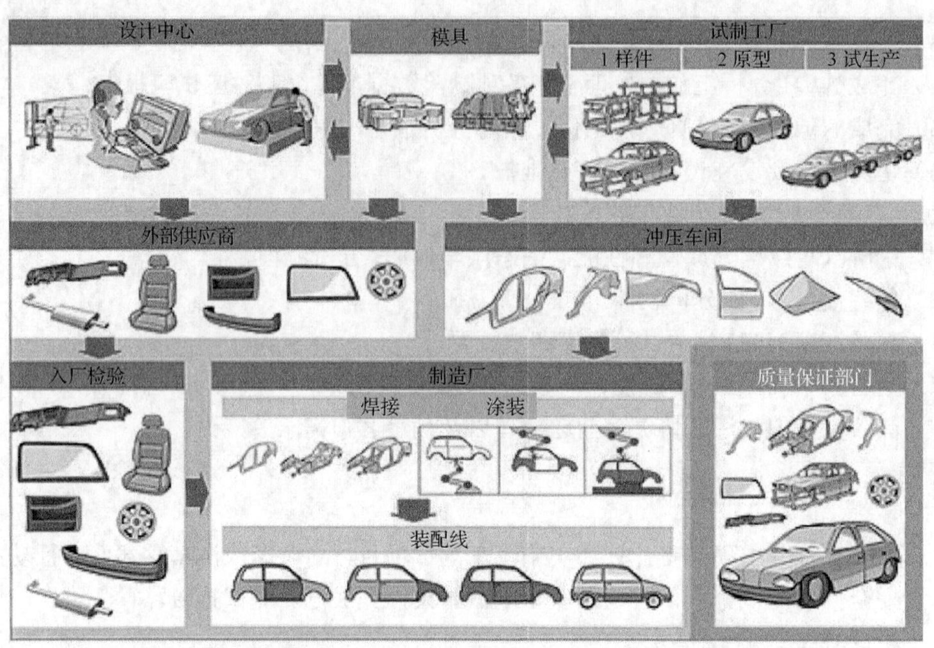

图 5-21　汽车生产流程

图 5-22　广汽丰田车间四大工艺整体布局

1. 冲压工艺

冲压是利用安装在压力机上的模具对材料施加压力，使其产生分离或塑性变形，从而获得一定几何形状和尺寸精度的机械零件或制品的一种压力加工方法。汽车冲压工艺的目标是生产出各种车身零部件。冲压生产线如图 5-23 所示。

2. 焊接工艺

焊装工艺是将冲压好的各种车身板件局部加热或同时加热、加压而接合在一起形成完整的车身总成。在汽车车身制造中应用最广的是激光焊接，焊接的好坏直接影响了车身的强度。图 5-24 所示为焊接生产线。

图 5-23　汽车冲压生产线

图 5-24　汽车焊接生产线

3. 涂装工艺

涂装工艺的目的是防止车身腐蚀，使车身具有美丽外观。涂装工艺过程比较复杂，技术要求比较高，主要有以下工序：漆前预处理和底漆、喷漆工艺、烘干工艺等，整个过程需要大量的化学试剂处理和精细的工艺参数控制，对油漆材料以及各项加工设备的要求都很高，因此，涂装工艺一般都是各公司的技术秘密。图 5-25 所示为涂装生产线。

图 5-25　汽车涂装生产线

4. 总装工艺

总装工艺就是把车身、发动机、底盘、内饰等各个部分组装到一起，形成一辆完整的汽车。装配工艺的水平直接影响到汽车的性能，有些汽车钣金的接缝比较均匀，而有些汽车钣金接缝不均匀，这都是与装配工艺关系比较大的。一般的总装车间主要有四大模块，即前围装配模块、仪表板装配模块、车灯装配模块、底盘装配模块。经过各模块装配和各零部件的安装后再经过车轮定位、车灯视野检测等检验调整后，整辆车就可以下线了。图 5-26 所示为汽车总装生产线。

图 5-26 汽车总装生产线

5.3.2 汽车工艺工程师

汽车工艺工程师是汽车企业产品制造最重要的技术岗位，主要负责汽车产品生产环节的工艺设计，执行并解决技术问题。

汽车工艺工程师主要工作内容如下。

（1）编制产品工艺方案和路线，设计工艺规程，形成完整的工艺文件。

（2）根据产品工艺要求，设计工装设备。

（3）制订劳动定额和材料定额。

（4）生产设备的管理与维护。

（5）生产现场指导和服务。

汽车工艺工程师岗位要求如下。

（1）熟悉汽车产品生产工艺和流程，使用相关软件。

（2）熟悉汽车产品生产设备。

（3）熟练编写汽车产品工艺文件。

（4）了解汽车产品生产过程中的质量控制。

（5）具备良好的沟通、协调、问题处理以及满足客户需求的能力。

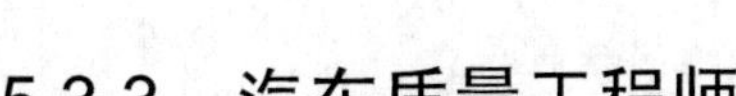

5.3.3　汽车质量工程师

汽车质量工程师负责行业内标准要求的有关品质保证，在产品量产阶段对产品质量进行控制，为客户及时提供高质量、低成本的产品和服务。

汽车质量工程师主要工作内容如下。

（1）依据产品开发进度完成质量开发任务，确保符合质量标准的产品生产。

（2）对产品在生产过程中各工序的质量进行检查。

（3）进行原材料、半成品和成品的样本测试和质量检测。

（4）负责产品生产、交付过程中质量异常的处理与跟踪。

（5）编制产品/零部件检验规范和产品审核指导书。

（6）获取顾客的质量要求，组织分析原因及对策，提出质量改进方案。

汽车质量工程师岗位要求如下。

（1）熟悉汽车产品结构性能和生产流程，使用相关软件。

（2）熟悉汽车产品相关标准。

（3）熟悉汽车行业质量管理体系和本企业的质量保障体系。

（4）熟悉汽车产品生产过程中的质量控制，熟练使用质量管理工具。

（5）具备良好的沟通、协调、问题处理以及满足客户需求的能力。

5.4　汽车产品销售岗位

5.4.1　汽车销售工程师

汽车销售工程师是指能够独立管理和策划汽车产品的区域销售、营销业务的高级销售人才，是汽车行业的热门职业之一。

汽车销售工程师主要工作内容如下。

（1）制订销售计划并执行。

（2）管理销售人员，帮助建立、补充、发展、培养销售队伍。

（3）维护现有客户，并开发新客户和新渠道。

（4）把握国内外汽车市场最新消息，为企业提供业务发展战略依据。

（5）及时完成回款任务。

汽车销售工程师岗位要求如下。

（1）具有丰富的汽车专业知识，熟悉汽车结构、原理和性能等。

（2）具有一定的汽车营销知识，熟悉汽车销售渠道。

（3）熟练使用各种汽车测试设备，制订汽车测试方案。

（4）熟悉国家或行业有关汽车销售的政策。

（5）具备良好的沟通、协调、问题处理以及满足客户需求的能力。

5.4.2 汽车技术支持工程师

汽车技术支持工程师主要负责汽车市场支持性技术资料的收集，为汽车经销商、服务商以及销售部门提供技术支持，并对客户提出的汽车测试标准进行可行性评估。汽车行业竞争激烈，一个好的技术支持工程师在为客户提供优质服务的同时，也提升了企业的信誉和形象，是企业渴求的重要人才。

汽车技术支持工程师主要工作内容如下。

（1）为营销企划、市场研究、销售及售后服务提供汽车技术和资料上的支持。

（2）对客户提出的汽车测试要求进行评估，分析其可行性。

（3）根据汽车相关标准和客户要求准备汽车的测试协议。

（4）跟踪、协调汽车的测试进程。

（5）与汽车研发和生产部门进行技术对接，实时掌握产品技术的最新信息。

（6）整理汽车技术资料，协助建立和维护汽车技术文档体系。

（7）负责编制企业内部汽车产品知识及汽车技术的培训资料，并实施培训。

汽车技术支持工程师岗位要求如下。

（1）具有丰富的汽车专业知识，熟悉汽车结构、原理和性能等。

（2）懂得汽车设计和生产过程。

（3）熟悉汽车报废检测、环保检测和汽车零部件的物理化学性能检测。

（4）对汽车标准和市场有较全面的了解。

（5）具备良好的沟通、协调、问题处理以及满足客户需求的能力。

5.4.3 汽车销售顾问

汽车销售顾问是指为客户提供顾问式的专业汽车消费咨询和导购服务的汽车销售服务人员，其工作范围实际上也就是从事汽车销售的工作。其立足点是以客户的需求和利益为出发点，向客户提供符合客户需求和利益的产品销售服务。

汽车销售顾问主要工作内容如下。

（1）有效执行各类汽车营销策略。

（2）开发潜在目标客户，按时完成汽车销量指标。

（3）按规范流程接待客户，并向客户提供优质的售车咨询、配套服务等。

（4）协助客户办理车辆销售的相关手续。

（5）积极上报并解决售车过程中出现的问题。

（6）负责对已成交客户进行汽车使用情况的跟踪服务。

（7）做好与顾客之间的沟通工作，提高顾客满意度。

汽车销售顾问岗位要求如下。

（1）丰富的销售经验及熟悉本企业的业务流程。

（2）熟悉各车型的报价组成。

（3）具有汽车专业理论，熟悉汽车构造。

（4）熟悉一条龙服务规则。

（5）了解相应的政策、法规、制度。

（6）了解顾客的心理，善于与顾客沟通。

（7）具备良好的沟通、协调、问题处理以及满足客户需求的能力。

5.5　汽车服务岗位

5.5.1　汽车维修服务流程

汽车维修服务流程主要有预约服务、接待服务、作业管理、交车服务和跟踪服务，如图 5-27 所示。

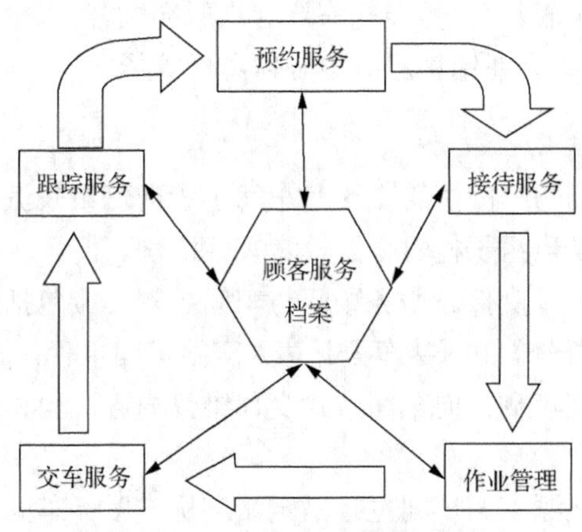

图 5-27　汽车维修服务流程

1. 接待服务

接待服务包括接待准备、迎接顾客、环车检查、现场问诊、故障确认、核实顾客和车辆信息、确认备品供应情况、估算备品/工时费用、预估完工时间、制作《任务委托书》、安排顾客休息。

（1）接待准备。接待准备包括服务顾问按规范要求检查仪容、仪表；准备好必要的表单、工具和材料；环境维护及清洁。

（2）迎接顾客。迎接顾客包括主动迎接，并引导顾客停车；使用标准问候语；恰当称呼顾客；注意接待顺序。

（3）环车检查。环车检查包括安装三件套，基本信息登录，环车检查，详细、准确填写《接车登记表》。

（4）现场问诊。了解顾客关心的问题，询问顾客的来意，仔细倾听顾客的要求及车辆故障的描述。

（5）故障确认。可以立即确定故障的，根据质量担保规定，向顾客说明车辆的维修项目和顾客的需求是否属于质量担保范围内；不能立即确定故障的，向顾客解释需经全面检查后才能确定。

（6）核实顾客和车辆信息。向顾客取得车辆保养手册；引导顾客到接待前台，请顾客坐下。

（7）确认备品供应情况。查询备品库存，确定是否有所需备品。

（8）估算备品/工时费用。估算备品/工时费用包括查看 DMS 系统内顾客服务档案，以判断车辆是否还有其他可推荐的维修项目；尽量准确地估算维修费用，并将维修费用按工时费和备品费进行细化；将所有项目及所需备品录入 DMS 系统；如不能确定故障的，告知顾客检查结果出来后，再给出详细费用。

（9）预估完工时间。根据对维修项目所需工时的估计及店内实际情况预估出完工时间。

（10）制作《任务委托书》。制作《任务委托书》包括询问并向顾客说明公司接受的付费方式；说明交车程序，询问顾客旧件处理方式；询问顾客是否接受免费洗车服务；将以上信息录入 DMS 系统；告诉顾客在维修过程中，如果发现新的维修项目会及时与其联系，在顾客同意并授权后才会进行维修；印制《任务委托书》，就《任务委托书》向顾客解释，并请顾客签字确认；将《接车登记表》《任务委托书》客户联交顾客。

（11）安排顾客休息。顾客在销售服务中心休息厅等待。

2. 作业管理

作业管理包括服务顾问与车间主管交接、车间主管向班组长派工、实施维修作业、作业过程中存在的问题、自检及班组长检验、总检、车辆清洗。

（1）服务顾问与车间主管交接。服务顾问与车间主管交接包括服务顾问将车辆开至待修区，将车辆钥匙、《任务委托书》和《接车登记表》交给车间主管；依据《任务委托书》和《接车登记表》与车间主管交接车辆；向车间主管交代维修内容；向车间主管说明交车时间要求及其他注意事项。

（2）车间主管向班组长派工。车间主管确定派工优先度；车间主管根据各班组的技术能力及工作状况，向班组派工。

（3）实施维修作业。实施维修作业包括班组接到任务后，根据《接车登记表》对车辆进行验收；确定故障现象，必要时试车；根据《任务委托书》上的工作内容，进行维修或诊断；维修技师凭《任务委托书》领料，并在出库单上签字；非工作需要不得进入车内，不能开动顾客车上的电器设备；对于顾客留在车内的物品，维修技师应小心保护，非工作需要严禁触动，因工作需要触动时要通知服务顾问以征得顾客的同意。

（4）作业过程中存在的问题。作业进度发生变化时，维修技师必须及时报告车间主管及服务顾问，以便服务顾问及时与顾客联系，取得顾客谅解或认可；作业项目发生变化时按增项处理。

（5）自检及班组长检验。自检及班组长检验包括维修技师作业完成后，先进行自检；自检完成后，交班组长检验；检查合格后，班组长在《任务委托书》写下车辆维修建议、注意事项等，并签名；交质检员或技术总监质量检验。

（6）总检。质检员或技术总监 100%总检。

（7）车辆清洗。车辆清洗包括总检合格后，若顾客接受免费洗车服务，将车辆开至洗车工位，同时通知车间主管及服务顾问已开始洗车；清洗车辆外观，必须确保不出现漆面划伤、外力压陷等情况；彻底清洗驾驶室、后备厢、发动机舱等部位；烟灰缸、地毯、仪表等部位的灰尘都要清理干净，注意保护车内物品；清洗后将车辆停放到竣工停车区，车辆摆放整齐，车头朝向出口方向。

3. 交车服务

交车服务包括通知服务顾问准备交车、服务顾问内部交车、通知顾客交车、陪同顾客验车、制作结算单、向顾客说明有关注意事项、解释费用、服务顾问陪同顾客结账、服务顾问将资料交还顾客、送顾客离开。

（1）通知服务顾问准备交车。将车钥匙、《任务委托书》和《接车登记表》等物品移交车间主管，并通知服务顾问车辆已修完；通知服务顾问停车位置。

（2）服务顾问内部交车。服务顾问内部交车包括检查《任务委托书》以确保顾客委托的所有维修保养项目的书面记录都已完成，并有质检员签字；实车核实《任务委托书》以确保顾客委托的所有维修保养项目在车辆上都已完成；确认故障已消除，必要时试车；确认从车辆上更换下来的旧件；确认车辆内外清洁度；其他检查：除车辆外观外，不遗留抹布、工具、螺母、螺栓等。

（3）通知顾客交车。检查完成后，立即与顾客取得联系，告知车已修好；与顾客约定交车时间；大修车、事故车不要在高峰时间交车。

（4）陪同顾客验车。陪同顾客验车包括服务顾问陪同顾客查看车辆的维修保养情况，依据《任务委托书》及《接车登记表》，实车向顾客说明；向顾客展示更换下来的旧件；说明车辆维修建议及车辆使用注意事项；提醒顾客下次车辆保养的时间和里程；说明备胎、随车工具已检查及说明检查结果；向顾客说明、展示车辆内外已清洁干净；告知顾客 3 日内销售服务中心将对顾客进行服务质量跟踪电话回访，询问顾客方便接听电话的时间；当顾客的面取下三件套，放于回收装置中。

（5）制作结算单。引导顾客到服务接待前台，请顾客坐下；打印出车辆维修结算单及出门证。

（6）向顾客说明有关注意事项。向顾客说明有关注意事项包括根据《任务委托书》上的“建议维修项目”向顾客说明这些工作是被推荐的，并记录在车辆维修结算单上，特别是有关安全的建议维修项目，要向顾客说明必须维修的原因及不维修可能带来的严重后果，若顾客不同意修复，要请顾客注明并签字；对保养手册上的记录进行说明（如果有）；对于首保顾客，说明首次保养是免费的保养项目，并简要介绍质量担保规定和定期维护保养的重要性；将下次保养的时间和里程记录在车辆维修结算单上，并提醒顾客留意；告知顾客会在下次保养到期前提醒，预约顾客来店保养；与顾客确认方便接听服务质量跟踪电话的时间并记录在车辆维修结算单上。

（7）解释费用。依据车辆维修结算单，向顾客解释收费情况；请顾客在结算单上签字确认。

（8）服务顾问陪同顾客结账。服务顾问陪同顾客结账包括服务顾问陪同自费顾客到收银台结账；结算员将结算单、发票等叠好；将叠好的发票和出门证，双手递给顾客；收银员感谢顾客的光临，与顾客道别。

（9）服务顾问将资料交还顾客。服务顾问将资料交还顾客包括服务顾问将车钥匙、保养手册等相关物品交还给顾客；将能够随时与服务顾问取得联系的方式（电话号码等）告诉顾客；询问顾客是否还有其他服务。

（10）送顾客离开。送别顾客并对顾客的惠顾表示感谢。

5.5.2 汽车维修工

汽车修理工是维护、修理和调试汽车的人员。汽车修理工一般使用工、夹、量具，仪器仪表及检修设备进行汽车的维护、修理和调试。

1. **汽车维修工职业等级**

汽车维修工职业共设 5 个等级，分别为初级（国家职业资格五级）、中级（国家职业资格四级）、高级（国家职业资格三级）、技师（国家职业资格二级）、高级技师（国家职业资格一级）。

初级是指具备以下条件之一者。

（1）经本职业初级正规培训达规定标准学时数，并取得毕（结）业证书。

（2）在本职业连续见习工作 2 年以上。

（3）本职业学徒期满。

中级是指具备以下条件之一者。

（1）取得本职业初级职业资格证书后，连续从事本职业工作 3 年以上，经本职业中级正规培训达规定标准学时数，并取得毕（结）业证书。

（2）取得本职业初级职业资格证书后，连续从事本职业工作 5 年以上。

（3）连续从事本职业工作 7 年以上。

（4）取得经劳动保障行政部门审核认定的、以中级技能为培养目标的中等以上职业学校本职业（专业）毕业证书。

高级是指具备以下条件之一者。

（1）取得本职业中级职业资格证书后，连续从事本职业工作 4 年以上，经本职业高级正规培训达规定标准学时数，并取得毕（结）业证书。

（2）取得本职业中级职业资格证书后，连续从事本职业工作 7 年以上。

（3）取得高级技工学校或经劳动保障行政部门审核认定的、以高级技能为培养目标的高等职业学校本职业（专业）毕业证书。

（4）取得本职业中级职业资格证书的大专以上本专业或相关专业毕业生，连续从事本职业工作 2 年以上。

技师是指具备以下条件之一者。

（1）取得本职业高级职业资格证书后，连续从事本职业工作 5 年以上，经本职业技师正规培训达规定标准学时数，并取得毕（结）业证书。

（2）取得本职业高级职业资格证书后，连续从事本职业工作 8 年以上。

（3）高级技工学校本职业（专业）毕业生，连续从事本职业工作满 2 年。

高级技师是指具备以下条件之一者。

（1）取得本职业技师职业资格证书后，连续从事本职业工作 3 年以上，经本职业高级技师正规培训达规定标准学时数，并取得毕（结）业证书。

（2）取得本职业技师职业资格证书后，连续从事本职业工作 5 年以上。

2. **汽车维修工主要工作内容**

汽车维修工的主要工作内容如下。

（1）安装调整工艺装备，准备维护修理工具。

（2）使用工、夹、量具和仪器仪表，进行汽车及特种车辆的发动机、底盘、车身、电气等总成（系统）及其零部件检查、调整、更换与修理、故障排除，对汽车外部、内部及轮毂、轮胎等进行安装、装潢。

（3）维护汽车维修使用的工、夹、量具，仪器仪表及设备，排除使用过程中出现的故障。

（4）执行工艺规范，填写维修记录。

（5）清洁作业场地。

3. **汽车维修工岗位职责**

汽车维修工的主要工作职责如下。

（1）按派工单项目或顾客现场要求进行维修作业，不得漏项。

（2）严格按汽车维修工艺规范和修理技术标准进行维修作业。

（3）在修理过程中严格按照以自检、互检和专职检验为内容的“三检制”进行。

（4）在给车维修作业时，如发现安全关键部位存在隐患或故障，应及时向顾客或车间主管报告，不得擅自处理。

（5）严格按照各工位工序安全操作规程进行作业，杜绝事故发生。

（6）节约用料，随用随领，更换配件以旧换新。

（7）管理好修理现场，做到零部件按规定摆放整齐有序，现场环境卫生清洁。

（8）尽量满足顾客提出的工期要求，必要时自觉安排加班加点。

（9）维修工根据设备维修周期做好机器设备的保养检修工作。

（10）完成好上级交办的各项临时性工作。

4. **汽车维修工职业工种**

汽车维修工种包括以下 7 种。

（1）汽车检测工。

（2）汽车机械维修工。

（3）汽车电器维修工。

（4）汽车玻璃维修工。

（5）汽车美容装潢工

（6）汽车车身整形修复工。

（7）汽车车身涂装修复工。

5.5.3 二手车评估流程

二手车评估分为静态评估和动态评估。

1. **静态评估**

静态评估主要是对车辆的状况有直观细致的判断，一般仔细检查后，可以充分杜绝套牌车、盗抢车、事故车等。静态评估主要包括以下内容。

（1）查看证件。在交管部门的官方网站或二手车市场机器上查看车辆的手续是否完整，核对行驶证上的车架号与发动机号是否吻合，防止遇到套牌车或盗抢车等。

（2）45° 角观察外观。在车头、车尾、左、右 4 个方位以 45° 角观察外观，看车有没有刮痕和隐藏的凹陷，可以快速直观地看出车辆是否有补漆、撞击，或者车辆倾斜、不对称等不正常的情况。

（3）内饰和开关检查。检查车辆内饰的保养或磨损情况；查看车辆里程数；查看座椅是否完好；检查离合器踏板和油门踏板；起动汽车，打开所有的开关，包括车头灯、车内照明灯、空调、音响、车门开关等。当车内开关检查完后，熄火，再把车钥匙打到第二挡，会看见气囊灯、车门灯、蓄电池灯和 ABS 灯、安全带灯等都亮，此时再起动发动机，所有灯应该最后都会熄灭。

（4）安全气囊。检查安全气囊是检查该车有没有大修的关键一步，没有爆过的安全气囊，其颜色和新旧程度都应该和转向盘保持一致；如果车辆的安全气囊更换过，说明车辆可能出现过重大事故。

（5）检查发动机。保持发动机起动状态，打开车厢内的车头盖开关，查验发动机有没有漏油痕迹，听发动机有无异响等。

（6）挡位。起动发动机，脚踩制动踏板，手刹也不要放下，每次换挡都能感觉汽车轻微抖动属于正常；如果某几个挡位抖动厉害说明变速器有问题，需要详细查验。

（7）叶子板、前后盖与大梁。汽车发生事故都会做钣金、油漆更换与焊接，应仔细检查车辆的大梁、车身、机盖螺丝，必要时应当拆开车辆门框（A、B、C 柱）或者后备厢的密封条查看，查看车头及车尾是否有撞击。

（8）车底底盘。先看车头部位，看发动机是否有漏油痕迹；底盘车梁是否有修复痕迹，底盘是否存在刮擦、碰撞、变形、泡水、过火等痕迹。

（9）保险报案情况、车辆保养记录。根据车辆的保险报案情况，可以有效避免误判事故车；查询车辆保养记录可以从侧面了解车辆的使用状况、里程数等。

（10）车辆违章查询。查询车辆的违章最重要的意义在于存在违章的车辆无法过户，如果车辆存在大量违章，将大大影响车辆的价值，还可以反映出车主的驾驶习惯等重要信息。

2. 动态评估

车辆静态评估以后，如果有购买意愿，可以对车辆进行动态评估。动态评估主要包括以下内容。

（1）加速性。车辆的油门应该反应灵敏，动力输出应该持续有力；如果车辆出现加速疲软，油门反应迟钝，则该车的加速性不佳，在车辆残值方面会有所影响。

（2）车辆的操控性。在车辆行驶过程中左右转动转向盘，感受车辆的方向灵活度及转向盘间隙，车辆的转向机是否异响，车辆的悬架是否倾斜，高速行驶车辆是否有异常的摆动或异响等；制动是否有效，车辆的 ABS/EBD 等原件是否能够正常工作。

（3）车辆的悬挂、通过、车架等测试。通过正常路面时，车辆是否平顺，有没有跑偏；通过比较坑洼不平的路面时，查看车辆的整体车架、悬挂等是否有不正常的异响，车辆抖动是否在正常的范围。

做完静态评估和动态评估后，才能综合新车价格、市场价格、车辆状况等诸多因素对车辆的价格做出准确的判断。

5.5.4　二手车评估师

二手车评估师是指从事二手车车辆技术鉴定及价格评估一种职业资格。

1. 二手车评估师的工作内容

二手车评估师的工作内容如下。

（1）能够判断二手车的车况，包括发动机的常见故障以及车辆底盘的常见故障，比如引起发动机起动困难、怠速不良、动力不足、排烟异常、机油消耗异常、异响等的故障原因，底盘判断包括传动系、转向系、行驶系、制动系等出现故障的原因。

（2）能够判断引起车辆价格变动的故障在哪里，这就需要对市场价格有一定的了解，知道汽车各维修配件的价格标准，同时知道修理成本的核算方法。

（3）作为评估师，不仅能确定一辆车的年限、使用性质（营运、非营运等），还可以确定该车是否为盗抢车、走私车，防止赃车流通。这就需要评估师通过查验登记证、行驶证、附加费证、养路费单据、保险卡等各种证件资料，检查车辆手续和缴费情况。

（4）参与收购与销售工作，能通过估价方法确定二手车收购价格、二手车销售定价方法及制订二手车销售定价目标，能确定二手车销售最终价格。

（5）能与委托方融洽交流并确认鉴定评估结论，总结并撰写二手车鉴定评估报告，然后归档。

2. 二手车评估师岗位职责

二手车评估师的工作职责如下。

（1）运用路测、目视及借助相关仪器设备对二手车的技术状况进行综合检验和检测。

（2）结合车辆相关文件资料对二手车的技术状况进行鉴定。

（3）根据评估的特定目的，选择适用的评估标准和方法进行二手车价格评估工作。

（4）提供公平的鉴定信息，尽量满足买卖双方的技术要求。

练习与实训

一、名词解释

1．学术型人才

2．工程型人才

3．技术型人才

4．技能型人才

5．服务型人才

二、填空题

1．汽车企业按照产品可分为________、________、________、________等。

2．无论哪种人才，都需要具有相应的_____、_____、_____与_____。_____是就业的基础；_____是就业的条件；_____是就业的关键；_____是就业的根本。

3．汽车四大工艺分别是________、________、________、________。

4．汽车维修服务流程主要有________、________、________、________、________。

5．汽车维修工职业共设5个等级，分别为__________、__________、__________、__________、__________。

三、选择题

1．下列哪项不属于汽车维修质量管理内容？（　　）

A．制订计划　　B．建立质量分析制度

C．预测汽车故障　　D．制订提高汽车维修质量措施

2．当顾客初次来店时，汽车销售顾问的首要目的是（　　）。

A．实现交易　　B．提供技术咨询

C．实现沟通，取得顾客信任　　D．端茶倒水，热情接待

3．从原则上讲，汽车综合服务必须以（　　）为导向。

A．效率　　B．效果　　C．顾客　　D．利润

4．依照相关法规，二手车评估中为核实二手车卖方的所有权或处置权，应确认（　　）。

A．机动车行驶证与卖方身份证明一致

B．机动车行驶证、驾驶证与卖方身份证明一致

C．机动车登记证书、行驶证与卖方身份证明一致

D．机动车登记证书与卖方身份证明一致

5．下列哪项不属于汽车维修接待服务的内容？（　　）

A．环车检查　　B．现场问诊

C．故障确认　　D．服务顾问与车间主管交接

四、问答题

1．汽车行业主要有哪些技术岗位？

2．汽车销售顾问主要工作内容是什么？

3．汽车销售顾问岗位要求是什么？

4．汽车维修工主要工作内容是什么？

5．二手车评估师主要工作内容是什么？

五、实训题

根据本课程的学习，制订自己的学习规划和职业规划，并填写实训报告。

实训报告

<table>
<tr><td>实训题目</td><td colspan="5">制订学习规划和职业规划</td></tr>
<tr><td>学生姓名</td><td></td><td>班级</td><td></td><td>学号</td><td></td></tr>
<tr><td>实训地点</td><td></td><td>学时</td><td></td><td>日期</td><td></td></tr>
<tr><td colspan="6">实训结果</td></tr>
<tr><td>职业目标</td><td colspan="5"></td></tr>
<tr><td>学习目标</td><td colspan="5"></td></tr>
<tr><td>提高素质的措施</td><td colspan="5"></td></tr>
<tr><td>获取知识的途径</td><td colspan="5"></td></tr>
<tr><td>提高能力的措施</td><td colspan="5"></td></tr>
<tr><td>提高技能的措施</td><td colspan="5"></td></tr>
<tr><td>为了实现职业目标，需要怎样的技能与之匹配</td><td colspan="5"></td></tr>
<tr><td colspan="6">实训结果分析</td></tr>
<tr><td colspan="6"></td></tr>
<tr><td colspan="6">实训心得</td></tr>
<tr><td colspan="6"></td></tr>
<tr><td>指导教师</td><td colspan="2"></td><td>成绩</td><td colspan="2"></td></tr>
</table>

附录 中英文对照表

序号	英文简称	英文全称	中文
1	ABS	Antilock Brake System	防抱死制动系统
2	ACC	Adaptive Cruise Control	自适应巡航控制
3	ACT	Active Cylinder Management	可变气缸管理系统（大众）
4	AMT	Automated Mechanical Transmission	自动离合变速器
5	ASR	Acceleration Slip Regulation	驱动防滑系统
6	AT	Automated Transmission	自动变速器
7	CAE	Computer Aided Engineering	计算机辅助工程
8	CDPF	Catalyzed Diesel Particulate Filters	催化型颗粒过滤器
9	CFRP	Carbon Fiber Reinforced Polymer	碳纤维增强复合材料
10	CNG	Compressde Natural Gas	压缩天然气
11	CNGV	Compressde Natural Gas Vehicles	压缩天然气汽车
12	CVT	Continuously Variable Transmission	无级变速器
13	D	Drive	自动换挡模式
14	DOC	Diesel Oxidation Catalyst	氧化型催化转化器
15	DPF	Diesel Particulate Filter	颗粒过滤器
16	DSC	Dynamic Stability Control	动态稳定控制系统
17	DSG	Direct Shift Gearbox	双离合变速器
18	EBD	Electronic Brakeforce Distribution	电子制动力分配
19	ECU	Electronic Control Unit	电子控制单元
20	ESP	Electronic Stability Program	电子稳定系统
21	FF	Front—engine Front—drive	前置前驱
22	FR	Front—engine Rear—drive	前置后驱
23	GDI	Gasoline Direct Injection	缸内直喷
24	LNG	Liquefied Natural Gas	液化天然气
25	LNGV	Liquefied Natural Gas Vehicles	液化天然气汽车
26	LNT	Lean NO_x Trap	稀燃 NO_x 捕集器
27	M	Manual	手动换挡模式
28	MDS	Multi Displacement System	多段式排气量调节系统
29	MR	Middle—engine Rear—drive	中置后驱

续表

序号	英文简称	英文全称	中文
30	MT	Manual Transmission	手动变速器
31	NCAP	New Car Assessment Program	新车碰撞程序
32	NVH	Noise、Vibration、Harshness	噪声、振动、声振粗糙度
33	PCV	Positive Crankcase Ventilation	曲轴箱强制通风系统
34	POC	Particle Oxidation Catalyst	颗粒氧化催化转化器
35	RR	Rear—engine Rear—drive	后置后驱
36	SCR	Selective Catalytic Reduction	选择性催化还原器
37	SVC	Saab Variable Compression	萨博可变压缩比
38	TPMS	Tire Pressure Monitoring System	轮胎气压监测系统
39	VCM	Variable Cylinder Management	可变气缸管理
40	VCR	Variable Compression Ratio	可变压缩比
41	VDC	Vehicle Dynamic Control	车辆动态控制系统
42	VDS	Vehicle Descriptive Section	车辆说明部分
43	VIN	Vehicle Identification Number	车辆识别代码
44	VIS	Vehicle Indicator Section	车辆指示部分
45	VRLA	Valve Regulated Lead Aacid	阀控式
46	VSA	Vehicle Stability Assist	车辆稳定辅助系统
47	VSC	Vehicle Stability Control	车辆稳定控制系统
48	VTG	Variable Turbine Geometry	可变增压涡轮叶片几何技术
49	VVT	Variable Valve Timing	可变气门正时
50	WMI	World Manufacturer Identifier	世界制造商标识符

参考文献

[1] 蔡兴旺．汽车概论：第 4 版[M]．北京：机械工业出版社，2019．

[2] 徐晓美，孙宁．汽车概论[M]．北京：机械工业出版社，2019．

[3] 田晋跃．现代汽车新技术概论：第 3 版[M]．北京：北京大学出版社，2018．

[4] 崔胜民．车辆工程专业导论[M]．北京：北京大学出版社，2015．

[5] 崔胜民．现代汽车新技术解析[M]．北京：化学工业出版社，2016．